小淘气尼古拉绝版故事

｛珍藏版｝

{珍藏版}

小淘气尼古拉
绝版故事

〔法〕让-雅克·桑贝 图
〔法〕勒内·戈西尼 文
戴 捷 译

中国少年儿童新闻出版总社
中国少年儿童出版社

图书在版编目（CIP）数据

小淘气尼古拉绝版故事：珍藏版／（法）戈西尼编文；
（法）桑贝绘；戴捷译. —北京：中国少年儿童出版社，
2007.10（2008.10 重印）

　ISBN 978 - 7 - 5007 - 8713 - 6

　Ⅰ . 小… 　Ⅱ . ①戈… ②桑… ③戴… 　Ⅲ . 图画故
事-法国-现代 　Ⅳ . I565. 85

中国版本图书馆 CIP 数据核字（2007）第 139728 号
图字:01 - 2007 - 3561 号

Histoires inédites du Petit Nicolas
Le Petit Nicolas, les personnages, les aventures et les éléments
caractéristiques de l'univers du Petit Nicolas sont une création de
René Goscinny et Jean-Jacques Sempé.
© Imav éditions 2004
Droits de dépôt et d'exploitation de marques liées à l'univers du Petit
Nicolas réservés à IMAV éditions. 《Le Petit Nicolas》 est une marque
verbale et figurative déposée. Tous droits de reproduction ou
d'imitation de la marque et de tout logo interdits et réservés.
网站：www. petitnicolas. net

XIAO TAO QI NI GU LA JUE BAN GU SHI

出 版 发 行：中国少年儿童新闻出版总社
中国少年儿童出版社
出 版 人：李学谦
执行出版人：赵恒峰

作 者：（法）勒内·戈西尼	责任编辑：肖丽媛
（法）让-雅克·桑贝	蔡国筠
翻 译：戴 捷	责任印务：杨顺利
社 址：北京市东四十二条21号	邮政编码：100708
总编室：010 - 64035735	传 真：010 - 64012262
发行部：010 - 84037667　010 - 64032266 - 8269	

ｈｔｔｐ：//www. ccppg. com. cn
Ｅ－ｍａｉｌ：zbs@ ccppg. com. cn

印刷：河北新华印刷一厂	经销：新华书店
开本：880×1230　1/32	印张：17. 5
2007 年 10 月第 1 版	2008 年 10 月河北第 3 次印刷
字数：360 千字	印数：23001— 33000 册
ISBN 978 - 7 - 5007 - 8713 - 6/I·996	定价：28. 00 元

图书若有印装问题，请随时向印务部退换。

献给

吉尔伯特·戈西尼

前　言

安妮·戈西尼

　　我记不清第一次见到让－雅克·桑贝的情形了，其实我从小就认识他。那时我还是个小女孩，桑贝与我父亲交织在一起的笑声铭记在我的记忆深处。因此我可以说，让－雅克·桑贝同小尼古拉一样，是我童年的一部分。

　　他们俩的交往始于 20 世纪 50 年代。桑贝描述道："有一天，我见到了刚从美国回来的勒内·戈西尼，之后我们马上成了好伙伴儿。"

　　伙伴，这个关键词就用在他们即将出版的新作之中。

　　从 1959 年到 1965 年，我父亲与桑贝为《西南周日报》每周写一篇故事，其中大部分后来都发表在五卷本的《小淘气尼古拉的故事》当中。

　　在写作和构思小尼古拉的故事期间，两个人同心协力，不管是在布宜诺斯艾利斯还是在波尔多，一样的粉笔芳香唤起了各自的童年回忆……两位作者的天才创作让我们在尼古拉的顽皮生活中感受到了孩提时的快乐。

　　我父亲还没来得及向我描述他自己的童年，他的去世又过早地结束了我的童年。

　　1977 年 11 月 5 日，乌云蔽日，尼古拉、乔方、科豆、沸汤和其他人物的创作者仙逝了。但我相信，创造了这些活灵活现人物的作者是永远不会逝去的。

　　我由此对尼古拉的天地拥有一种无限的喜爱，这种喜爱来自我们童年生活中真心热爱过的人。而品味这两位魔术大师的幽默会把我带得很远很远。

　　父亲去世后，桑贝成为我们忠实的朋友，我母亲与他保持着深厚的友谊。我们同他共进晚餐时，让－雅克的笑声唤回了我记忆深处的声音。

然而父亲所写的故事并没有全部发表……我的母亲，吉尔伯特·戈西尼曾有过一个设想，把关于这个小家伙的另外80个从未公之于世的故事拿出来发表，让读者们再度共享她所钟爱的小尼古拉及其伙伴们的故事。然而上天又一次以另一种方式决定了事情的进程，乌云再次光顾，我母亲没来得及完成她的夙愿。

我同桑贝在圣日尔曼草场的一家饭店见面，我向他展示了父亲的第一版文字，其上饰有桑贝的画。我看着他四十年以后面带微笑地重新翻阅他自己的画，那是怎样的微笑啊！他十分高兴地提出与我合作。

我们一起陪着尼古拉上学，我们两人拉着他的手。

在经历了很长的一段休闲期后，这位著名的小学生没有太大的变化，如今80个故事伴随着205幅漫画一起继续讲述他的故事，讲他及他的伙伴们：阿薏、亚三、鲁飞、欧多、科豆、若奇、麦星星……而乔方在这部著作中可是出尽了风头。乔方就是有一个阔爸爸的小伙伴，尼古拉第一次应邀去他家做客时这样描述乔方的家："他有个腰子形状的游泳池和一个像饭店一样大的客厅。"

亚三，一个老吃东西的胖家伙，仍然是尼古拉最要好的伙伴。"我跟他说：'圣诞前夜我家会有我姥姥、我姑姑和我叔叔欧今。'亚三说：'我家有白肉肠和火鸡。'"

可能是因为我自己也成了一个小男孩和一个小女孩母亲的缘故，我觉得是将这些隐秘的财富公之于众的时候了。还有什么更好的办法让孩子们了解他们的外祖父呢？

除了上述个人原因之外，出版这些从未发表的故事也是极其自然的事——为了那些曾经喜爱过小尼古拉的读者，也为了刚刚走进校园的孩子们。

这部著作巨大的吸引力不仅限于孩子，也扩及到成人的世界。前者从中找到自身的影子，后者则借此回忆往事。

目 录

第一集　要开学喽!

第二集　科豆过生日

第三集　木皮先生

第四集　欧今叔叔

第七集　爸爸的办公室

第八集　外出度假

第九集　巧克力草莓冰激凌

第十集　过家家

第一集　要开学喽!

一、要开学喽！

要开学了，妈妈说明天带我去买点东西。

"又买什么东西？"爸爸问她。

"好多东西。"妈妈说，"书包、笔盒、鞋什么的。"

"还买鞋？"爸爸嚷嚷起来，"真不可思议！这孩子吃鞋还是怎么的？"

"不，你儿子吃饭。"妈妈说，"而他一吃饭就长个儿，一长个儿脚就跟着长。"

第二天，我和妈妈上街买东西。可是为了买鞋，我们闹了点儿不痛快，因为我想买球鞋，可我妈非要给我买一双结实的皮鞋。还说我要是不同意就回家，到时候爸爸肯定会不高兴。

卖鞋的先生很好心，他让我试了好多双鞋，还跟我妈说这些鞋都特帅，可妈妈还是拿不定主意。后来她看中了一双棕色皮鞋，问我穿着合不合适。为了不再麻烦卖鞋的先生，我就说合适，其实这双鞋穿着有点夹脚。

然后妈妈给我买了一个特棒的书包。伙伴们拿着书包玩可开心了，我们一下课就把书包甩在哥儿们的腿下使绊子。我可真想再见着他们——我那些哥儿们。然后妈妈又给我买了一个像枪套

3

一样的笔盒，可里面放的不是枪，是飞机形状的转笔刀，还有一个老鼠样子的橡皮，一个笛子似的铅笔，还有好多其他形状的一大堆东西。我那帮哥儿们用这些东西在课堂上也可以玩出好多花样来。

晚上，爸爸看见妈妈给我买了这么多东西，跟我说要好好爱护，我回答说好。可不是，我可爱护自己的东西了。结果吃晚饭前，我用小飞机炸老鼠的时候把飞机给弄碎了。爸爸生了气，说自从我们度假回来后我就没安生过，说他盼着赶快开学。

我得跟你们说，要过几天才开学呢，可我和我爸我妈度完假早就回来了。

度假挺不错，我们玩得可开心了。我们去的是海边，我干了好多特棒的事，游泳游得特远，在海滩上还赢了一场比赛，得了两本画册和一面小旗子。而且我被太阳晒得黑黑的，可帅了。

我回家以后就老想让伙伴们看看我晒得有多黑，可这有点麻烦，因为开学之前看不到他们。亚三就不在家，亚三就是我最铁的哥儿们，住得离我家最近、老吃东西的胖家伙。亚三每年都和他的爸爸妈妈一起去奥弗涅他叔叔家，他叔叔开了家猪肉食品铺子。可亚三走得晚，因为要等他叔叔从蓝色海岸度假回来才能去

他家。我们街上杂货铺的孔巴先生看见我说我特好看，说我像一块小蜜糖面包，然后他就给了我一些葡萄干和一颗橄榄。但这跟我和伙伴们在一起玩可没法儿比。

而且这也不公平，因为如果没人看见我，那就没必要晒黑了。这么想着我心情特不好。爸爸说可别再像往年一样弄出好多麻烦事，要我在开学前表现得好一点。

"可一开学我就不黑了！"我说。

"简直不可理喻！"爸爸嚷嚷起来，"自从他度假回来就一直想着他黑不黑！——好吧，尼古拉，我给你出个好主意，去花园里晒晒太阳。这么着你就不会再乱吵吵了，而且一开学，你就变成实实在在的人猿泰山了。"

我呢，就跑到花园里。但是花园肯定跟海滩不一样，而且天上还有云彩。

然后妈妈叫我："尼古拉！你躺在草地上干什么？没看见下雨了吗？"

妈妈说这孩子简直要把她气疯了，我就进家门了。爸爸正在看报纸，他看看我，说我晒得挺黑，但得去擦一擦，因为我身上全湿了。

"你说得不对！"我叫起来，"我根本没晒黑！我要回海滩！"

"尼古拉！"爸爸也大叫，"你说话要有规矩，不许再瞎说！要不然，你就回你房间，别吃晚饭了！听懂了吗？"

我哭了起来，说真不公平，说我要离家自己去海滩，说我宁愿死也不想这么白不呲咧的。妈妈从厨房里跑出来，说她一整天听这些喊叫受够了，说如果度假的结果是这样的话，明年还不如就呆在家里，说我和我爸就只好自己想办法去度假，反正她是不在乎的。

"还不是你坚持说今年一定要再去一次斑乐海的？"爸爸说，"反正不是我的错，是你儿子想出这么多歪点子，而且一回家就变得这么不像话。"

"爸爸说我要是呆在花园里就会跟人猿泰山一样了。"我解释说，"可我一点儿也没晒黑！"

妈妈听了这话笑了起来，说她觉得我还是挺黑的，说我是她可爱的人猿泰山，还说她肯定在学校里我是晒得最黑的。然后她让我回房间去玩，吃晚饭时再叫我。

饭桌上我不想跟我爸说话，结果他老跟我做鬼脸，我就笑了，真帅。妈妈做的是苹果派。

第二天，孔巴先生说古拉一家今天度假回来。古拉先生和太太是我们的邻居，他们有个女儿叫曼娃，跟我一样大，有黄色头发和特帅的蓝眼睛。

这可叫我为难了，因为我想让曼娃看到我晒黑的样子。但我什么也没跟我爸说，因为他说过如果我再提晒黑的事儿他就叫我有好瞧的。

既然外面出了太阳，我就跑出去躺在花园里，时不时回浴室里照照镜子，看看是不是晒黑了，然后再回花园里晒会儿太阳。如果我的脸还是这么白白的，我就得跟我爸说。

8

我刚出花园就看见古拉先生的汽车停在他家门口，车顶上有好多好多行李。

　　然后就看见曼娃从车里下来。她看见我抬起手跟我打招呼。

　　结果我的脸一下子变得通红通红的。

二、无敌英雄帮

哥儿们，咱们得组织一个英雄帮——这是乔方出的主意。

课间休息的时候，他跟我们说他刚看完一本书，里面讲一帮哥儿们组成一个帮派，然后就干好多好玩的事。他们跟坏人作斗争，保护好人，帮助穷人，还抓坏蛋，他们玩得特棒。

"咱们就叫无敌英雄帮，跟书里一样。下课以后荒地见。"乔方说，"咱们的口令是'英雄无敌手'！"

我到荒地的时候，乔方、鲁飞、欧多、亚三和若奇都已经到了。放学后老师把我留下，说我的算术作业做错了，我得赶紧跟我爸说下次要当心。

"口令？"亚三见我来了，一边说一边往我脸上喷了好些面包渣。他老吃东西，这个亚三。

"英雄无敌手！"我说。

"你可以进来了。"他说。

荒地可棒了，我们老来这儿玩。这儿有野草、野猫、空罐头盒、车轱辘和一部没轮子的报废汽车，可我们在车里玩得特好。隆隆！"咱们在汽车里见面。"乔方刚才是这么说的。乔方真可笑，他从书包里拿出一个面具蒙在脸上，穿上一件后面写有"Z"的黑袍，戴一顶帽子。他爸特有钱，老给他买玩具和化装服。"你真可笑。"我跟乔方说，他听了这话可不太高兴。

"咱这是个秘密团伙。"乔方说，"我是头儿，所以谁都不能看见我的脸。"

"头儿？"欧多说，"你开什么玩笑？凭什么你是头儿？就因为你戴着帽子像个大蘑菇？"

"不是，先生，"乔方说，"因为是我出主意成立英雄帮的，就因为这个！"

这会儿科豆来了，科豆他老比别人晚出学校。因为他是全班最后一名，老师就老找他的茬儿，罚他抄写作业什么的。"口令？"亚三问。

"好玩英雄帮！"科豆回答。

"不行！"亚三说，"你别进去，你没说对口令！"

"什么？什么？什么？"科豆说，"让我进去，你这肥家伙。"

"不行，先生！"鲁飞说，"你得说出口令才能让你进，开什么玩笑？亚三，看着他！"

"要我说，"欧多说，"我建议咱们玩手心手背来决定谁是头儿……"

"不行！"乔方说，"书上说头儿是最勇敢和穿得最好的，我才是头儿！"

然后欧多就给他鼻子上来了一拳，他就会来这一套，欧多。乔方被打得坐倒在地上，面具也打歪了，手捂着鼻子。

"既然如此，"乔方说，"你被开除了。"

"哼！"欧多说，"我正想回家玩电动火车呢！"然后他就走了。

"勇敢无敌手？"科豆问。亚三说还是不行，口令不对，不让他进来。

"好啦，"乔方说，"咱们得决定干点什么。书上说无敌手们要开飞机去美国找一个孤儿的叔叔，坏蛋们偷走了孤儿的财产。"

"我可不坐飞机去美国!"若奇说，"我妈前几天刚同意让我自己过马路。"

"我们无敌英雄帮里可不要胆小鬼！"乔方喊道。

这下子，若奇可发火了，说太过分了，说他从来都是所有人里最勇敢的，既然如此，他就走，而我们会为此后悔的。然后他就走掉了。

"特帅英雄帮？"科豆又问。

"不对！"亚三一边吃巧克力面包一边回答。

"大家都进汽车里，"乔方说，"好好讨论一下咱们的秘密计划。"

我可是特高兴，我喜欢钻进汽车，虽然座位上有弹簧扎人，像我家客厅里的沙发——现在放到仓库里了，因为我妈说这沙发实在太破了，看着寒碜，所以我爸就另买了一个新的。

"我可以进汽车，"鲁飞说，"但我得坐在司机的位置上。"

"不行，这是头儿的座位。"乔方说。

"你算老几？我才有资格当头儿。"鲁飞说，"欧多说得对，你穿这身衣服像个小丑！……"

"你忌妒，没错，你就是忌妒。"乔方说。

"好吧，既然如此，"鲁飞说，"我就另成立一个秘密帮派，我们要打败你的秘密帮派，而且我们为了孤儿的事要去美国。"

"不行！先生！"乔方喊起来，"是我们的孤儿，不是你们的，你们再找另外一个……开什么玩笑？……"

"咱们走着瞧。"说完鲁飞就走了。

"英雄无敌手！"科豆喊着，"我知道了，是英雄无敌手！"

"等着，"亚三说，"别动……"然后他走过来问我们："咱们的口令是什么来着？"

"什么？"乔方喊道，"你连口令都忘了？"

"怎么啦？"亚三说，"这傻瓜科豆老跟我说些不相干的东西，把我搞糊涂了……"

乔方气坏了。

"哈！"他说，"无敌英雄帮可好了，你们才不是无敌手，你

们都是些无能手！……"

"无什么？"亚三问。

科豆走过来。

"我到底能不能进来？"他说。

乔方把帽子摔到地上，说："你没权利进来，你没说对口令！秘密帮派一定要有口令，像书上一样！没有口令的人就是间谍！……"

"我呀，"亚三也叫道，"你以为我就喜欢老听这傻瓜科豆的胡说八道？而且，我也没吃的了，我得回家，要不然就错过点心了。"

亚三也走了。

"我可不需要你的批准，"科豆对乔方说，"荒地可不是你家的！……谁都可以进来，间谍也不例外！"

"我不管了！……既然这样你们就都进来吧！……"乔方捂着面具哭了起来，"你们根本不会玩！我自己去成立我的无敌英雄帮！我再也不跟你们好了！……"

现在就只剩我和科豆两个人。我把口令告诉他，这么着他就不是间谍了，然后我们就一起玩弹球。

乔方成立帮派的主意可真不赖，我赢了科豆三个弹球！

三、学校食堂

我们学校有食堂，在食堂吃中饭的学生就叫走读生。我和其他伙伴都回家吃饭。只有欧多留在学校吃饭，因为他住的地方有点远。

所以，昨天爸爸妈妈跟我说今天让我在学校食堂吃饭，我特吃惊，而且不愿意。

"我和爸爸明天要一起外出旅行，"妈妈对我说，"我们几乎一整天都不在家。所以我们决定就这一次，让你中午在食堂吃饭。"

我开始大哭大闹，说我不想去食堂吃饭，说太可怕了，而且肯定不好吃，我也不想一整天都呆在学校不出门。还说如果你们强迫我我就生病了，我就离家出走，我要去死，然后所有的人都会特想我。

"好啦，小家伙，别闹了。"爸爸说，"只一次，而且你总得吃饭呀，我们没法带你去。我觉得学校食堂一定会有好吃的东西。"

我哭得更凶了，我说听说学校食堂给他们吃好多肥肉，而且不吃就会挨打。我说宁愿什么都不吃也不在食堂吃饭。爸爸挠了挠头，又看看妈妈。

"咱们怎么办？"他问。

"没什么好选择的。"妈妈说,"我们已经跟学校说好了,而且尼古拉也应该懂事了。毕竟没什么坏处,这样他会更加珍惜家里做的食物。好了,尼古拉,就这样。吻一下妈妈,别再哭了。"

我赌了会儿气,想想再哭下去也没什么用,就吻了妈妈,然后吻爸爸。他们说要给我买好多玩具,他们两人都特别高兴。

今天早上我到学校的时候,嗓子眼儿里堵得厉害,还特想哭。

"我今天中午在学校食堂吃饭。"伙伴们问我,我就这么解释。

"真帅!"欧多说,"咱们想办法坐在一张桌子上。"

随后我就哭了,亚三给了我一小块羊角面包。我吃惊不小,居然不哭了,因为这是我第一次看见亚三把能吃的东西分给别人。然后整个一早上我都没哭,因为我们玩得可开心了。

中午,我看见其他伙伴都回家了,嗓子里又开始堵得慌。我靠墙站着,不想跟欧多玩弹球。铃一响我们就得去排队,跟平时不一样,排队是为了去吃饭,倒是挺好玩的。所有的人都混在一起,有的家伙我根本不认识,幸亏欧多跟我在一起。前面有个家伙回过头来对我说:

"红肠,土豆泥,烤肉和奶冻,往后传。"

"真帅!"我把话传完以后欧多叫起来,"有奶冻!可好吃了!"

"保持安静!"沸汤说,他是我们的学监。

然后他走过来看见我就说:

"啊!可不是嘛!今天尼古拉也在!"

沸汤用手在我头上摸了摸,冲我咧嘴笑。然后他就去管两个互相推搡的中班学生。有时候沸汤还是挺帅的。队伍向前走,我们进了食堂。食堂挺大的,每张桌子旁边放了八张椅子。

"快过来。"欧多对我说。

我跟着他走,可他的桌子上所有的位子都坐满了。我有点不

高兴，因为我不愿意去一个人也不认识的桌子上吃饭。然后欧多举起手叫沸汤：

"先生，先生！尼古拉可不可以坐在我旁边，先生？"

"当然可以！"沸汤说，"咱们可不能让今天的客人随便乱坐。巴吉，今天把你的位置让给尼古拉……但是你们不许闹，听懂了吗？"

比我们高一年级的巴吉拿着他的餐巾和药到别的桌上去坐了。坐在欧多旁边我可真高兴，他可是个好哥儿们，可我这会儿一点也不饿。有两个太太拿着盛面包的筐子来分发，我只拿了一块，因为我害怕如果一点不拿的话会挨罚。然后红肠也来了，正好是我喜欢的那种。

"你们可以说话，"沸汤说，"但不要太吵。"

这一下，大家都大声嚷嚷起来，坐在我们对面的家伙挤着对眼，假装找不到嘴放红肠，把我们逗得直笑。然后就是烤肉加土豆泥，幸亏她们又发了一次面包，因为要把肉汁吃光，面包还是挺管用的。

"谁还想加点土豆泥？"有位太太问。

"我要！"大家都叫了起来。

"安静点！"沸汤说，"要不然我禁止你们说话，明白了吗？"

可大家还继续说话，沸汤在食堂可比在课间休息时要帅得多。然后就是奶冻。嗬，可真好吃，我要了两次，土豆泥我也要了两次。

吃完饭我们来到操场上，我跟欧多玩弹球。伙伴们从家里回来的时候我已经赢了三个。看见他们我有点不情愿，因为他们一来马上就要上课了。

我放学回到家，爸爸妈妈已经到家了。我看见他们特高兴，他们互相亲吻了好多次。

"怎么样，亲爱的？"妈妈问我，"午饭吃得还行吧？他们给你吃什么？"

"红肠，"我回答说，"还有烤肉和土豆泥。"

"土豆泥？"妈妈说，"我可怜的小儿子，你最讨厌这个，在家可从来不喜欢吃……"

"但是食堂做得可棒了。"我解释说，"还有肉汁，还有个家伙逗我们笑，我又添了一次。"

妈妈看看我，说她要去整理箱子准备晚饭。

饭桌上，妈妈看起来很累，肯定是旅行的缘故。然后她拿来一个大大的巧克力蛋糕。

"看，尼古拉！"妈妈说，"你看我们给你买的蛋糕！"

"真棒！"我大声说，"你知道吗？中午的甜食也可帅了，我们吃的是特棒的奶冻！我也添了一次，跟土豆泥一样。"

接下来妈妈说她今天太累了，大家都挺烦躁，她要马上上楼去睡觉，明天再洗碗。

　　"妈妈生病了？"我问爸爸，特担心。

　　爸爸笑了，他在我脸上轻轻拍了一下说：

　　"没关系，小儿子，我想是你中午吃的什么东西有点问题。"

四、美好而纯真的记忆

今天晚上我们家有客人来吃饭。昨天爸爸回到家特高兴，他跟妈妈说在街上碰到一个老朋友，叫雷昂·拉比，他们好多年没见面了。

"雷昂，"爸爸说，"是我小时候的朋友，那时候我们一起上学，我们有过多少美好而纯真的记忆啊！我邀请他明天晚上来家里吃饭！"

爸爸的朋友8点到家，可我们全家7点就都准备好了。我妈把我洗得干干净净，给我穿上深蓝色礼服，在我头发上抹了好多发蜡，要不然我脑袋后面的旋儿老待不住。我爸跟我说了好多注意事项，让我一定要老实，饭桌上不能随便插话，要好好听他朋友雷昂说话。还说他特棒，事业上很成功，而且当时在学校里就看出来了，说像他这样的人现在已经看不到了。然后我们就听见了门铃响。

爸爸去开门，一个红脸的大胖子走进门。

"雷昂！"爸爸大声叫道。"我的老同学！"那位先生也大声叫。然后他们两个就互相使劲拍肩膀，可他们看起来挺高兴的。不像爸爸拍贝杜先生，就是我们的邻居，老喜欢跟我爸闹着玩。

　　他们打完之后，爸爸就回过头来给他介绍妈妈。妈妈刚从厨房里出来，脸上挂着笑。

　　"这是我太太，雷昂。亲爱的，这是我的朋友，雷昂·拉比。"

　　妈妈伸出手，拉比先生抓起来使劲摇，他说很荣幸。然后爸爸让我走上前，说：

"这是尼古拉，我儿子。"

拉比先生看到我好像很吃惊，他睁大眼睛，吹了声口哨说："可真是个大小伙子啦！是个大人啦！你上几年级了？"

然后他把手插到我头发里把头发弄乱，我想是开玩笑的。我看见妈妈不怎么高兴他这么干，而且拉比先生看了看自己的手问：

"你们在这孩子头上抹了些什么？"

"你觉得他像我吗？"爸爸趁妈妈回答之前赶快问了一句。

"可不是，像极了，就是头发多了点儿，肚子小了点儿。"说完，拉比先生就哈哈大笑起来。

爸爸也笑了，但声音没那么大。妈妈说请大家去喝点开胃酒。

我们都在客厅坐好，妈妈给大家倒酒。我没喝开胃酒，妈妈允许我吃橄榄和咸饼干，我可喜欢这些东西了。爸爸举起杯子说：

"为我们共同的美好回忆，为好友雷昂干杯！"

"我的老伙计！"拉比先生说，然后他在爸爸背上猛拍了一记，把爸爸的杯子弄掉到地毯上了。

"没关系。"妈妈说。

"就是，一会儿就干了。"拉比先生说。然后他喝干了酒对爸爸说：

"看见你当人老爸真觉得奇怪。"

爸爸把自己的杯子倒上酒，放远了一点，因为背上挨了一掌有点够呛。他说：

"什么老啊老啊，别夸大其辞了，咱们可是同年。"

"不对不对。"拉比先生说，"你记得吗？咱们班里你年龄可是最大的！"

"请用餐吧。"妈妈说。

我们都在餐桌旁坐好，拉比先生正好坐在我对面，他说：

"你怎么样？怎么什么都不说？我还没听见你说话哪！"

"您问我我才能说话。"我回答。

这可让拉比先生好笑了一番，他笑的时候满脸通红，比原来还红。他又使劲拍，这回是拍桌子，桌上的杯子丁当响。他笑完以后对我爸说我很有礼貌，爸爸说这就对了。

"可我如果没记错的话，你可是调皮得很。"拉比先生说。

"请用面包。"爸爸回答说。

妈妈端来冷盘，我们就开始用餐。

"怎么样，尼古拉？"拉比先生咽下嘴里的东西问，"你在学校里是好学生吗？"

既然他问我，我就可以说话了。"还行。"我回答拉比先生。

"你爸爸当年可是淘气得不得了！你记得吗，老伙计？"

爸爸侧身逃过了背上要挨的那一记，他好像没觉得有什么好玩。可拉比先生不管，还在说笑话。

27

"你记得有一次你把墨水瓶里的墨全倒在了安内的兜里吗？"

爸爸看了看拉比先生，又看了看我，然后说：

"墨水瓶？安内？……我可不记得。"

"没错！"拉比先生叫了起来，"为此你还被休学了四天呢！还有一次你在黑板上画画，你记得吗？"

"您再来一片火腿吧！"妈妈说。

"黑板上画画是怎么回事？"我问爸爸。

爸爸一下子发火了，他敲着桌子说刚才跟我说过晚餐过程中要老实听话，而且不许提问题。

"黑板上画画就是你爸在黑板上画了一幅老师的漫画，她进来的时候正好你爸刚画完。老师给了他三个零分！"

我觉得这事儿特好玩，可我看见爸爸的样子就想还是先别笑，憋着等我回房间再笑，不过这可不太容易。

妈妈端来了烤肉，爸爸开始切肉。

"7乘以8得多少？"拉比先生问我。

"56，先生。"我回答，幸亏今天早上在学校里刚学过！

"好极了！"拉比先生叫着，"你真了不起，你爸的算数可……"

爸爸大叫了一声，是因为他没切着肉，切着了手指头。爸爸吸着手指头，可拉比先生还在笑，他可真是个快乐的先生。他说爸爸没变多少，就像有一次在学校里出的那件足球和窗户的事。我没敢问足球和窗户到底是怎么回事，但我猜想爸爸肯定把学校的窗玻璃打碎了。

妈妈赶快把甜食拿了出来，拉比先生盘子里的烤肉还没吃完，就这么着，"哗"地一下苹果派就上来了。

"我们很抱歉，"妈妈说，"因为小家伙要早点上床睡觉。"

"就是。"爸爸说，"你赶快吃甜食，尼古拉，然后上床，明天还要上学。"

"学校的窗户，我爸他打碎了吗？"我问。

我真不该问的，因为我爸变得满脸通红，对我说赶快吞下嘴里的苹果派，要不然就别吃了。

"你可知道他是怎么打碎那块玻璃的？后来他的操行得了零分！"拉比先生对我说。

"去！上床！"爸爸冲我吼，他猛地站起来，把我夹在胳臂底下，再"嗨哟"一声抛起来。

可我嘴里还吃着苹果派呢，正好是上面有樱桃——我最喜欢的。就是嘛，吃东西的时候胡闹，点心就会掉下来，正好掉在爸爸的礼服上。可他太急着让我去睡觉了，什么也没说。

后来，我听见妈妈和爸爸上楼回他们的房间。

"嗬！"妈妈说，"我们有过多少美好而纯真的记忆啊！"

"行啦，行啦！"爸爸说，他好像不太高兴，"我可不打算再见这个雷昂了！"

真遗憾，以后再也见不到拉比先生了，我还觉得他挺帅的呢。

而且今天我从学校里拿回来一个零分，爸爸他什么也没说。

五、乔方家的房子

今天下午乔方请我去他家玩，他说他还邀请了好多其他小朋友，我们要好好玩一通！

乔方他爸很有钱，给乔方买好多东西。比如说乔方喜欢化装成各种各样的人物，他爸就给他买好多好多的服装。我能去乔方家太高兴了，我是第一次去，听说他有一座很漂亮的房子。

是我爸送我去乔方家的，我们把车一直开进了花园，开到乔方家房子前面的空地上。

爸爸一边四处张望一边慢慢开车，而且还吹着口哨，好像特别吃惊。后来我们同时看见一个游泳池，像腰子一样，水蓝蓝的，还有好多跳板！

"他有好多好玩的东西，乔方。"我对爸爸说，"我要是有这些东西就好了。"

爸爸看起来有点不对劲，他把我留在乔方家门口对我说："我6点钟来接你，别吃太多的鱼子酱！"

我还没来得及问他什么是鱼子酱，他就很快开车走了。不知为什么，好像他不太喜欢乔方的漂亮房子。

我按了一下门铃，奇怪的是铃声不像我家的那样丁零丁零地响，而是当当地响，像乐安姨妈家的挂钟在下午 3 点时敲钟的声音。门打开了，我看见一位穿得很讲究的先生，看起来挺好笑的。他穿着一件黑色礼服，但身后衣服拖得老长，前面没系扣，硬硬的白衬衫，还系了一个黑领结。

"乔方先生在等先生，"他跟我说，"我带先生去。"

我看了看身后，他确实是在跟我说话，我就跟着他走。他走路就像他的衬衫一样硬硬的，脚不怎么踩地，好像他不愿意把乔方爸爸的地毯踩坏。我试着像他一样走，这么一前一后的，让人看起来肯定很好笑。

我们上楼的时候，我问他什么是鱼子酱。结果他拿我开心，这位先生，我可不喜欢。他说是把鱼生的子抹在沙发上（法语中沙发和抹酱用的面包片同音。——译者注）。嘿，想想把鱼子铺在客厅的沙发上也该挺好玩的。我们走完了台阶，来到一扇门前。听见里

面的声音，有叫喊声，还有狗叫声。穿黑衣的先生把手放在脑门上犹豫了一下，然后一下子打开门，把我推到门里然后赶快关上了门。

我所有的伙伴都在，还有热狗——就是乔方的小狗。乔方装扮成火枪手，头上戴了顶羽毛帽子，手里拿了把剑；还有亚三，老吃东西的胖家伙；还有欧多，就是老爱打伙伴鼻子的壮家伙——当然是为了好玩。还有好多别人都在吵。

"来！"亚三说，嘴里塞满了吃的东西，"来，尼古拉，咱们玩乔方的电动火车！"

乔方的火车可真棒！

我们让火车出轨。有点不太地道的是，欧多把餐车拴在了热狗的尾巴上，热狗就转着圈跑了起来，因为它不喜欢尾巴上拴着东西。乔方也不喜欢，他就把剑抽出来叫道：

"准备应战！（古代法国火枪手决斗时拔剑之语。——译者注）"

32

结果欧多在他鼻子上打了一拳。正好这时候穿黑衣的先生把门打开进来了。

"安静一点！安静一点！"他说了好几声。

我问乔方穿这么好的先生是不是他的亲戚，他说不是，是阿伯，他家的管家，今天是他看管我们。亚三说他在破案电影里见过管家，而且杀人凶手老是管家。阿伯先生睁大鱼眼睛瞪着亚三，大得真可以下一只很大的鱼子。乔方说去游泳池游泳是个好主意，我们都同意了，一下子都冲出了门。阿伯先生被我们推搡得只好跟我们走，热狗也汪汪地叫着弄出好多噪音，我们忘了把餐车从它的尾巴上解下来了。下楼的时候我们是从楼梯扶手上滑下来的，真帅！

我们都穿着乔方借给我们的游泳裤下了游泳池，亚三没借成，因为他太胖。乔方想借给他两件，但亚三说不用了，说他刚吃完东西不能游泳。可怜的亚三！他老吃东西，所以就老不能游泳。

我们都下了水，玩出好多花样：比如学鲸喷水、当潜水艇、装着被淹死、学海豚游泳什么的。我们还比赛，看谁在水里憋气的时间最长。阿伯先生怕我们往他身上溅水，就在跳水台高处看着我们，然后他让我们都出水，说要吃点心了。我们都出来以后，阿伯先生看见欧多还躺在水底下。结果穿得整整齐齐的阿伯先生从高处做了一个漂亮的跳水姿势，把欧多从水里救了出来。我们都鼓掌。欧多很生气，因为他正想打破水下憋气的纪录呢，所以就一拳打到了阿伯先生的鼻子上。

我们都穿好了衣服，乔方又打扮成印第安人，满身的羽毛。我们都去乔方家的饭厅，他家的饭厅大得像一个饭店。点心特好吃，当然啦，我们没吃鱼子酱，是说着玩的。换了衣服以后阿伯先生又来了，这会儿他穿了一件格子衬衫，外套是绿色体育服。他的鼻子红红的，他看欧多的眼神好像也要给他鼻子上来一拳似的。

33

　　然后我们又去玩，乔方带我们去车库，给我们看他的三辆自行车和一辆脚踏汽车，全红的，前面还有车灯。

　　"怎么样？"乔方说，"你们看见了吧？我有所有我想要的玩具，我爸什么都给我买。"

　　听了这个我可不太高兴，就对他说："哼！这有什么了不起的，我家的楼顶上有我爸小时候自己用木板盒造的一辆车。我爸说了，这种东西连商店里都买不到。"我还说乔方的爸爸就不会自己造这样的车。我们正这么聊着，阿伯先生过来说我爸来接我了。

　　在汽车里我跟爸爸讲了我们都干了些什么和乔方所有的玩具，爸爸听着什么也不说。

　　到了晚上，我们看见门口停着乔方爸爸发亮的大汽车。乔方爸爸好像挺不好意思，他跟我爸说话，问他可不可以卖给他我家楼顶上的汽车，因为乔方想让他也造一辆，但是他不会造。爸爸说他不能卖给他，因为他很珍惜，但可以教他怎么做。结果乔方爸爸走的时候很高兴，还连连说谢谢，说明天再来跟他学。

我爸也特高兴。乔方爸爸走了以后，他四处走着，把胸脯挺得老高老高的，摸着我的头自豪地说："嘿！嘿！"

六、假 条

如果不想做学校里布置的作业，最管用的是假条。假条就是爸爸写的信或是在名片上写的字，告诉老师如果上学来晚了或者没做作业请不要处分我们。有点讨厌的是得让爸爸签字时写上日期，就是说不能随便哪天乱用。老师可不喜欢假条，所以得特别当心，不然就会惹出麻烦。有一次科豆拿来一张用打字机打的假条，结果老师认出了只有科豆才出的拼写错误，把它交给校长。本来校长想开除他，可惜他只被停了几天学。他爸为了安慰科豆就给他买了一辆特帅的消防车，警笛还能出声呢。

老师今天给我们留了一道特难的算术题，就是一个有好多鸡的农场，鸡又生好多蛋。我可不喜欢算术作业，因为一做作业，我们一家人就都不痛快。

"又怎么啦，尼古拉？"我放学回家妈妈问我，"你好像不太高兴啊？"

"我明天要交一道算术题。"我回答说。

妈妈叹了一大口气，说老是这样。她让我赶快吃完点心上楼去做作业，说再也不想听我说作业的事了。

"可我不会做这道算术题。"我说。

"什么，尼古拉？"妈妈说，"你可别再给我来这一套。啊？"

我哭了起来，我说这不公平，学校老给我们特难的作业题，说爸爸应该去向老师反映一下问题，说我受够了，再给我做算术题，我以后就再也不去学校了。

"听好了，尼古拉，"我妈说，"我还有好多事，没工夫跟你说这些事。你上楼去试着做一做你的算术题。如果做不出来，那就等爸爸回来以后帮你。"

我只好上楼了。我一边玩姥姥给我寄来的蓝色新汽车一边等爸爸回来。爸爸一回家我就赶快拿着本子跑下楼。

"爸爸！爸爸！"我叫他，"我有一道算术题！"

"好啊！做吧，小儿子，"我爸说，"拿出大小伙子的样子来。"

"我不会做。"我跟我爸解释，"你得帮我。"

爸爸刚刚在客厅的沙发上坐下来打开报纸，叹了一大口气。

"尼古拉，"爸爸说，"我已经跟你说过多少次你得自己做作业。你上学的目的是学习，我帮你做作业管什么用？将来你会感谢我这么对你说。你总不至于想当个白痴吧？好了，去做你的作业，让我休息一会儿。"

"可妈妈说你可以做的！"我说。

"什么？她这么说来着？那好，你妈她不该这么说！现在让我安静一点，懂了吗？"

我又哭了起来，我说我不会做题，如果你们不帮我我就去死。妈妈跑过来了。

"怎么回事，你们？"妈妈叫起来，"我累死了，我本来就偏头痛，你们这么哇哇叫是想让我病倒啊！到底又出了什么事？"

"爸爸不想做我的算术题。"我解释说。

"我觉得，"爸爸对妈妈说，"替小孩子做作业这种教育方法不太理想，这样他什么也学不会。我求求你别以我的名义向他许诺

任何事情！"

"啊，好哇！"妈妈对爸爸说，"现在你在孩子面前对我品头论足起来了！好！好极了！这种教育方法可真是理想极了！"

然后妈妈说她对这个家已经烦透了，她全天都在为这个家忙忙碌碌，反而得到的是这个结果，说她想回娘家（就是给我寄蓝色汽车的姥姥家），说她就想图个清静，没别的要求。

爸爸的手在脸上抹了一把，从脑门一直到下巴。

"好，好！"他说，"别把事情弄得太复杂。尼古拉，来，给我看看你这道题，以后可再也别跟我提这种事了。"

我把本子递给爸爸。他看了一遍，又看了一遍，睁大了眼睛，然后把本子扔到地毯上大叫起来：

"什么乱七八糟的！不行，不行，就是不行！我也累了！我也病了！我也一整天都工作来着！我回到家也想静下心呆会儿！随你们怎么想，我就是不想做什么算术题！"

"那，"我说，"你就给老师写张假条。"

"我就等着你这句话呢！"爸爸又大叫，"绝对不写！这也太容易了！你得跟别人一样自己做题！"

"我也病啦！"我叫道，"我也特别累！"

"看看！"妈妈对爸爸说，"我觉得小家伙是不舒服，他脸色苍白。而且学校给的作业也太多了，他刚得过扁桃腺炎，还没完全好。我觉得他今晚最好休息一下，早点睡觉，反正一次不做算术题也没什么了不起的。"

爸爸想了想说："好吧，既然今晚大家都有点不舒服就算了。"我特高兴，吻了爸爸，吻了妈妈，又在地毯上翻了个跟头。爸爸妈妈都笑了。爸爸拿出一张名片，是新的，上面的字还闪亮呢。他写道：

"小姐，恕打扰。请原谅尼古拉没有做算术作业。今天他从学

41

校回来时有些发烧，我们让他卧床休息。"

"我得警告你，尼古拉，"爸爸说，"这可是今年最后一次写假条！知道了吗？"

"噢，当然知道啦！"我说。

爸爸写上日期，签了字，妈妈说晚饭好了。真帅，因为有烤肉和小土豆，大家都很高兴。

今天早上到校的时候，大伙儿都在讨论那道题。

"我是3508只蛋。"乔方说。

欧多听了乔方的话笑得东倒西歪。

"嘿！伙计们！"他叫道，"听见了吗？乔方是3508只蛋！"

"我也是。"阿蔫说，他是全班第一名，老师的乖宝贝儿。

然后欧多不再笑，跑到院子墙角去改他的作业。

若奇和麦星星都得出了3.76只蛋。一有难题他们就互相打电话，然后老师就给他俩零分。但这回他们说没问题，因为是他们父亲打的电话。

"你呢，你算出多少？"亚三问我。

"我呀，我什么也没算，"我说，"我有假条。"

我把我爸的名片拿出来给伙伴儿们看。

"你可真有运气。"科豆说，"自从我上次被停课以后，我爸就再也不同意给我写假条了。"

"我爸也不同意。"鲁飞说，"而且在我家要张假条真麻烦，还不如我自己做题痛快。"

"我家也一样。"我说，"而且我爸说今年这是最后一次。"

"他做得对。"乔方说，"不能每次都是同一个人拿假条，而且如果大家都在同一天拿假条来，老师肯定也不信。"

"这么说，"亚三说，"今天没别人拿假条算你有福气。"

然后上课铃响了，大家去排队，校长走过来对我们说：

"孩子们，今天是沸……呃，是度泊先生监管你们，因为你们老师生病了，她今天请假。"

七、（1611～1673）

每 次星期三从学校出来，我们都特高兴。因为第一我们放学了；第二明天是星期四，我们不上学；还有因为我们会经过电影院，正好这天是新电影上映的日子，我们要看看有些什么新电影。如果是一个很帅的电影，我们就回家向爸爸妈妈要钱买票，第二天去看。有的时候管用，可是假如我们在学校干了坏事或得了坏成绩就不管用了。

这会儿我们看见有个特棒的电影，叫做《达塔尼昂的回归》，有好多照片，照片上是用剑打仗的火枪手，头上戴着有羽毛的帽子，脚蹬靴子，穿着豪华的衣服，有点像乔方生日时得到的全套武装。他那天就这么穿着来上学，结果让老师呲儿了一顿。

"这个星期我在前二十五名。"若奇说，"我爸肯定会给我钱看电影。"

"我呀，"欧多说，"我直瞪着我爸的眼睛，他就肯定给我想要的东西。"

"他给你吃嘴巴吧？"麦星星说。

"你现在就想吃一个，是不是？"欧多说。

"准备应战！"麦星星大叫。

他们各自从书包里找出长尺，像火枪手一样决斗起来。嚓嚓嚓，来吧，孽障！

"你们知道吗？真有达塔尼昂这个人呢！"阿蔫说，"我看过一本书，他叫夏尔·德巴茨，生在热尔省的卢比亚克，死在马斯特里赫特，生卒年1611～1673。"

不过因为阿蔫是全班第一名，老师的乖宝贝儿，我们都不太喜欢他，结果谁都没理他。而且大家都忙着用尺子作剑当火枪手决斗。嚓嚓嚓，来吧，孽障。直到检票员出来让我们走开，因为我们挡着别人进电影院了。我们只好都走了，但我们说好明天两点来这里看电影，因为两点来我们可以看两场半电影。第三场太晚了，回家要挨骂的，而且还会惹出好多事儿来。

我等爸爸回家，我回家比他早，但是他没有作业要做。他一回来我就跟他说：

"爸爸，明天我要去看电影，你给我点钱吧！"

"这星期你的语法得了零分，尼古拉。"爸爸对我说，"我当时就说过这星期不许看电影。"

"噢！让我去吧！"我说，"让我去吧！"

"哭也没用，尼古拉。"爸爸说，"明天你就在家呆着，好好做语法练习，我可不想要一个一无所知的白痴儿子。你将来会感谢我的。"

"你要是给我钱，我马上就谢谢你。"我说。

"够了！尼古拉！"爸爸说，"我不可能一辈子老给你钱，总有一天你得自己挣。如果你成为白痴，你就永远不能去看电影了。"

我试着哭了几声，结果没用。

"好了！"爸爸叫起来，"现在我要早点吃晚饭，然后静下心来听收音机！"

我生气了。

吃完饭，爸爸坐在收音机旁边。他特喜欢一个节目，就是一位先生一边大叫一边说话，挺好玩的，他还向其他人提问题，不过那些人不怎么说话。被提问题的人一回答，所有的人就都大叫大喊，他就赢了。然后他拿走人家给他的好多钱，或者他可以留下来让刚才的先生再提问题。如果刚才回答问题的先生回答了，他就可以得双倍的钱，然后大家加倍大叫大喊；如果他不回答问题，提问题的先生就特别难过，也不给他钱，然后大家就都会很

失望地喊："哎呀！"

今天晚上收音机里的先生回答了所有的问题。说很多话的先生和我爸都很高兴。

"他太棒了！"我爸说，"他在学校的成绩肯定不错，是不是，尼古拉？"

我没回答，因为我还在赌气。可不是吗？真不公平！好不容易他们放我喜欢的电影，为什么我不能去看？每次都是这样：我一想要什么，他们就不许。总有一天我要离家出走，他们会后悔的。他们会说："真可惜当时没让尼古拉去看电影。"而且不就是语法得了零分吗？我的阅读还得了14分呢，我的阅读很厉害。假

如我向爸爸保证下星期好好学语法,他就会给我钱让我去看电影。如果我能去看电影,那我绝对保证特好好学习。

"爸爸……"我说。

"闭嘴,尼古拉。"爸爸吼我,"别打扰我听广播!"

"先生,"电台里的先生说,"您现在回答的问题值1,024,000法郎:有一位因一部小说出名的人物出生地点在卢比亚克,他是谁?他的生卒年月是什么?死在什么地方?"

"爸爸,你给我钱吧,我保证在学校特努力学习,而且我要好好学语法。"我说。

"安静,尼古拉!"爸爸大叫起来,"让我听答案。"

"是夏尔·德巴茨·达塔尼昂。"我说,"他生在热尔省的卢比亚克,死在马斯特里赫特,生卒年1611~1673。你给我钱吧!"

"尼古拉!"爸爸吼道,"你太不像话了!我都没听见……"

"对啦!先生!太好啦,先生!"电台里的先生大叫起来,"确实是夏尔·德巴茨·达塔尼昂公爵,生于热尔省的卢比亚克,死于马斯特里赫特,生卒年1611~1673!……"

我爸他是所有爸爸里最帅的,他给我钱让我去看了电影。

可我不太明白,我爸现在老瞪大眼睛瞧着我。

八、可爱的兔子

今天在学校特帅！我们几乎整个星期都挺乖的，所以老师就让我们玩橡皮泥。她先给我们每个人一点泥，然后她教我们捏一个小兔子，还有两只长耳朵。

我做的兔子是全班最好的，这可是老师说的。阿蔫不高兴，说不公平，说他的兔子跟我的一样好，还说我是学他做的。他说得当然不对，我没学他的。跟阿蔫一起玩特没劲，因为他是全班第

49

一名，老师的乖宝贝儿，所以他就不喜欢老师表扬别人。阿蔫哭的时候，老师惩罚了别的伙伴，因为他们不捏小兔子，拿橡皮泥打仗。

亚三不打仗，他也不想捏兔子，他尝了尝橡皮泥，结果他说不喜欢吃。老师说她本来想要让我们高兴的，不过这可是最后一次了。这节课上得特有意思。

我回家的时候特高兴。我把小兔子捧在手上，怕放在书包里压扁。我跑进厨房大叫起来：

"妈妈，你看！"

妈妈大叫了一声，一下子转过身。

"尼古拉！"我妈说，"我跟你说过多少次，进厨房别像野孩子一样哇啦哇啦叫！"

我就把我的兔子给妈妈看。

"好，去洗洗手，"妈妈说，"可以吃点心了。"

"你看看我做的兔子啊，妈妈！"我说，"老师说我做的是全班最帅的！"

"很好，很好，"妈妈说，"现在去洗一下手。"

我可看见了，我妈根本没看我的兔子，她说"很好很好"的时候，就是她不好好看。

"你没好好看我的兔子。"我说。

"尼古拉！"妈妈大声叫了起来，"我已经跟你说过了，去洗洗手准备吃点心！我生这么大的气就是因为你不乖！你老这么不听话我真受不了！"

这下有点太过分了！我做了个特棒的小兔子，老师都说是全班最好的，连臭宝贝儿阿蔫都忌妒，结果到了家却受气！

这真太不公平了，可不是吗？真是的！我往厨房的凳子上踢了一脚就跑了出来，进我的房间里赌气。我扑到床上之前先把我的兔子好好放在桌上怕压碎。

然后妈妈就进来了。

"有完没完，尼古拉？"她对我说，"如果你不想让你爸知道这件事的话，你就下楼来吃点心。"

"你没看我的兔子！"我说。

"好，好，好！"妈妈说，"我看见了，你的兔子，做得很好。现在你满意了吧？你要不乖我真的生气了。"

"你不喜欢我的兔子！"我说完就哭了。可不是吗？在学校用功学习有什么用？结果到了家都没人喜欢你做的兔子。然后我们就听见楼下爸爸说话的声音。

"人都到哪儿去了？"爸爸大声叫，"是我！我今天回来得比平时早！"

　　然后爸爸就进了我的房间。

　　"怎么回事？"爸爸问，"从花园里就听见有人大喊大叫！"

　　"事情是，"妈妈说，"尼古拉从学校回来以后就很不像话，就这么回事！"

　　"我没有不像话！"我说。

　　"冷静点。"爸爸说。

　　"好啊！"妈妈说，"好啊！你找借口让他对付我。然后你又说这孩子不长进。"

　　"我，我让他对付你？"爸爸说，"我没让任何人对付你。我今天刚好回来得早一点，结果就发现家里出了事。我还想累了一天高高兴兴回家呢。嘚，这可真绝了！"

　　"那我呢？"妈妈说，"你以为我这一天过得不累？你反正不是一个人呆在家，你每天见好多人。我在家像老妈子一样干活，好让家里看起来像点样子。最后我还得受你们这些人的气。"

　　"我给你气受？"爸爸一拳打在我的桌子上大叫，把我吓了一跳，他差点打着我的兔子，这一拳下去准打得特瘪。

"没错！你就是耍脾气！"妈妈说，"而且你最好别在孩子面前大喊大叫的！"

"好像并不是我把他弄哭的吧？"爸爸说。

"是啊，是啊，就说是我虐待他来着。"妈妈说。

然后爸爸就攥紧拳头放在他的脸两边，在我房间里迈着大步走来走去。但是因为我的房间很小，他就老得转圈。

"你们快把我逼疯了，"爸爸叫喊着，"这个家快把我逼疯啦！"

然后妈妈就坐在我的床上，使劲呼吸了好多次，然后就哭出来了。我不喜欢看见妈妈哭，我也哭了起来。爸爸停下来，看看我们，然后坐在妈妈身旁，用手臂抱住她的肩膀，掏出手帕给妈妈，妈妈就大声擤鼻子。

"好啦，好啦，亲爱的，"爸爸说，"咱们这个样子太好笑了，大家都太不冷静了……尼古拉，擤擤鼻子。就是因为大家不冷静所以才胡说八道。"

"你说得对。"妈妈说，"可又能怎么样呢？像今天这样打雷的天气，小家伙又……"

"可不是？可不是？"爸爸说，"我肯定一切都会结束，跟孩子要会点心理学，你知道的。等着，你看好。"

然后爸爸转向我，把手伸进我的头发里。

"是不是？"爸爸说，"我的尼古拉会对妈妈好的，跟她道声歉！"

我呢，我道歉了，因为家里最帅的时候就是大家不吵架了。

"我对他的态度也有点不太对。"妈妈说，"你知道咱们的尼古拉，他今天在学校可用功了，老师还在同学们面前表扬了他。"

"这可太好了，"爸爸说，"简直好极了！你们看没什么好哭的。好啦，我都有点饿了，而且也该吃点心了。之后尼古拉再给我讲讲他在学校里做的事。"

然后爸爸妈妈都笑了，我也特高兴。爸爸吻妈妈的时候我就把我的兔子拿起来给爸爸看。

爸爸转过身对我说：

"好了，尼古拉，现在你不哭了，你可得乖点了吧？嗯？去把你手里这脏玩意儿扔掉，洗完手坐下来好好吃点心。"

第二集 科豆过生日

一、科豆过生日

今天下午科豆家搞了一个特棒的聚会。科豆就是我们班最后一名，今天是他的生日，他邀请我们去他家庆祝生日。

我们到他家的时候，伙伴们都已经到了。妈妈吻了我，说6点来接我，让我听话。我跟她说我肯定会像平时一样听话。妈妈看了看我，说看能不能5点半就来接我。

科豆给我开了门。"你给我带什么生日礼物了？"他问我。我把礼物给他，他打开，是一本有好多地图和照片的地理书。"谢了。"科豆他跟我说，然后把我带到饭厅去吃点心，别人都在那儿。我在角落里见到我的伙伴亚三，就是老吃东西的胖家伙，他手里拿着一个盒子。"你还没给他礼物？"我问他。"我给他了。这一个不是礼物，是我的。"他回答我。他打开盒子，从里面拿出一个奶酪三明治吃了起来。

科豆的父母都在，他们看起来都挺客气的。"来吧，孩子们，吃点心了。"科豆的爸爸说，我们就都往椅子那儿跑。乔方胡闹，给欧多使个绊子，欧多倒在了阿蔫身上，阿蔫就哭了，阿蔫他老哭。给欧多使绊子可不怎么高明，因为他特厉害，而且他喜欢往咱哥儿们的鼻子上打。他给乔方的一拳打个正着，结果乔方的

57

鼻血流到了桌布上。科豆的妈妈铺了一块干干净净的桌布，这下可好了。她看着这么乱七八糟的肯定很不高兴。她对我们说："如果你们不老老实实的，我就给你们父母打电话，叫他们马上来把你们接回去！"科豆的爸爸说："冷静点，亲爱的，都是些孩子。他们在玩呢，马上就安静下来了。是吧，朋友们？""我玩得不好，我非常痛苦。"阿蔫说，他还在找他的眼镜，他说话说得很好，因为他是全班第一名。"我可带礼物来了，走之前我有权利吃

点心！"亚三嚷嚷起来，把嘴里的奶酪三明治喷得到处都是。"坐下来！"科豆的爸爸大叫了一声，他不开玩笑。

我们都在桌子周围坐下来。科豆妈妈给我们倒巧克力奶，他爸发给我们一些纸帽子戴到头上，他自己戴了一顶有红绒球的海军帽。"如果你们乖的话，吃完点心我就给你们表演布袋木偶戏。"他对我们说。

"戴着这顶帽子您肯定演得特好。"欧多说。结果科豆的爸爸给他头上也戴了一顶，可他没戴好，因为帽子把欧多的整个脑袋都罩住了。

　　我们吃得挺好，有好多种点心。然后生日蛋糕端上来了，上面有蜡烛，还有用奶油写的"生日快东"。科豆可得意了。"这是我自己在蛋糕上写的。"他说。

　　"你赶快吹蜡烛吧，我们好吃蛋糕。"亚三说。

　　科豆吹了蜡烛我们就开始吃蛋糕。鲁飞不舒服，科豆妈妈把他领出去了。

　　"现在你们吃完了点心，到客厅来吧。"科豆的爸爸说，"我给你们表演木偶戏。"

　　科豆的爸爸说完飞快转过身去看欧多，可欧多什么也没说，其实是亚三说的。他说：

　　"怎么着，点心就算吃完啦？"

"去客厅！"科豆爸爸大喊。

我真高兴，因为我喜欢看木偶表演。科豆的爸爸他特帅！客厅里，在木偶戏台前面摆好了几排椅子。

"你看着他们。"科豆他爸对他妈说，可科豆他妈说她得去收拾饭厅，说完她就走了。

"好，"科豆爸爸说，"你们自己坐好了，我去戏台后面准备一下。"

我们去乖乖地坐好，只打翻了一张椅子，可惜阿矞正好坐在上面，他又哭了。木偶戏台帘子打开了，可我们没见到木偶人，只看见科豆爸爸满脸通红而且不高兴。

"你们老实呆一会儿行不行？"他大声喊。

欧多拍手笑，说科豆的爸爸木偶表演得特好。科豆的爸爸看着欧多，叹了一大口气，然后他的脑袋就不见了。

戏台后面科豆爸爸敲了三下，通知我们木偶戏马上要开始。帘子打开，我们看见木偶人胳臂底下夹着一根棍子，想打警察。鲁飞不高兴了，因为他爸就是警察。欧多有点失望，说第一部分更好玩，就是科豆爸爸露脑袋那会儿。我觉得还不错，而且科豆爸爸演得可真卖劲。他让木偶人跟木偶人的太太吵嘴，他自己变嗓子说话，肯定不太容易。

我没看成后来的表演，因为亚三跑回饭厅去看有没有吃剩的东西。他回来跟我们说："伙计们！他家有电视！"

结果我们就都跑去看电视。挺帅的，正好放的是冒险电影，里面的人穿铁甲，讲的是过去的事。一个年轻人偷了富人的钱然后分给穷人，看起来这样做大家都高兴，因为大家都喜欢这个年轻人。大家都不喜欢坏人，就是年轻人偷了他钱的那个人。乔方跟我们说他爸给他买了一件这样的铁甲，下次上学他就要穿着铁甲来。正说着呢，就听后面有人大声说话："你们成心涮我是吧？"

我们回过身看见了科豆的爸爸，他看起来很生气。但是因为他头上戴着水手帽，每只手上拿着一个木偶，看起来就特滑稽。鲁飞真不该笑话他，这可能让鲁飞想起了他爸。科豆爸爸用木偶警察扇了他一耳光，鲁飞也生气了，而且还大叫起来。科豆的妈妈从厨房里跑出来看发生了什么事。亚三问她还有什么可吃的。"够了！安静！"科豆的爸爸也大叫，一拳打在电视机上，电视机发出了一声怪叫就不响了。真可惜，因为我正看到坏人要把年轻人吊起来，但愿年轻人能够逃跑。

　　科豆的妈妈叫他爸冷静下来，说我们不过是些孩子，还说当初就是他要给科豆过生日，才邀请科豆的朋友们的。科豆呢，因为电视再也不亮就哭了起来。我们玩得可真好。但已经是6点了，我们的爸爸妈妈都来接我们回家。

　　第二天在学校里，科豆特伤心。他说就因为我们，他以后不能开火车了。他解释说本来他长大以后想开火车，但是昨天我们走了以后，他爸跟他说以后不再给他过生日，所以他就再也长不大了。

二、终于有了

好啦，我们终于就要有一台电视机了，跟科豆家的一样。科豆就是学校里的一个伙伴，是我们班倒数第一名，可他是个好哥儿们。就是因为他的算术、语法、历史和地理不好，所以他是最后一名。他画画还可以，是倒数第二名，因为麦星星是左撇子，画得不如他。爸爸原来根本不听我说，说买了电视机会影响我的功课，要不然我也会成倒数第一。而且他说看电视对眼睛也不好，家里以后就没人聊天，也没人花时间看好书了。后来妈妈说不管怎么样，还是个不错的主意，然后爸爸就同意买了一台电视机。

今天我们的电视机就要来了。我特着急，爸爸好像什么事都没有似的，其实他也挺着急的。因为他跟我们邻居贝杜先生说了这事，他家没有电视机。

运货卡车终于到了我家门口，我们看见有位先生抱着一台电视机出来，可重了。"是这儿的吗？"这位先生问，爸爸说是，但他让他等一下再进家。爸爸走近贝杜先生家的树篱大叫起来："贝杜！来看哪！"贝杜先生肯定在窗户旁边看着我们呢，他马上就出来了。"你叫我干什么？"他说，"在自己家都过不了安生日子！""来看我的电视机！"爸爸大声说，特得意。贝杜先生不慌不忙地走过来，我可知道他特别好奇。"哟，"贝杜先生他说，"这么小的屏幕。""小屏幕？"爸爸说，"小屏幕？你有毛病吧？这可是54厘米的！你这是忌妒，没错！"贝杜先生笑了起来，可笑得一点也不高兴。"我忌妒？"他还笑着说，"如果我想买一台电视机，我早就买了。我家有钢琴，你知道吗？我还有古典音乐唱盘，你知道吗？我还有好多书，你知道吗？""说得好听！"爸爸大叫了起来，"你就是忌妒，没什么好说的！""是吗？"贝杜先生说。"就是！"我爸说。然后抱电视机的先生问什么时候进我家，他抱

着挺累的,而且他还得到别家去送货。我们根本就把他给忘了,可怜的先生!

爸爸让这位先生进了家,他脸上全是汗,电视机看起来真是重。"我放哪儿?"这位先生问。"我来看看。"妈妈从厨房里走出来,好像挺高兴,"我看看,我看看——"她把手指放在嘴边想着。"太太,您快点,我抱着挺重的!"抱着电视机的先生说。"放在角落里的那张小桌上。"爸爸说,那位先生就往那边走,可我妈说不行,这张桌子是留给客人喝茶用的,那先生站住喘了一口粗气。妈妈先是说放在独脚小圆桌上,但嫌它不够结实;后来说放在小

五斗橱上，但是又担心它前面不能放扶手椅；最后说放在写字台上，但由于它上面有窗户，也不行。"怎么？你倒是做个决定啊！"爸爸说，好像有点不耐烦了。妈妈生气了，说她不愿让人催，而且在外人面前用这种口气跟她说话，她可不高兴。"快点！要不然我松手了！"那位先生叫了起来。妈妈就赶快指了指爸爸说的桌子，那先生把电视放上去，出了一大口气。我想这电视机一定是非常非常重的。

那位先生插上了电源，转了好多按钮调来调去。然后屏幕亮了，但里面不像科豆家的电视一样，没有牛仔或是大胖子在一起摔跤，是好多小星星和小圆点。"没法显示得更好吗？"爸爸问。"我得安上天线。"那位先生说，"但您让我等的时间太长了，我得

去送别的货，然后再回来给您安装，时间不会很长。"说完他就走了。

我呢，我觉得现在看不成真遗憾，我想爸爸妈妈也是。"好啦！"爸爸跟我说，"说定了，我让你去做作业和上床睡觉的时候你得听我的话！""好的，爸爸，"我说，"除非有牛仔电影。"爸爸气得满脸通红，说不管有没有牛仔他让我上床我就得上床。我大哭起来。"真是的。"妈妈说，"你干吗这么冲着他大喊大叫的？可怜的儿子，你把他弄哭了！""好吧，"爸爸说，"你就护着他吧！"妈妈就开始慢慢地说话，好像她真生气的时候。她对爸爸说要理解别人，说我们要是不让他看一场可恶的足球赛他也会不高兴的。"可恶的足球！"爸爸大叫，"告诉你，就是为了看这些可恶的足球赛，像你说的，我才买了这台电视！"妈妈说这下保证有好玩的了。我跟她的想法一样，因为足球赛，那可真帅！"绝对没错，"爸爸说，"我买电视绝不是为了看电视烹调节目，可你还真需要看看！""我？我需要看烹调节目？"妈妈说。"没错，你就得学学烹调。"爸爸说，"你没准真得学学怎么才别把意大利通心面煮煳，像昨天似的！"妈妈，她哭了起来，说她从来没听过这种忘恩负义的话，说她要回她妈妈家，就是我姥姥家。我想帮他们调解一下。"昨天的通心面没煮煳，"我说，"是前天的土豆泥。"结果一点用也没有，因为大家都变得特烦躁。

"要你插什么嘴？"爸爸说，我就又哭了。我说我很不幸，说你的这些话都忘恩负义，说我要到科豆家去看牛仔电影。

爸爸看了看我们——我和妈妈——把两只手向上伸了一下，又在客厅里走了一会儿，然后他在妈妈面前停下来，说不管怎么说他还是挺喜欢吃煳的土豆泥，而且妈妈做的菜也肯定比电视里做得好。妈妈不哭了，喘了会儿气，然后说其实她也挺喜欢足球赛。"不要这样，不要这样。"爸爸说，然后他们就互相亲了一下。

我呢，我说我也可以不看牛仔电影，爸爸和妈妈也都吻了我。我们大家都高兴起来。

但是最不高兴和意外的是那位送电视机的先生，因为他回来安装天线时，我们把电视机还给了他，说电视里的节目我们不喜欢。

三、家教

那 天在家里，他们知道我算术考试得了全班倒数第一名。
这可不得了啦！科豆那天生病没来考试，好像成了我的错
了！可不是吗？真是的！他不在的时候，总得有人顶替他当最后
一名吧！

爸爸使劲嚷嚷，说我的未来可是有保证了，说哎呀呀，真是
白出血本最后弄得这么一个结果，说我就想着玩，根本不想想将
来他不能一辈子供我。还说他像我这么大的时候老是全班第一名，
而他爸爸可为他自豪了，说与其这么继续供我读书，还不如现在
起就随便找个地方让我学点手艺。我跟他说我愿意去学手艺。然
后爸爸又嚷嚷了好多特难听的话，可妈妈说她肯定我会在学校里
努力拿到更好的成绩。

"不行，"爸爸说，"这也太容易了，不能就这么便宜了他。我
得给他请个家教，出多少钱都没关系，我可不想听人家说我儿子
是个白痴。从今以后，星期四不许他再看那些无聊的电影，他就
在家上算术课。这对他肯定大有好处。"

我哭了起来，乱叫乱喊脚还到处踹。我说没人喜欢我，我要
杀死所有的人然后自杀。爸爸问我是不是想挨揍，我就赌气。妈

69

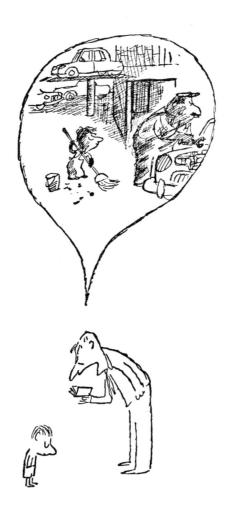

妈说再多几个这样的日子，她就得少活几年。然后我们去吃晚饭，有炸薯条，真帅。

第二天，爸爸跟妈妈解释说巴里先生——就是我爸办公室的同事——给他介绍了一个老师，是他表兄的儿子，说他好像算术

特棒。

"是个学生。"爸爸说，"这是他第一次当家教，但是这样更好。他还没被老的教育方式箍死，肯定更有创新。而且他的价格也比较合理。"

我又试着哭了几声。爸爸冲我瞪眼睛，妈妈说如果还像上次一样重新开始的话，她就离开家。我只好什么也不说，可我一直赌气到吃甜食（是奶冻！）的时候。

然后到了星期四下午，有人按门铃。妈妈去开门，让一个戴着老大眼镜的先生进来，有点像长大了的阿蔫，但不是特别老。

"我是卡来先生。"这位先生说，"我是来做家教的。"

"太好了，太好了！"我妈说，"我是尼古拉的妈妈。这就是尼古拉，您的学生。尼古拉！来向你的老师问好。"

我跟卡来先生轻轻碰了碰手没握，卡来先生的手湿漉漉的。我有点害怕。妈妈让我带卡来先生到我的房间去上课，我们就进到我的房间里，坐在我的课桌前。

"呃……"卡来先生说，"你们在学校里都干些什么？"

"嗯，我们玩朗斯洛呗！"我回答。

"朗斯洛？"卡来先生问。

"是啊，上星期我们还可以玩猎人球。"我跟他解释，"可沸汤，就是我们的学监，把我们的球没收了，结果整个这个学期我们都没权利再带球到学校。朗斯洛就是一个人在中间'四脚'着地，就像这样，当马，另一个人骑上去，就是骑士。然后好几个骑士就打鼻子，这是欧多发明的游戏，欧多……"

"回来坐好！"卡来先生说，他眼镜后面的眼睛瞪得老圆。

我回来坐好，卡来先生说没问我我们在课间休息时干什么，而是问上算术课的时候。这可挺让我失望，我没想到这么一上来就开始上课。

"我们学除法。"我说。

"好吧，"卡来先生说，"把你的作业本拿来给我看。"

我给他看了。卡来先生看了看本子，又看我，把眼镜摘掉擦了擦，又看本子。

"又大又红的字，"我解释说，"是老师写的。"

"好，"卡来先生说，"现在咱们开始。说说看，什么是除法？"

看我没吭气，卡来先生就说：

"是一个……"

"是一个……"我说。

"有一个或几个……"

"有一个或几个……"我说。

"位数的数字……"

"位数的数字……"我说。

"分成什么？"卡来先生问我。

"我不知道。"我回答说。

"分成相同的几份！"

"分成相同的几份！"我说。

卡来先生擦了擦脑门。

"来，咱们看看实际情况。比如你有一块蛋糕，或一个苹果……或………对了，你有玩具吧？"

然后我们就打开壁橱，有好多玩具从壁橱里掉下来了。卡来先生拿了些弹球，把它们放在地毯上，我们就坐下来。

"这儿有八个弹球。"卡来先生说，"我们设想它们是一个整体，我从中拿三个。以除法的方式告诉我这三个弹球与整体的关

系……它们是……"

"它们是……"我说。

卡来先生摘掉眼镜擦了擦，我看见他的手有点发抖。这样子他可真让我想起阿蔫，他摘眼镜擦的时候手也发抖，因为他害怕我们趁机打他的脸。

"我们来想点别的办法。"卡来先生说，"咱们把铁轨连在一起……"

我就把十根铁轨连成一个圆圈，我问他能不能放上火车头和

货车车厢，因为乘客车厢让亚三给踩坏了。亚三是一个特胖的伙伴。

"随你的便。"卡来先生说，"好吧，这十根铁轨组成一个圆圈的十个部分，现在如果我拿走一条……"

"那火车就出轨了。"我说。

"我没跟你说火车！"卡来先生大叫起来，"我们在这儿不是为了玩火车！我把火车拿开！"

他看起来很生气，这个卡来先生，我就哭了。

"你们在一起玩我没意见，但你们不应该吵嘴！"

是我爸在说话，我们刚才没见他进房间。卡来先生睁大眼睛望着他，他手上还拿着火车头和货车车厢。

"可我……可我……"卡来先生说。

我以为他也要哭呢，结果我听见他说："唉，真倒霉！"他从地毯上站起来就走了。

他再也没回来，这位卡来先生，爸爸还生了巴里先生的气。可我倒是没什么事儿，因为科豆病一好，我就不是倒数第一名了。

四、新老师

天下课之前，老师让我们安静下来，然后她对我们说："孩子们，我得告诉你们我不得不离开你们。我在外省的家人有事需要我去几天，而且我有可能一个星期以后才回来。所以明天会有另外一位老师来代替我上课。我相信你们都会跟她好好学习，听她的话，而且你们会在她面前为我争气。所以我回来以后希望你们不会闹出什么事让我替你们难过。你们都听懂了吗?

好! 我相信你们，下星期见。你们可以走了。"

我们都站了起来，跟老师握手告别。我们都特担心，我的嗓子都堵住了。真的，我们都喜欢我们的老师，她可帅了，换老师可没意思。最不情愿的是科豆，因为他是最后一名，所以对他来说麻烦最大。我们的老师已经习惯他了，就算罚他也不会出什么太问题。

"我得想办法搞一张假条，这星期不来上课了。"科豆下课时对我们说，"可不是吗？哪能这么随便换老师的？"

可今天早上，科豆还是跟大家一样来上学了，我们大家都特兴奋。

"我昨天晚上学到很晚，"科豆跟我们说，"我连电视都没看。你们觉得她会提问吗？"

"没准第一天她不会打分。"麦星星说。

"瞧你说的！"欧多说，"你以为她会不好意思？"

"有人见过她吗？"若奇问。

"我到学校的时候见过她来着。"乔方说。

"她长什么样儿？她长什么样儿？"我们大家都问。

"又高又瘦，"乔方说，"特高，特瘦。"

"她看起来不厉害吧？"鲁飞问。

乔方鼓起腮帮子，甩了几下手（肯定的意思。——译者注）。

我们就都不说话了，亚三把没吃完的羊角面包放进兜儿里，然后上课铃就响了。我们排好队，像是要去看医生。没人说话，科豆还拿着他的地理书在复习河流。然后其他班的学生都走了，我们班留在操场上。后来看见校长陪着新老师来了，她又不高又不瘦。乔方可真是个臭骗子！我保证他从来没见过她。

"孩子们，"校长说，"正如你们所知，你们的老师不得不去外省几天。由于她可能一周都不能来上课，所以由娜兰小姐作替补，就是代替她的工作。我希望你们要听话，好好学习，让你们的新老师没什么可抱怨的。听懂了吗？……小姐，您可以带他们去了。"

新老师作手势让我们往前走，我们就上楼走进教室。

"请坐在你们平时的座位上，保持安静。"新老师对我们说。

我们看见她坐在我们老师平时坐的座位上觉得有点别扭。

"孩子们，"她对我们说，"像校长刚才说的，我叫娜兰。你们也知道你们的老师要去外省住几天，所以由我来代她上这几天的课。我希望你们要听话，好好学习，我也希望你们老师回来以后我没什么可向她汇报的。你们看得出来，我是很严厉的，但很公正。如果你们听话，那么一切都会很顺利。我想你们都听懂了。现在我们上课……"

娜兰小姐打开课本，对我们说：

"你们老师给我留下了课表，今天上午你们是地理课，讲法国的河流……我们需要一幅地图……谁去取一下？"

阿蔫站了起来，因为他是全班第一名和老师的乖宝贝儿，老是他去取东西、灌墨水、收作业和擦黑板什么的。

"坐下来！"娜兰小姐说，"有没有点儿纪律？别随便站起来……我来指定谁去取地图……你，那边！对了，最后一排的，你叫什么名字？"

"科豆。"科豆说，他的脸吓得煞白。

"好，"娜兰小姐说，"科豆，你去取法国地图，就是有河流和高山的，别在路上耽搁。"

"可是小姐……"阿蔫说。

"我看出来了，你有点倔，"娜兰小姐说，"可是对这种个性强的学生，我就得杀杀他的傲气。小朋友！坐下！"

科豆走了，特吃惊，回来的时候得意地举着地图，直喘粗气。

"好极了，你做事很快，'可逗'。"娜兰小姐说，"谢谢你……你们其他人安静点！……你能不能把地图挂在黑板上？……对，就这样。好，你先别走，给我们讲讲塞纳河。"

"塞纳河的起源是朗格勒高原，"科豆说，"全长776公里，中

79

间拐了好多弯，最后流进拉芒什海峡。最主要的支流有：奥布河、曼恩河、瓦兹河和约讷河……"

"很好，'可逗'。"娜兰小姐说，"看得出来你都明白了，回到座位上吧，很好。"

科豆满脸通红地回去了，傻傻地笑着，还在喘气呢。

"该你了，会来事的。"娜兰小姐指着阿蔫说，"对，就是你，你很想说话，就站在那儿跟我说说塞纳河的其他支流。"

"呃，"阿蔫说，"呃，有奥布河、曼恩河、瓦兹……"。

"好啊，"娜兰小姐说，"与其在课上搞些小动作，还不如把你的同学'可逗'当榜样学。"

阿蔫特惊讶听人家说让他跟科豆学，居然忘了哭。

然后新老师向我、亚三、欧多提问，然后她说都挺好的，但是她肯定我们能做得更好。然后她讲解新课高山那一节，没人出洋相，比刚上课的时候老实多了。亚三开始小口吃他的羊角面包。

然后老师就让科豆把地图送回去，他回来的时候下课铃响了，我们都出了教室。

操场上我们都在一起议论新老师，说她没我们想象的那么厉害，还挺好心的，而且快下课的时候她已经习惯我们了，微笑着

说让我们去操场上玩。

"哼，我可得小心点儿。"若奇说。

"咳，"麦星星说，"有什么好说的？最后还不都是一样？咱们当然更喜欢原先的老师。可老师就是老师，对咱们来说都一样。"

麦星星说得对，我们决定上课之前踢足球，我们队里是阿蔫当守门员。

他代替了可恶的乖宝贝儿科豆，科豆正复习历史呢。

五、科豆搬家

科豆特高兴，因为他要搬家了，所以今天他父母给他写了张假条，下午请假不来上课。

"我父母需要我帮忙。"科豆说，"我们要搬到一个特棒的公寓里，离我现在住的地方不远。我家的公寓比所有人的家都帅。"

"别逗了。"乔方说。

"你才别逗了！"科豆大声说，"我们有三个房间，你知道吗？还有个客厅！你家没有吧？"

"客厅？我家有的是！"乔方也大声说，"你家的客厅真好笑！"

然后乔方就笑了起来，科豆用手指头在脑袋上戳着看乔方。可他们没打起来，因为沸汤就在旁边，沸汤就是我们的学监。

"你要愿意的话，"欧多说，"今天放学以后，我们大家都去帮你们搬家。"

科豆说这是个挺帅的主意，说他父母也会特高兴有人来帮忙的。我们大家都决定去，除了乔方，他说不想帮有无聊客厅的傻瓜搬家。沸汤去打上课铃，科豆和乔方才有工夫打了会儿架。中午吃饭的时候，妈妈听我说科豆的父母想让我们去帮着搬家还有

点不信。

"这倒奇怪了。"妈妈说,"好在离家不远,而且你要是觉得好玩……不过别弄脏衣服,早点回来。"

放学后,我和欧多、鲁飞、若奇和麦星星一起跑到科豆家。亚三没来成,因为他想起来得回家吃点心。

在科豆家门口有一辆很大的搬家卡车,还有科豆的妈妈。她没看见我们,因为她正跟两个特胖的搬运工讲话,他们正把沙发搬上卡车。

"当心点。"科豆的妈妈说,"这张沙发很容易坏,右边一条腿不太好使。"

"放心吧,太太,"一个搬运工说,"我们知道该怎么干。"

上楼梯的时候,另外一些搬运工在搬一个特大的立柜,我们只好等一会儿。

"别呆在这儿，小家伙们！"一个搬家工人对我们说。

我们进了科豆的家，门开着，里面乱七八糟，到处都是木箱子、草垫和家具。科豆的爸爸没穿套装，正和往橱柜上拴绳子的搬运工说话。搬运工对他说别担心，因为他们有经验。

"主要是橱门，锁不住。"科豆的爸爸说。

然后我们就看见科豆了。他说："来啦。"科豆的爸爸转过身来，好像没想到会看见我们。

"咦？"他说，"你们都来这儿干什么？"

"他们是来帮忙的。"科豆解释说。

"别呆在这儿，小孩儿。"搬运工说。

"对，对！"科豆的爸爸说，他看起来特不耐烦，"别在这儿呆着，科豆，把你的小朋友带到你的房间去，看看壁橱里还有东西没有。因为饭厅一搬完，我们就去搬你的房间了。"

然后科豆的爸爸就跟搬运工说了好多注意事项，我们跟科豆到他房间去了。

他的房间可真乱，到处是木箱子和草垫，家具都集中放在角落里，床也拆了。壁橱全敞开着，里面是空的。

"是你装的箱？"我问科豆。

"不是，"科豆说，"是搬运工。你看，他们把东西放进箱子里，再填上好多草垫。"

"看哪！"麦星星叫起来，"是你的消防车吧？"

我们把消防车从木箱子里拿出来。这车特棒，虽然已经没有电池了。科豆跟我们说他还有一个他姨安娣送的印第安人的城堡，我们没见过。为了找这个城堡我们可费了事，最后是鲁飞从一个木箱子最底下找到的。

"把草垫放回箱子里，"科豆说，"地上剩一点没关系，反正我

87

们也不住这儿了。"

科豆的城堡特帅，里面有印第安人和牛仔，他还有好多我从来没见过的汽车。

"对了，我的船。你们见过我的船吗？"科豆问。

我们帮着科豆把船桅和帆装上，因为要放在箱子里，这两样东西是要拆下来的。

"对了，"若奇说，"你的电动火车呢？我哪儿都没见。幸亏我想起来了，赶快看看丢没丢。"

"哎呀，"科豆说，"我的电动火车在另外一个木箱子里，搬运工已经放到卡车里了。因为自从我上次被学校停学以后，我爸我妈就把它没收了，然后一直放在他们房间里。"

"可是，"鲁飞说，"如果你不把它从这个木箱子里拿出来，搬完家你父母肯定还要放到他们房间里。你要是把它放到你的木箱子里，你就可以收回来了。"

科豆说鲁飞说得对，就让我下楼陪他去跟搬家工人解释把电动火车找出来。

在路边上，科豆的妈妈还在跟搬运工解释橱柜门的事。然后她看见了科豆，就瞪大了眼睛。

"你在这路边上干什么？"科豆的妈妈问，"谁让你下楼了？"

"呃，我要把火车找出来。"科豆说。

"火车？"科豆的妈妈问，"什么火车？"

"就是电动火车。"科豆回答说，"因为如果一直放在你们的木箱子里，你们就还会把它收到你们的柜子。可我要放在我的木箱子里，因为搬家以后你们不能还留着原来没收的东西，这样我就可以在客厅里玩我的电动火车了。"

"我一点也听不懂你想说什么！"科豆的妈妈大声说，"现在你给我赶快回楼上去！"

88

看来科豆的妈妈可不是开玩笑的，我们只好回到楼上去，然后我们听见科豆的爸爸叫喊的声音。我们一回到科豆的房间，科豆的爸爸就冲他大声嚷嚷："好啊！你还知道回来？你简直无法无天，你把所有的箱子都打开了！你看看这个乱劲！你现在就帮我把所有的东西归回原处，以后我再跟你算账！快点！"

科豆和他爸开始把东西和稻草放回箱子里。然后我们看见两个搬运工进来，他们看起来可不太高兴。

"你们搞什么名堂？"一个搬运工说，"成心捣乱哪？"

"我们正在收拾。"科豆爸爸说。

"如果由您来装箱，"搬运工说，"出了事我们可不管。因为我们装箱是有讲究的。"

"孩子们，别呆在这儿。"另一个搬运工说。

然后科豆的爸爸看了看我们，叹了一大口气，说：

"对，对，回家去吧，孩子们。而且时间也不早了，我们也该往新公寓搬家了。科豆，你得早点睡觉，你明天还得收拾东西。"

"如果需要的话，我们明天再来帮忙。"我说。

没想到科豆的爸爸特别帅，他说明天是星期天，而且我们今天也干了不少活，他要给科豆钱让他带我们去看电影。

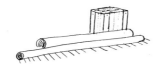

六、逮人游戏

课间休息的时候，我们正玩"马车和印第安人"，又专心又安静。鲁飞和欧多当马，我和麦星星抓着他们的马缰绳，我们一心一意赶马车。别的人都当印第安人，他们来攻打我们。

我们玩得特开心。欧多给若奇的鼻子上来了一拳，若奇大叫着说马没权利打人家的鼻子。

"为什么没权利？"欧多问。

"你这马家伙，住嘴！"科豆大叫。鲁飞给了他一巴掌。

我们大家打了起来，又叫又嚷，可帅了。

然后沸汤来了。沸汤就是我们的学监，他的真名是度泊先生，他嘴上有小胡子，跟他可不能闹着玩。

"你们大家都看着我的眼睛。"沸汤他这么说，"你们干吗老玩这种闹哄哄愚蠢的游戏？每次课间休息都不例外！为什么不玩点有智慧、锻炼身体又不闹的游戏？我像你们这么大的时候——我当时可是好学生——我跟我的同学才不像你们这么没教养，而且我们尊重我们的学监，他也确实值得尊重和享受最高的礼遇。就这么着我们也照样玩得好。"

"玩什么呀？"亚三问。

"玩什么？谁玩什么？"沸汤睁大眼睛问。

"您呗，您跟同学都玩什么？"亚三问，沸汤就叹了一大口气。

"比方说吧，"沸汤说，"我们玩逮人，这种游戏绝对有趣，而且不吵人。"

"怎么玩呀，先生？"我问。

"我来告诉你们。"沸汤说。

沸汤从兜儿里拿出一截粉笔，在操场上画了一条线，又在操场的另一头画了一条线。

"好啦，"沸汤说，"现在，你们分成两组。尼古拉、亚三、欧多和乔方，你们到那条线那儿站着。鲁飞、科豆、若奇和麦星星，

你们站在这儿。"

我们就按他说的去站，欧多没动。

"欧多，怎么着？等你呢。"沸汤说。

"我不跟乔方一头！"欧多说，"昨天他赖皮赢了我两个弹球。"

"你根本不会玩！"乔方嚷嚷起来。

"你想吃我一拳吗？"欧多说。

"安静！"沸汤大叫着，"好，欧多，你代替科豆的位置，他去乔方那组。"

"不行！"若奇说，"如果欧多来我们组，我就不玩了。他刚

才当马的时候打了我一拳，而且马根本没法打人！"

"好吧，"麦星星说，"我来代替乔方，欧多到乔方的组里。反正乔方不在了，他不会有意见。"

"我要跟你在一组，"科豆说，"咱俩在一组！"

"我也是，"若奇说，"麦星星跑得快，咱们肯定能赢。"

"我可不自己一头儿，"鲁飞说，"我跟你们一起。"

然后我们就都到了同一条线上，大家组成一个特棒的小组。可是没有对手了，这样玩起来有点麻烦。

"哎，等一下。"欧多说，"如果乔方留在咱们组里，他就得还我弹球，要不然……"

"安静！"沸汤大叫着，满脸通红。"尼古拉、亚三、欧多、乔方站到这条线上！鲁飞、科豆、若奇和麦星星站到另一条线上。第一个说话的，我就让他星期四留校！听见没有？"

我们都乖乖听话了，因为我跟你们说过，跟沸汤可不能闹着玩。

"好！"沸汤说，"现在咱们来玩。第一组的第一个人，就是说亚三，上前挑战第二组的第一个人，就是鲁飞。鲁飞要抓住亚三，然后第一组的第二个人欧多，再去抓第二组的第一个人鲁飞。如此继续下去，明白了吗？"

"明白什么了，先生？"科豆说。

沸汤的脸比先前还红，说让我们玩起来，一玩就会了。

"亚三，开始！"沸汤说。

"我正吃我的果酱面包片呢。"亚三说。

沸汤抹抹脸然后说：

"亚三，我再说最后一遍。开始！要不然我让你整个假期都留校！"

亚三就一边吃一边往对面走。

"鲁飞，去追他！"沸汤叫道，"抓住他的胳臂。"

鲁飞就去追亚三，抓住了他的胳臂。

"现在我该干什么，先生？"鲁飞问。

"亚三，怎么回事，你该跑啊！"沸汤大叫起来，"好啦，现在你被逮着了！真恼火，见鬼！"

"先生，先生！欧多打我呢！"乔方大叫。

"你赖皮，还告状！"欧多也大叫。

沸汤就跑过去把他们两人分开，科豆跟着他。

"你站这儿干什么？"沸汤问他。

"我明白您的游戏啦，"科豆说，"我得让尼古拉来追我……"

"砰！"一只足球正好打在科豆的背上。

"谁踢的足球？"沸汤大喊起来。

"是我！"若奇说，"科豆是我的俘虏！"

"蠢蛋，"科豆说，"那是玩猎人球的，不是玩逮人！而且你也不该抓我，咱们是一头儿的！"

"我可不想跟你一头儿！"若奇大声说。

然后科豆就回去跟若奇理论，我就正好跑过去抓住他的胳臂当俘虏。

"干得好！"鲁飞说。

"你这马家伙住嘴！"科豆说。他不想让我逮走，他可真赖皮！还打了我一巴掌。

"好啦，我吃完果酱面包，现在可以开始了。"亚三说。

可没人听他说话。大家都在打架，特好玩。这时候上课铃响了。

"排好队，谁也不许说话！"沸汤说，他气得连眼白都红了。

真奇怪，我觉得这次课间休息比以前都短，可能因为我们玩得太好了。

这种逮人游戏太帅了！可沸汤让我们玩这个游戏，他自己也不见得有多轻松！

七、棒 棒

今天下午我从学校回来的时候，妈妈跟我说："尼古拉，吃完点心以后，去帮我买一斤砂糖来。"

妈妈给了我钱，我就高高兴兴地去杂货店了。我喜欢帮妈妈干活，而且孔巴先生——就是杂货店的老板——特帅，他每次看见我都给我一点吃的，我最喜欢的是饼干盒里最后剩下的碎饼干，饼干一碎更好吃。

"这不是尼古拉吗？"孔巴先生说，"来得正好，我正要给你件特棒的东西！"

孔巴先生蹲到柜台后面，他站起来的时候，手里捧着一只小猫，特小的小猫，可帅了，正睡着呢。

"这是比哥的儿子。"孔巴先生对我说，"比哥生了四个，我没法都留下来，我就想把它送给像你这么乖的孩子。我自己留着另外三只小猫，把棒棒交给你管。你要喂它牛奶，好好照顾它。"

比哥就是孔巴先生的母猫，它可胖了，老在橱窗后面睡觉，而且从来没有打翻过罐子。要是有人摸它的毛，它就特乖，从来不抓人，还打呼噜。

我真没法跟你们说我有多高兴。我把棒棒捧在手上，热乎乎的。我刚抬腿往家跑了几步，又转回来买砂糖。

我回到家就大声嚷嚷：

"妈妈！妈妈！看看孔巴先生给了我什么？"

我妈看见棒棒就睁大了眼睛，再把眉毛放回眼睛上说：

"怎么回事？是只猫嘛！"

"对了，"我解释说，"它叫棒棒，就是比哥的儿子，它喝牛奶，我要教它表演。"

"不行，尼古拉。"妈妈说，"我跟你说过多少次了，家里不许养小动物！你已经带回来过一只狗和一只蝌蚪，每次都不好办。我说了不行就是不行！你把这动物给孔巴先生送回去！"

"噢，妈妈，求求你了！妈妈！"我大声说。

但我妈什么都不想听。我就哭了起来，我说没有棒棒我就不在家呆着，说如果我把它送回去，孔巴先生就会杀了它，如果孔巴先生杀了棒棒，我也就自杀。我说我在家从来没有权利干我想干的事，而我的那些伙伴们能在家干好多不让我在家干的事。

"那好吧。"妈妈说,"很简单,既然你的小朋友们想怎么着都行,你就把这只猫送给他们随便什么人,反正咱们家是不能留的。如果你继续这么跟我闹,你就别吃晚饭马上给我上床睡觉,听懂了吗?"

我看没有什么指望了,就带着棒棒出来了,它还睡着呢。我想着该把它送给谁。乔方和若奇都住得太远,麦星星家有只狗,棒棒肯定不想跟麦星星的狗玩。我最后去了亚三的家,他是个爱吃东西的好哥儿们。亚三出来给我开门的时候,脖子上围着一条餐巾,嘴里塞得满满的。

"我正吃点心呢。"亚三说话的时候喷出好多面包渣,"你有什么事?"

我把棒棒举给他看,棒棒打了个哈欠。我说我送给他了,它叫棒棒,喝牛奶,我以后会经常来看它。

"一只小猫?不行,我爸我妈肯定会不高兴。而且猫会跑到厨房偷吃东西。我的巧克力奶要凉了,回见!"

亚三关上了门。我跟棒棒只好去鲁飞家,是鲁飞的妈妈来开的门。

"你想找鲁飞吧，尼古拉？"她问我的时候看着棒棒，"他正做作业呢……好吧，等一下，我去叫他。"

她走了以后鲁飞来了。

"嘿，真帅的猫！"他看见棒棒就这么说，鲁飞。

"它叫棒棒。"我给他解释，"它喝牛奶，我送给你了。但你得让我经常来看它。"

"鲁飞！"鲁飞他妈在家里叫他。

"等着，我就来。"鲁飞对我说。

他进到家门里，我听见他跟他妈在说话。他回来的时候一点也不笑。

"不行。"他说。

然后他就关上了门。我抱着棒棒有点不好办，它又睡着了。我只好又去欧多的家，欧多给我开门。

"它叫棒棒，"我说，"是只猫，它喝牛奶，我送给你了，你得让我来看看他。鲁飞和亚三都因为他们爸妈不同意所以不能要。"

"嗯,"欧多说,"在我家,我想怎么着就怎么着,我可不需要问别人。我想要只猫,我就要了。"

"那就留着它吧。"我说。

"当然了,"他说,"没的说!"

我把棒棒交给他,它又打了个哈欠。然后我就走了。

回到家我特难过,因为这个小棒棒我可喜欢它了,而且它看起来特聪明。

"听好了,尼古拉,"妈妈对我说,"别做出这副样子,那小动物在咱们家不会幸福。现在不许再想这件事了,上楼去做作业。晚饭有好吃的甜食。而且我要特别关照你不许跟爸爸提一个字,他最近很累,他回到家我可不愿意拿这类事让他烦心。至少今天晚上咱们安安静静地吃一顿饭。"

晚上吃饭的时候，爸爸看了看我，问：

"怎么回事，尼古拉？你看起来不快活嘛！出了什么事？学校里有烦心事？"

妈妈冲我瞪眼睛，我就跟爸爸说没事，最近我很累。

"我也是。"爸爸说，"可能是气候变化所致吧！"

这时候有人按门铃，我刚想站起来去开门——我可喜欢去开门了——爸爸就说："不用了，我去吧。"

爸爸去开了门，回来的时候，两只手背在后面，咧开大嘴笑着，他对我们说：

"猜猜看，科豆给尼古拉送来了什么？"

喵——

八、我们没给父母丢脸

今天下午我们的爸爸妈妈来学校参观，我们大家坐在教室里特不安分。老师说校长要在办公室里接待我们的爸爸妈妈，跟他们谈完话以后再陪他们到教室来。

"如果你们老实听话，我担保你们父母来的时候不提问，这样你们就不会在他们面前丢脸了。"

我们当然全都答应了她，而且特高兴。只有阿蒿不高兴，他是全班第一名，他特希望在爸爸妈妈面前提问他。可他不能算数，因为他老在学习，这么着他就什么都知道，所以他不是真聪明。然后老师说，家长要来也不能什么都不干干等着，她说让我们做算术题，她就在黑板上写这道题。这题可难了，说一个农场主有好多黑母鸡和好多白母鸡，它们生好多蛋。然后又告诉我们黑鸡每多少分钟生多少蛋，白鸡每多少分钟生多少蛋。然后我们得猜出来1小时47分钟之后这些鸡一共生了多少蛋。

结果老师在黑板上刚写完算术题，教室的门就开了。校长带着我们的爸爸妈妈走进来。

"起立！"老师说。

"请坐！"校长说，"这就是您的孩子学习的教室，我想你们大多数家长已经认识班主任了……"

然后我们老师就去跟爸爸妈妈们握手，他们咧开嘴笑着，跟我们拉手指、眨眼或晃头打招呼。教室里来了爸爸妈妈，一下子多出好多人。鲁飞的爸爸——就是警察——没来成，因为正好轮上他值班。乔方的爸爸妈妈也没来，他爸爸特有钱特忙，他派了阿伯来，就是他的司机。阿蔫的爸爸也没来，因为听说他老工作，星期六下午也不例外。可我的爸爸妈妈都来了，他们冲着我笑。我妈妈脸上红红的，特漂亮，我可自豪了。

"小姐，我建议，"校长对我们老师说，"您可以跟这些先生太太讲几句话，说说您学生的学习情况……表扬也好批评也好，根据情况吧。"

大家都笑了起来，只有科豆的爸爸妈妈没笑，因为他是全班最后一名。只要是学校里的事，科豆家的人从来不开玩笑。

"好！"老师说，"我可以毫不夸张地说，您的孩子本月在功课和操行方面都做出了很大的努力，对此我很满意。而且我相信个别没跟上的同学会很快赶上其他同学。"

科豆的爸爸妈妈冲他瞪眼睛，可我们其他人都挺高兴的，我们老师说的话太帅了。

"好，您可以继续上课了，小姐。"校长说，"我相信学生们的家长会很高兴看到自己的孩子如何上课。"

"是这样，"我们老师解释说，"我正给他们出一道应用题，我刚在黑板上写完这道题……"

"我看见了，"科豆的爸爸说，"这道题看起来可不简单……"

"一共是 362 只鸡蛋。"亚三的爸爸说。

这一下，所有的爸爸妈妈都把头转向亚三爸爸，他是个胖先生，有好多下巴颏。然后若奇的爸爸说：

"亲爱的先生，我不想跟您顶着干。可我觉得你的计算有点错

误……对不起……"

然后他从口袋里掏出一个本子，用笔在上面写着。

"看看，看看，"若奇的爸爸说，"黑鸡每4分钟生一只蛋……一共有9只黑鸡……"

"362只蛋。"亚三的爸爸说。

"7420只蛋。"若奇的爸爸说。

"不对，412只蛋！"麦星星的爸爸说。

"您是怎么得出这个数字的？"欧多爸爸问。

"用代数呗。"麦星星的爸爸说。

"什么？"科豆的妈妈说，"已经让他们学代数了？就他们这个年龄？现在我可知道他为什么跟不上了。"

"没的事。"亚三的爸爸说，"这不过是道简单的算术题，小儿科，就是362只鸡蛋。"

"可能确实是道简单的算术题，亲爱的先生。"麦星星爸爸说，他还咧开大嘴笑，"可惜您做错了。"

"错了？怎么错了？哪儿错了？"亚三的爸爸问他。

"小姐！小姐！"阿蔫举起手冲老师大叫起来。

"安静点，阿蔫！"老师冲他嚷嚷，"你一会儿再说话。"

老师看起来好像有点不自在。

"我也算出是412只蛋，跟您一样。"我爸对麦星星爸爸说。

"嗬！"麦星星爸爸说，"你们看，明摆着嘛！对了，等一

107

下……我的计算里有个小错……是4120只鸡蛋……我把小数点点错了。"

"真是的！我也点错了。"我爸说，"结论就是4120只鸡蛋。"

"您爱怎么说怎么说，反正是够难的。"科豆的妈妈说。

"一点不难。"亚三的爸爸说，"您看我的运算……"

"小姐！小姐！"阿蔫叫道，"我做出……"

"安静，阿蔫！"老师这么说着还冲他瞪眼睛。

这可让我们都挺吃惊的，因为她可不经常冲她的好宝贝儿阿蔫瞪眼睛。然后老师跟我们的爸爸妈妈说现在他们已经了解了他们孩子的上课情况，而且她肯定我们在考试中会得好成绩。校长就说该走了，爸爸妈妈们跟老师握手，又冲我们笑笑，科豆的爸爸妈妈冲他瞪了最后一次眼睛，然后大家就都走了。

"你们今天都很听话。"老师说，"因此，这道算术题你们就不用做了。"

然后她把黑板擦干净。这时候下课铃响了，我们都走出教室，只有阿蔫被留了下来，老师有话跟他说。

在操场上，我们都说老师今天可真够帅的，像她保证过的，没让我们在爸爸妈妈面前丢脸。

第三集　木皮先生

一、木皮先生

今天早上课间休息时，我们下楼来到操场上。解散队伍之前，我们的学监沸汤对我们说：

"你们都好好看着我的眼睛，听好了！我今天要到校长先生的办公室里工作，所以木皮先生来看管你们。你们给我乖乖的，听他的话，别让他烦心，听懂了吗？"

然后沸汤就把手放在木皮先生的肩膀上，对他说：

"木皮，小伙子，勇敢点！"

说完他就走了。

木皮先生睁着大眼睛对我们说："解散！"声音特小。

木皮先生就是我们的新学监，我们还没来得及给他取个好玩的外号，他比沸汤小得多。木皮先生好像刚离开小学校没多久，跟我们上的学校一样。这是他第一次在课间休息的时候看管我们。

"咱们玩点儿什么？"我问。

"玩飞机吧！"欧多说。

我们不太明白怎么玩，欧多就跟我们解释说，我们得分成两组，一组是朋友，一组是敌人。每个人都是飞机，把手臂都张开，然后就"嗡嗡"地飞，再想办法给敌人使绊子。摔倒的人就是飞机被击中了，他们那拨儿就输了。我们大家都觉得这是个挺帅的游戏，而且这么玩不会给我们惹麻烦。

"好啦，"欧多说，"我是朋友一组的头儿，是威廉大队长，像我看的电影里一样。他一边大笑一边就能打败所有的敌人，'哒哒哒哒！'后来他自己也被可恶的敌人打落了。不过没关系，人家把他送到医院，像我得阑尾炎一样。等他伤好了又去打其他的敌人。最后他们赢了战争。特帅。"

"我呀，"麦星星说，"我是吉内梅，他是最厉害的。"

"我呢，"科豆说，"我是米歇尔·唐吉，是我在《飞行员》杂志上看到的，可棒了，他的飞机老出事。但是因为他开得好，就老能脱险，他还穿一身特帅的飞行服。"

"我是布法罗·比尔。"乔方说。

"说什么布法罗·比尔，他根本不是飞行员，他是个牛仔，傻瓜。"欧多说。

"怎么啦？牛仔就不能当飞行员？"乔方回答，"哎，你刚才说什么来着？"

"我说的什么，我说什么啦？"欧多问。

"就是那个，说我是傻瓜什么的。"乔方说。

"噢，对了，"欧多说，"你是个傻瓜。"

然后他们就打了起来，可是木皮先生跑了过来让他们两个去站墙角。欧多和乔方就张开胳臂嘴里发出"嗡嗡"的声音去站墙角了。

"我比你先到的，布法罗·比尔。"欧多大叫着。

木皮先生看着他们，然后抓了抓脑门。

"我说，伙计们，"我说，"咱们要是都这么打起来，那就像其他课间休息一样没时间玩了。"

"说得对，"若奇说，"来吧，咱们分成敌友两方然后开始玩。"

可是你看，事情老是这样，其他人永远不想当敌人。

"嗨，咱们就都当朋友。"鲁飞说。

"可咱们不能跟朋友打仗啊！"科豆说。

"当然可以，"麦星星说，"有些是朋友，有些是不太好的朋友。亚三、尼古拉和科豆是不太好的朋友；鲁飞、若奇和我是朋友。来吧，飞起来喽！"

鲁飞、若奇和麦星星就都张开胳臂，一边跑一边"嗡嗡"地叫，只有麦星星发出尖哨声，因为他跑得特快，他说他是喷气式飞机。科豆、亚三和我，我们都不同意，可不是嘛，真是的。麦星星，老是他指挥。我们都没动，麦星星、鲁飞和若奇都回来站在我们周围，都张着两只胳臂，"嗡嗡嗡"叫。

"怎么着，伙计们，"麦星星说，"你们飞还是不飞？"

"我们可不想当不太好的朋友。"我说。

"来吧，有什么呀！"鲁飞说，"课间休息马上要结束了，都是你们，咱们玩不成了！"

"好啊，"科豆说，"我们可以玩，如果你们是不太好的朋友。"

"开什么玩笑！"麦星星说。

"你看我是不是开玩笑！"科豆大叫着说，然后他就去追麦星星，麦星星张开双臂发出哨子声跑掉了。

科豆也张开两臂，嘴里叫着"嗡嗡嗡"、"哒哒哒哒"，可是要追上装成喷气式飞机的麦星星可不容易，因为他腿可长了，膝盖可脏了。然后鲁飞和若奇也张开手臂来追我。

"吉内梅，回控制塔！吉内梅，回控制塔！"鲁飞说，"我逮着一架！'嗡嗡嗡！'"

"吉内梅是我！"麦星星吹着口哨从我们身边跑过去，后面一直跟着"哒哒哒哒"的科豆，可他总也抓不着他。亚三呢，他待在一个角落里自己转圈，"嗡嗡"地只张着一只胳臂，另一只手拿着果酱三明治在吃。墙角那边欧多和乔方也张着胳臂，互相使着绊子。

"你被打落了！"科豆对麦星星说，"我用机关枪从上面扫射你，'哒哒哒哒！'你应该掉下来，像昨天电视里的电影一样！"

"没有，先生，"麦星星说，"你没打着，我要向你发送雷达！"

然后麦星星一边跑着一边转了个身，假装雷达的样子，然后

就"嘭"地撞到了木皮先生身上。

"当心点儿！"木皮先生说，"还有你们，都到我这边来。"

我们都过去了，木皮先生对我们说：

"我看你们玩有一会儿了，你们这是在干些什么？"

"什么干什么，先生？"我问。

"就是这个。"木皮先生说。

他张开手臂吹着哨子，"嗡嗡嗡"、"哒哒哒哒"地跑起来，然后猛地在沸汤和校长面前停下来。他们正好来到操场，看着他这个样子特吃惊。

"我跟您说过，校长先生。我当时就担心来着，"沸汤说，"他还是没完全过关。"

校长抓住木皮先生还张着的一条胳臂，对他说：

"降落，年轻人。咱们来谈一谈，不用怕。"

下一次课间休息的时候，沸汤来看管我们，木皮先生在医务

室休息。挺遗憾的，因为我们这次玩潜水艇，每个人都举起一条胳臂当潜望镜，结果沸汤把我们都赶到墙角去了。

　　我们连鱼雷都没来得及发射！

二、 "叭！"

星 期四，就是因为放炮仗的事，我被留校了。

当时我们都在教室里乖乖地听老师讲课，她跟我们解释塞纳河有好多支流。正好就在她转过身去在地图上指给我们看塞纳河的时候，"叭！"炮仗响了。教室的门打开，我们看见校长进来了。"出了什么事？"他问。"有个学生放了一个炮仗。"我们老师说。"好啊，好啊！"校长说，"谁放的站出来，要不然全班都给我星期四留校！"校长把手臂交叉在胸前等着，但没人说话。

然后鲁飞站了起来，"先生！"他说。"好的，小家伙想说什么？"校长问。"是乔方，先生。"鲁飞说。"你是不是有毛病？"乔方问他。"你别以为因为你放炮仗我就得跟着留校！"鲁飞大声说，然后他们就打了起来。

这一下闹出好多声音，因为我们大家都开始说话，校长在讲台上使劲擂着拳头大叫："安静！""既然如此，"校长说，"没人愿意站出来承认错误，那么星期四全班都给我到学校来！"校长走的时候，阿蔫，就是老师的乖宝贝儿，滚到地上大哭着说不公平，说他不想留校，说他要告诉他父母，然后他还要换学校。最好笑的是，我们到最后也不知道是谁放的炮仗。

星期四我们到校的时候谁都不高兴，阿蔫是第一次被留校。他哭得很凶，还打嗝儿。沸汤在操场上等着我们。沸汤就是我们的学监，我们这么叫他，因为他老说"看着我的眼睛"，在汤里才看得见眼睛吧？是高年级同学起的外号。"排好队！一、二，一、二！"沸汤说，我们就跟着他走。

我们在教室里坐好后，沸汤跟我们说："你们大家都好好看着我的眼睛！都是因为你们，我今天得留在学校看着你们。我可跟你们说好了，谁要是不遵守纪律我可不饶他！听懂了吗？"我们都没敢说话，因为这可不是开玩笑的时候。沸汤接着说："你们把这句话给我写三百遍：在课上放炮仗而且不勇于承认错误是决不可容忍的。"之后我们都站了起来，因为校长进来了。"怎么样，"校长说，"咱们这些炮仗爱好者们有什么表现？""还好，先生。"沸汤回答说，"我给他们每人抄写三百遍的处分，像您要求的。""很好，很好。"校长说，"只要有一个人没抄完就都不许出教室，让他们吸取教训。"校长冲沸汤挤了一下眼睛就走了。沸汤叹了一大口气，看着窗外，今天正好有特大的太阳。阿蔫又哭了起来，沸汤生气了，说他如果不赶快结束这闹剧，就有他好瞧的了。阿蔫就滚到地上，说没人喜欢他，然后他的脸变得青紫，沸汤只好赶快把他抱出去。

沸汤一直没回来，欧多就说："我去看看到底怎么回事。"他就和若奇出去了。沸汤和阿蔫回来了，阿蔫看起来老实多了，时不时还抽抽鼻子，可他二话没说就开始抄罚写的句子。

然后欧多和若奇回来了。"嗬，您在这儿呀！"欧多对沸汤说，"我们到处找您。"沸汤气得满脸通红。"你们这么无组织无纪律我受够了！"他大声叫喊，"你们听见校长先生说什么了吗？赶快抄写句子，要不然你们就在这儿过夜！""那晚饭怎么办？"亚三问。他是个胖家伙，特喜欢吃东西。"我父母可不许我回去得太晚。"我

说。"如果我们不抄这么多行，那就会快多了。"若奇说。"而且字也太难写。"科豆说，"我不会写'不可容忍'的'忍'。""我呀，我写的是'忍耐'的'忍'。"欧多说。鲁飞就笑话他，我们大家都开始说起来，结果沸汤把拳头砸到了桌子上。"与其在这儿浪费时间说话，"他大叫着说，"不如赶快抄完你们的句子！"

沸汤看起来好像特别不耐烦，他在教室里走来走去，走到窗前就站住再叹一口气。"先生！"麦星星叫。"安静！谁也不许再说话！一个字都不许！闭嘴！"沸汤大声喊。后来我们就只听见笔在纸上写字的沙沙声、沸汤的叹气声和阿蕉的抽泣声。

阿蕉是第一个写完的，他交给了沸汤。沸汤可高兴了，他在阿蕉头上轻轻打了几下，对我们说，要以我们这位同学为榜样。我们一个个都写完了交给沸汤。只剩下麦星星，他根本没写。"我们等着你哪！小伙子！"沸汤又叫起来，"你怎么不写？""我没有墨水，先生。"麦星星说。沸汤睁圆了眼睛，"那你刚才为什么不说？"沸汤问他。"我想跟您说来着，先生，可您跟我说闭嘴。"麦星星说。沸汤用手在脸上抹了一下，让我们给麦星星墨水。麦星星就伏在桌上写了起来。他的字写得可好了。"你已经写了多少行？"沸汤问。"23行，正在写第24行。"麦星星回答。沸汤好像犹豫了一下，然后抓起麦星星的纸坐在他的桌子上，拿出钢笔飞快地写了起来，我们都看着他。

沸汤写完了特高兴。"阿蕉，"他说，"去把校长先生请来，说罚抄的作业写完了。"校长进来，沸汤把作业纸交给他。"很好，很好，"校长说，"我希望这次你们吸取教训，现在你们可以回家了。"刚说完，"叭！"又一个炮仗响了，结果我们大家下个星期四又被留校了。

三、隔离

我们正在上地理课的时候，老师把我叫到黑板前，她问我北部加莱省的首府在哪里。我可不知道。坐在第一排的乔方小声提示我说"马赛"，我就说："马赛。"结果答案不对，老师给了我零分。(北部加莱省的首府为里尔。——译者注)

我们走出学校以后，我抓住乔方的书包，大家都围过来。"你为什么乱给我提示？"我问乔方。"开玩笑的。"乔方回答说，"老师给你零分的时候你看起来特傻。""乱给人提示可不好，"亚三说，"就像偷吃同学的东西一样。""没错，是不怎么样。"若奇说。"你们烦不烦？"乔方大叫起来，"你们都傻，而且我爸比你们这些人所有的爸爸都有钱，我根本不怕你们。开什么玩笑！"乔方说完就走了。

我们大家都很不高兴，"咱们该怎么办？"我问。"可不是，这家伙真烦人。"麦星星说。"就是，"若奇说，"有一次他还赢了我好多弹球。""明天下课的时候咱们都围住他打他鼻子！"欧多说。"不行，"我说，"沸汤肯定要罚咱们。""我有个主意，"鲁飞说，"咱们把他隔离起来怎么样？"这可是个帅主意。你们知不知道什么叫隔离？就是不跟一个伙伴说话，让他知道我们生他的气不理他了，不跟他说话，不跟他玩，好像他不存在似的。对付乔方用这办法再好不过了，让他接受教训，可不是嘛，真是的。我们大家都同意了。科豆还说如果伙伴们在课上要都这么乱提示的话，他就不得不在家好好温习功课了。

今天早上我到学校来的时候特着急，急着不和乔方说话。我们大家都等着乔方来。然后我们看见他了，他胳臂底下夹着个盒子。"乔方，"我对他说，"咱哥们要把你隔离了。""咱们不是说好了不跟他讲话吗？"科豆说。"我得跟他说清楚咱不跟他说话了。"我说。"而且下课以后，"鲁飞说，"我们也不跟你玩。""咳，"乔方说，"这样更好，我自己玩我从家里带来的东西。""是什么呀？"亚三问他。"亚三，"我说，"咱们不理他！""就是，谁第一个跟他说话，我就给谁一拳。"欧多说。"没错。"科豆说。

上课了，一开始就特帅。乔方管欧多借小飞机转笔刀，欧多

连看都没看他一眼，自己拿起小飞机转笔刀玩了起来，再"嗡嗡"地降落在课桌上，把我们都逗乐了。虽然老师让欧多写一百遍"我不该在算术课上玩转笔刀，让我和我的同学分心，如果他们继续不专心也会受到同样的惩罚"，那也给乔方好瞧的了。

然后打铃下课，我们都下楼到操场上。我们大家又跑又叫："来吧！来吧！玩起来！"我们再看看乔方，他一个人呆着，肯定气得直冒火。他把下楼来的时候带的盒子打开，从里面拿出来一个红色的消防车，还带梯子和摇铃。我们继续到处跑，又叫又笑，跟好哥们在一起我们总是特开心。然后亚三去看乔方的消防车。"亚三，你干吗？"鲁飞问他。"没干吗，就是看看乔方的车。"亚三说。"你不该看乔方的车，"鲁飞说，"咱们不认识乔方！""我

又不跟乔方说话,傻瓜!"亚三说,"我就看看他的车,看他的汽车总不需要经过你的同意吧?""如果你还在那儿呆着,"鲁飞说,

"我们就把你也隔离起来。""你以为你是谁?啊,你以为你了不起呀?"亚三大叫起来。"伙计们,"鲁飞说,"亚三被隔离了!"这挺让我为难的,因为亚三是个好哥们儿,如果我连跟他都不能说话可不怎么好玩。亚三就站在那儿一边看乔方的车,一边吃他第一次课间休息的第一块黄油面包。科豆靠近亚三问他:"这车的梯子能动吗?""科豆被隔离了!"鲁飞又叫。"你没病吧?"科豆说。"就是,"欧多说,"鲁飞!我和科豆就是想看看乔方的车,跟你有什么关系?""好吧,好吧!"鲁飞说,"谁要是和他们站在一边谁就被隔离。是不是,伙计们?"

他说的伙计们就是我、若奇和麦星星。我们说鲁飞说得对,说别的人都不是我们的朋友,我们就开始玩警察抓小偷,可四个人玩不怎么好玩。最后只剩下三个人,因为麦星星也去看乔方玩汽

126

车了。汽车的灯还会亮呢！像我爸的真汽车一样；还有，车上的摇铃一碰就丁零响。"尼古拉！"鲁飞大声叫我，"回来跟我们接着玩，要不然你也得被隔离……嘿！这车跑得可真快！"鲁飞弯下身看着汽车转圈。唯一没被隔离的是若奇，他在操场上一边跑一边大叫："来抓我呀！来抓我呀！"然后他自己玩警察抓小偷，玩得没意思了，就过来找我们。我们都围着乔方的车看，我想我们对乔方有点太不够意思了，不管怎么说他也是我们的伙伴。"乔方，"我跟他说，"我原谅你了，我解除隔离。你可以跟我们玩，我站在那边，你把车开过来……""我呢，"亚三说，"我就假装有火灾……""我来架梯子……"鲁飞说。"快点，快点！课间休息马上要结束了！"欧多大叫着。

结果我们没能玩成乔方的车，这可真不够意思！乔方他把我们都隔离了！

四、搭城堡

星期天下午，科豆和亚三到我家来玩。科豆拿来了铅制士兵，亚三带来了足球，他的足球一直被没收到上学期末。亚三还带来了四片果酱面包，是给他自己带的，好坚持到下午吃点心的时候。

外面天气可好了，有好多阳光，爸爸让我们到花园里玩。他说他很累，要休息一下，让我们不要去打搅他。然后他就躺在秋海棠边上的躺椅上，看他的报纸。

我问爸爸能不能把车库里的旧纸箱拿出来玩。

"干什么用？"爸爸问我。

"搭一个城堡，然后把科豆的士兵放进去。"我跟他解释。

"好吧，别出声，也别搞乱东西。"

我拿来了纸箱。爸爸读报纸的时候，我们就把城堡搭起来。

"我说，"爸爸说，"你们搭的城堡可不怎么好看！"

"没办法，"我说，"凑合着用。"

"你们最好开个城门和一些窗户。"爸爸说。

亚三满嘴塞着他的第二片面包说了些什么。

"你说什么？"爸爸问他。

"他说，您想让他用什么开门和窗户？"科豆替他解释，亚三点点头说对。

"真不知道你不在的时候他怎么让人听懂他想说的话。"爸爸开玩笑说，"好吧，门和窗户好说！尼古拉，去问你妈要剪子，你就说是我让你去要的。"

我到家里找妈妈，她把剪子交给我时让我特别小心别剪着手。

"她说得对，"我回到花园里时爸爸说，"让我来吧。"

爸爸从躺椅上站起来，拿起一个最大的纸箱子，用剪子剪出一个门和几个窗户，真帅。

"好啦！"爸爸说，"这样挺好吧？现在咱们拿另外一个纸箱做些塔楼。"

他用剪子剪另一个纸箱，然后他就大叫一声，吸着手指，但他不想让我叫妈妈来给他包扎。他用手帕绑住手指继续干，看起来他玩得可高兴了，我爸。

"尼古拉，"他对我说，"去我办公桌抽屉里找点胶水来。"

我拿来胶水，爸爸把剪成方块的箱子纸粘成圆筒，真是挺像塔楼的。

"好极了，"爸爸说，"咱们来把城堡的每个角上都放上一个塔楼……就这样……亚三，别用你沾了果酱的手碰塔楼，真是！"

亚三说了点什么，我没明白，科豆也不想说出来。爸爸才不管这么多，因为他正忙着粘塔楼呢，可不太容易，爸爸特热，满脸都是汗！

"你们知道还缺点什么吗？"爸爸问，"咱们应该搞些炮眼，没有炮眼算什么真正的城堡啊！"

爸爸在纸箱子上用笔画出炮眼的位置，然后吐着舌头使劲剪。我们的城堡变得越来越棒！

"尼古拉，"爸爸说，"你到橱柜左边的第二个抽屉里找些纸来，再把你的彩笔拿来。"

我回到花园的时候，看见爸爸坐在城堡前面的地上，干得可起劲了。科豆和亚三坐在躺椅上看着他。

"咱们要在塔楼上安上尖顶，"爸爸解释说，"再用这些纸做个主塔，先用彩笔把塔楼涂上颜色……"

"我来涂吧？"我问。

"不行！"爸爸说，"最好还是我来！如果你们想要个像样的城堡，就得认真做才行，我需要你们的时候会告诉你们。对了！去找根小木棒来，当城堡的旗杆。"

我们把树枝交给爸爸，他剪了一小片方纸然后粘到旗杆上，说这就是旗子。他涂上蓝色和红色，中间是白色，像所有的旗子一样，真是很漂亮。

"亚三问城堡搭完了没有。"科豆问。

"跟他说还没完，"爸爸说，"漂亮的活儿可得需要时间，而且干什么事都不能马虎。别跟我打岔，好好看着我是怎么干的，下次你们就会了。"

然后我们听见妈妈在门口叫我们：

"点心准备好了，来吧！"

"咱们走吧！"亚三刚刚吃完他的果酱面包。

我们一窝蜂跑回家。爸爸大叫着说要小心，说科豆差点弄倒了一个塔楼，说像我们这么笨手笨脚的真不可思议。

我们回到饭厅以后，妈妈让我去叫爸爸也来。我回到花园，爸爸让我告诉妈妈他正忙着，先不喝茶了，说等他干完了再说。

妈妈给我们上点心，特好，有热巧克力奶、奶油面包和草莓果酱。亚三特高兴，因为他喜欢草莓果酱和所有其他果酱。我们吃点心的时候，看见爸爸进来好几次取针线、另外一管胶、黑墨水和厨房用的锋利小刀。

吃完点心，我把伙伴们带上楼，给他们看别人刚送给我的玩具汽车。我们正在课桌和床之间比赛呢，爸爸进来了。他的衬衫全脏了，脸上有块墨迹，两个手指都被手帕缠着，同时用胳臂擦着头上的汗。

"来吧，孩子们，城堡搭好了。"爸爸说。

"什么城堡？"科豆问。

"啊，对了，城堡！"亚三说。

我们就跟着爸爸下楼，他跟我们说会看到一座特棒的坚固城堡，说肯定我们以前没见过这么棒的城堡，说我们可以好好玩了。经过厨房的时候爸爸让妈妈也来看看。

真的，城堡可帅了！差点可以乱真了，像在玩具商店橱窗里展出的样品一样，有旗杆，还有活动桥，有骑士的电影里的城堡就是这个样子。爸爸把科豆的士兵们放在炮眼里，像是在站岗。爸爸特得意，用手搂住妈妈的肩膀，爸爸笑着，妈妈看着爸爸笑也笑，我看着他俩笑也特高兴。

"怎么样？"爸爸说，"我干得不错吧？这下我可该好好休息一下了。我坐在躺椅里，你们用这个漂亮城堡接着玩吧。"

"棒极了！"科豆说，"亚三，把足球拿来！"

132

"足球？"爸爸问。

"冲啊！"我大叫。

"轰炸开始啦！"亚三也叫。

然后"砰！""咚！""叭！"三声巨响加上几脚，我们成功地炸毁了城堡，我们取得了胜利！

五、看马戏

真棒！星期四下午我们全班都去看马戏。校长来通知我们
说，马戏团老板要免费请小学校的一个班去看马戏，而且正
好是我们班被选中了！我们听了以后都特惊喜。一般来说我们班
星期四下午来学校可不是为了看马戏。不过我没明白的是，我们
老师知道我们要去看马戏以后，脸上的表情看起来像是要哭的样
子。其实她也受到邀请了，而且就是她带我们去马戏场。

星期四，我们坐上带我们去马戏场的大轿车。老师跟我们说
要乖，我们都答应了，因为我们都喜欢我们的老师。

进马戏场之前，老师点了一下人数，少了一个人，是亚三。他
去旁边买了一个爸爸胡子棉花糖，他回来的时候老师批评了他。
"怎么啦？"亚三说，"我得吃东西，而且爸爸胡子棉花糖可好吃
了。您想吃一口吗？"老师叹了一大口气，说不早了，现在得赶
快进马戏场。可乔方和科豆也跑去买了爸爸胡子棉花糖，他们回
来以后，老师这回真的不高兴了。"你们一点儿都不配来看马
戏！"她说。"是亚三让我们想起来去买的，"科豆解释说，"我们
又不知道不让去。""小姐，"阿蔫说，"欧多也想去买爸爸胡子棉
花糖。""你给我闭嘴，就会告状！你想鼻子上吃我一拳？"欧多

134

说。阿蔫就哭了起来，说太可怕了，大家都欺负他，说他不舒服。老师跟欧多说罚他下星期四留校。"哈！这可真怪了！"欧多说，"爸爸胡子棉花糖，我还没去买哪，我倒受罚。那些买了爸爸胡子棉花糖的人，您什么都不管！""你忌妒吧？"科豆说，"没错！你就是忌妒！因为我们都买了爸爸胡子棉花糖！""小姐！"若奇说，"我也能去买一个爸爸胡子棉花糖吗？""别再跟我提什么爸爸胡子了！"老师大叫起来。"他们还能吃爸爸胡子棉花糖，结果我连说都不能说啦？这太不公平了！"若奇说。"你可真没福气，"亚三笑着冲他说，"这爸爸胡子棉花糖可真好吃啊！""你这胖子，没跟你说话！"若奇说。"你看着我把爸爸胡子棉花糖弄你一脸！"亚三说。"试试看？"若奇回嘴说。然后亚三就把棉花糖弄到他脸上了。若奇可不高兴了，开始和亚三打起来，老师又大声叫喊。这时有一个工作人员过来了，他说："小姐，如果你们还想看节目的话，我劝你们赶快进去，因为已经开演一刻钟了。你们在里面也能看见小丑打架！"

　　马戏场里有好多音乐声，乱哄哄的，有位先生走到演出场地上，穿得像是大饭店里的师傅——有一次我们为庆祝姥姥的生日去过一家饭店。那位先生说要变魔术，然后就在手上点着了好多根香烟。"嘁！"鲁飞说，"这里头有鬼，都是些变戏法的，跟真的魔术师不一样。""是变戏法。"阿蔫说。"我又没问你，"鲁飞说，"而且说的什么傻话！""您听见了吧，小姐？"阿蔫说。"鲁飞，"老师说，"如果你还不老实，我就把你赶出去。""您要是把他们都弄出去才好呢！"后面坐着的一位先生说，"我好安安静静地看马戏。""可是先生，"老师回过头说，"我可没这个权力。""我爸是警察，"鲁飞说，"我让他给您好多罚款单。""您看，小姐！"阿蔫说，"变戏法的人要找一名观众，若奇去了。"可不是，若奇正站在演出场地中央，站在魔术师身边。"好极了！"魔术师说，"大

135

家为这位勇敢的小青年鼓掌！"老师站起来大叫："若奇！马上回来！"阿蔫说变戏法的人说要把若奇变没了。他让若奇钻进一个箱子，关上箱子盖，然后"嗨"的一声，再打开箱子时，若奇已经不在里面了。"我的上帝！"老师惊呼一声。后面那位先生说魔术师要是把我们这些孩子都放进箱子里就好了。"先生，您这样说非常无礼。"老师说。"她说得没错。"另外一位先生说，"您没看见这可怜的女士被这帮小家伙弄得够烦的了吗？""就是。"亚三

说。"您无权教训我！"第一位先生说。"您要不要出来评评理？"另一位先生说。"不用了。"第一位先生又说。"胆小鬼。"第二位先生也说。然后我们听见一声特大的音乐声，若奇就回来了，大家都鼓掌，老师对若奇说他下周四要挨罚。

然后演出场地上搭起了一个大笼子，里面放了一些狮子和老虎。有位驯兽师来了，他做好多特棒的事。他把头放进狮子的嘴里，大家就一齐发出"噢——"的惊叫声。然后鲁飞说那人不是

真的魔术师，因为若奇回来了。"才不是呢，"欧多说，"若奇是回来了，可他先消失来着。""那是有窍门儿。"鲁飞说。"你呢，你就是个十足的傻瓜，我真想擂你一拳。"欧多说。"安静！"后面的先生又叫起来。"您又想重新开始是吧？"另一位先生说。"我想怎么着就怎么着！"那先生说。欧多在鲁飞的鼻子上擂了一拳。别人都在说"嘘——"，结果老师就把我们都带出了马戏场，真可惜，因为小丑刚上去表演。

我们刚想上车，就看见驯兽师走到老师面前，对她说：

"我表演的时候看见您和您的学生了。"他说，"我可真佩服您！我这辈子可没勇气干您这样的职业！"

六、一只苹果

今天早上我们特高兴去上学，因为我们要上绘画课。上绘
画课可帅了，因为我们不需要学课文也不需要做作业，而且
我们上课可以说话，有点像课间休息。可能就是因为这个我们不

常上绘画课，老师只让我们画地图，可这不是真正的画画儿。而且法国地图也有点太难画了，布列塔尼那个角最难画。最喜欢画地图的是阿蔫，不过他不算数，因为他是全班第一名和老师的乖宝贝儿。

上个星期我们都很老实，没干什么坏事，就是科豆和若奇打架来着，所以昨天老师对我们说："好，明天带上你们的画画儿用具。"

我们进教室时，看见老师的讲台上有个苹果。

"这一次，"老师说，"我们要以实物作画，你们来画这个苹果。你们可以讨论，但是不要分心。"

阿蔫举起了手，阿蔫可不喜欢画画儿，因为没有什么要背的，他就保不准能拿第一名。

"小姐，"阿蔫说，"从我这儿看不清楚苹果。"

"那你就靠近一点。"老师说。

然后我们就都站起来离苹果近一点，老师用戒尺敲着讲台，让我们都坐下。

"可是小姐，"阿蔫又说，"我该怎么办哪？"

"你要是真看不清苹果，阿蔫，"老师说，"那就画点别的，但是要安静。"

"好吧，"阿蔫说，"那我就画法国地图，还画山脉河流和主要的支流。"

他可高兴了，阿蔫，因为法国地图他不用看就能画。他可真没劲，阿蔫。

乔方，他有个富爸爸，给他买所有的东西。他从书包里拿出一盒特棒的油彩，还有好多毛笔和一个放水的小罐儿，我们大家都跑去看他的水彩盒。我也要让我爸给我买这样的水彩！老师又在讲台上敲戒尺，她说如果我们再这么继续胡闹就都像阿蔫一样

去画法国地图。我们只好坐回座位，老师只允许乔方去灌水。麦星星想去帮他，结果老师罚他抄写。

欧多举起手说他不知道怎么画苹果，坐在他旁边的鲁飞也说不会。

"先画个方框，"老师说，"在框子里就可以画苹果了。"

欧多和鲁飞说这是个好主意，就拿起尺子开始画他们的苹果。

科豆不高兴了，科豆就是全班倒数第一名。如果他不能抄他旁边的人，他就没法知道该怎么做。可坐在他旁边的是若奇，若奇还生他的气呢，因为科豆赢了他的弹球，所以若奇为了给科豆捣乱，就不画苹果而画飞机。

坐在我身边的亚三一边看着苹果一边舔嘴唇，我得跟你们说亚三是个胖哥们儿，他老吃东西。

"我妈呀，"亚三对我说，"用苹果做的点心可好吃了。她每个星期天都做，苹果派上还有好多小洞。"

"怎么会有小洞？"我问他。

"可不是，"亚三说，"你不知道？哪天你来我家我让你看，到时候你就知道了。"

然后他就开始画一个苹果派让我看，可画到中间他又停下来吃本该课间休息时吃的果酱面包。他可真逗，亚三，不管他看见什么都会想到吃东西！看见苹果我想起电视，里面有一个年轻人演威廉·特尔，他就叫这个名字。每次电影一开始，他就把一个苹果放他儿子头上，然后"嗖"的一下往苹果上射一支箭，正好就在他儿子的头上。他每星期都这么干，而且从来没失过手，特帅。可惜《威廉·特尔》里面没有城堡，不像另外一部电影里，老能看见城堡，还有好多人打仗，好多人往头上扔东西，我就最喜欢画城堡。

"怎么回事，"老师说，"乔方在干什么？"

"您要是愿意我就去找他。"麦星星说。

老师就说他太不像话，然后又罚他抄写。然后乔方回来了，到处都湿湿的，手里拿着他的小水罐。

"怎么回事，乔方？"老师问他，"你可去了不少时候！"

"不是我的错。"乔方说，"都是这水罐，我每次上楼梯的时候水都往外洒，然后我就得回去再灌满。"

"好吧，"老师说，"你回到座位上去画画儿。"

乔方坐到麦星星旁边，用画笔把颜色跟水混起来。

"你画完把颜料借给我，行吗？"麦星星问他。

"你想要颜料就让你爸给你买啊！"乔方说，"我爸可不想让我把东西借给别人。"

他说得对，乔方，当爸爸的可不喜欢这种事了。

"都是你这些可恶的颜料，我都被罚两次了。"麦星星说，"而且你是个傻瓜！"

好了，乔方"吧唧""吧唧"在麦星星的白纸上涂了两道红，麦星星突然站起来气得不行，他碰了课桌，桌上乔方装满红颜色的水罐里的水就都洒到了乔方的纸上，他的白衬衫上都是红颜色。乔方气疯了，往四处打了好多耳光。老师大叫起来，我们都站了起来。科豆正好趁机跟画了好多飞机的若奇打架，然后校长就进来了。

"好哇！"他说，"好哇！祝贺您！我从我的办公室就听得见！到底出了什么事？"

"我……我让他们画画儿。"老师说。她可帅了，因为校长一来她就总因为我们难为情。

"哈！"校长说，"我来看看！"

然后他走到课桌中间，看了看我的城堡，亚三的苹果派，阿

蔫的地图，若奇的飞机，科豆的白纸，麦星星和乔方的红纸和欧多、鲁飞的海战。

"他们到底应该画些什么，咱们这些年轻的画家们？"校长问。

"一只苹果。"老师说。

校长让我们星期四都来留校。

七、望远镜

若奇今天到学校来的时候带来了一副望远镜。

"昨天我帮我妈收拾储藏室的时候，"若奇跟我们解释说，"我在箱子里发现的。我妈说是我爸买了好坐在最后一排看戏或者足球赛。结果他后来买了电视机，所以这望远镜就没怎么用过。"

"你妈让你把望远镜带到学校来？"我问他，因为我知道家长们不愿意我们把家里的东西带到学校来。

"她没让。"若奇说，"我中午就拿回家，所以我妈没法知道，所以就不会说我了。"

"拿望远镜到剧院和足球场上去干什么呀？"科豆问，他是个好哥们儿，可他什么都不知道。

"你真傻。"若奇说，"望远镜就是可以把老远的东西看得特近！"

"对了，"麦星星说，"我看过一个有战舰的电影，舰长从望远镜里就看得见敌方的船。然后就'轰轰轰'，把敌人的船都打沉了。有一艘敌人船上的船长正好是他的哥们儿，他们好长时间没见面了。然后船长就被有望远镜的舰长救了，可他不愿意跟他握手，因为舰长把他的船打沉了，说等打完仗以后才愿意当他哥们儿。可

是他们打完仗之前就又成哥们儿了，因为后来舰长的船也沉了，是船长救了有望远镜的舰长。"

"在剧院和足球场上都可以用望远镜。"若奇说。

"噢，是吗？"科豆说。

我可知道科豆，他什么也没明白。

"借给我玩玩吧？"我们大家都叫喊起来。

"可以。"若奇说，"可是要当心别让沸汤看见。要不然，他没收了望远镜我回家就有的好瞧了。"

沸汤就是我们的学监，这不是他的真名。而且他跟我们家长一样，也不喜欢我们从家里带东西到学校来。

若奇教我们怎么从望远镜里看，得转一转一个小轮子，先是看得不清楚，然后就特棒，我们看操场那边的人就像在眼前一样。欧多一边在望远镜里看一边走，把我们都逗乐了。我们都试了试，挺难的，因为老怕撞上远处那家伙。

"当心沸汤看见。"若奇说，他特担心。

"不会的。"乔方拿着望远镜说，"我看见他了，他没往咱们这边看。"

"这可太棒了，"鲁飞说，"用若奇的望远镜咱们可以监视沸汤，他看不见咱们。这样咱们课间休息就省心了。"

我们都觉得是个特好的主意。然后若奇说我们跟坏蛋打仗时也特有用，因为我们可以看得见他们在远处干什么。

"就像你刚才说的战舰？"科豆问。

"没错。"若奇说，"而且哥们儿在那边做个手势，咱们在远处一看就知道出了什么事。来，咱们练一下。"

这也是个特棒的主意，我们让科豆到操场那头去做手势，试试我们看不看得见。

"做什么手势呀？"科豆问。

"随便什么都行，"若奇说，"随便招招手，做做鬼脸什么的……"

科豆不想去，因为他说他也想看望远镜。欧多说如果他不想去就在他鼻子上擂一拳，说因为大家都是一伙的，要跟敌人打仗就得操练，说如果科豆不去他就是胆小鬼和叛徒。科豆只好去了。

他走到操场那头以后就转过身来开始做好多怪样，若奇在望远镜里一边看一边笑。然后是我看，真的，看见科豆在那边做那么多怪脸，又对眼又伸舌头的，我觉得一伸手就能摸着他。然后我突然看见沸汤离科豆特近，就赶快把望远镜还给若奇了。

幸亏那边沸汤没往我们这边看，他跟科豆说完话就走了，还一个劲摇头。科豆只好跑回来。

"他问我是不是有毛病，"科豆跟我们说，"一个人这么做鬼脸。"

"你跟他说为什么了吗？"欧多问他。

"当然没有！"科豆说，"我又不是胆小鬼，更不是叛徒！"

亚三还没从望远镜里看科豆，因为他刚才正在吃最后一片黄

油面包，他擦了擦手让科豆再回去接着做鬼脸。科豆说不行，说他做过了，说如果我们不去我们就是胆小鬼和叛徒。他说得有道理，若奇就把望远镜借给他，我们就都到操场对面去了。我们冲科豆做好多鬼脸，然后就听见沸汤的粗嗓门：

"有完没完哪，啊？刚才我就抓着一个，就在这儿。这会儿你们一块儿起哄！好好看着我的眼睛！我不知道你们在搞什么鬼名堂，但我可告诉你们：我监视着你们呢，淘气鬼！"

我们只好都回到科豆那边，科豆说他发现一个特棒的东西：他一开始把望远镜拿反了，从大的一边看，结果看的东西特远，特小。

"你胡说的吧？"鲁飞说。

"不是，"若奇说，"是真的……来，科豆，把望远镜还给我……好了……现在我看你们都很远，特远，特小……比沸汤还远，还小，他就站在你们后面……"

我们希望放学的时候，沸汤能把望远镜还给若奇。首先是因为若奇是个好伙伴，我们不想他家人给他找麻烦；然后是因为后来课间休息的时候，沸汤一直拿着望远镜监视着我们。

结果我们差不多都挨了罚！

八、惩罚

"你" 跟我说什么？"我妈问我。我呢，特生气，我就跟我妈说了我刚才说的话，我妈对我说：

"既然如此，今天你就别吃冰激凌了。"

这下可不得了了，因为每天下午4点半都有一个卖冰激凌的货郎从我家门口经过，他推着小车，还摇铃。他一来我妈就给我钱去买冰激凌，有巧克力、香草、草莓和开心果味儿的冰激凌，这些都是我最喜欢的。草莓和干果在一起可帅了，因为红红绿绿的特好看。货郎的冰激凌是按圆锥蛋筒、小盒或者是冰棍卖的。我和亚三都同意圆锥蛋筒是最划算的，因为盒子和小棍不能吃，所以没用。但是小盒子里有一个挺帅的小匙；小棍呢，舔起来还是挺好玩的，但还是有点冒险，因为舔着舔着冰棍就会掉到地上，再捡起来可不容易。想着想着我就哭了起来，我说如果我不能吃冰激凌我就去自杀。

"出了什么事？"爸爸问，"有人上刑吗？"

"事情就是，"妈妈说，"你儿子对我很不礼貌，不听话。我就惩罚他，今天不让他吃冰激凌。"

"你这样做是对的！"爸爸说，"尼古拉！可不是，你这几天

151

一直挺不像话。现在不许哭了，一点用也没有，让你接受一次教训并不是件坏事。"

我跑出了家门坐在花园里，心里想反正我不稀罕他们的破冰激凌，而且没什么了不起的，反正我要离家出走，再回来的时候就特有钱。我要买地，乔方跟我说过他爸赚了好多钱买地。而且总有一天我要开着飞机回家，要吃一个大得不得了的冰激凌，有草莓和开心果。开什么玩笑，哼！

爸爸拿着报纸也来到花园里，他看了看我，然后坐在躺椅里，

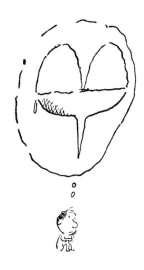

时不时放下报纸看着我。然后他说：

"今天可是够热的。"

我没理他，爸爸叹了口气又重新读他的报纸，然后他又看了我一下，说：

"别晒着太阳，尼古拉，去树荫底下坐着。"

我从小路上捡起一粒石头往树上扔过去，可惜没打着。我又扔了一粒石子，结果还是没打着。

"好好，"我爸说，"如果你想这么继续发脾气，我也没有办法。可是你这么扔石头对你也无济于事。好了！不许再扔了！"

我把手上的石子丢到地上，再找一根小棍儿帮蚂蚁搬东西。

"他什么时候过来，你那个冰激凌货郎？"爸爸问我。

"4点半。"我说。

爸爸看了看手表，又叹气；重新拿起报纸，又放下，最后对我说：

"你为什么这样对待妈妈，尼古拉？你看到后果了吧？你以为我和你妈愿意让你挨罚？"

我哭了起来，我说这不公平，而且我也不是故意的。爸爸从躺椅里站起来，走到我身边，弯下身子对我说我是个男子汉，说男子汉是不哭鼻子的。然后他给我擤鼻子，又摸着我的头对我说：

"好吧，尼古拉。我去跟你妈谈谈，然后你去跟她说声对不起，还保证以后再也不这么干了。好不好？"

"哎！好嘞！"我说。

然后我爸——世界上最帅的爸爸——就进了家门。我这回要买香草和开心果冰激凌，因为白色和绿色在一起也好看。然后我听见家里有人大声叫喊，爸爸回到花园里来，满脸通红。他又坐到躺椅里，拿起报纸，然后他把报纸揉了摔到地上，看了看我就大叫起来：

"好啦！别再跟我提冰激凌的事！谁叫你不老实的。现在不许再提这事，懂了吧？"

我又哭了起来。贝杜先生，就是我们的邻居，把他胖胖的头从树篱那边伸了过来。

"怎么回事？"他问。

"又是你！"我爸喊道，"谁也没叫你！"

"对不起，对不起，"贝杜先生说，"可能是没人叫我，可有人大喊大叫引起了我的注意。而有人在我家附近大声发出噪音的时候，我有义务在打电话叫警察之前把事情搞清楚。"

"说得真好听，"我爸说，"哈！哈！"

"他们不给我买冰激凌！"我大声说。

"你家的经济状况难道已经穷到这种地步了吗？"贝杜先生问。

"尼古拉正在挨罚。再跟你说最后一遍，这不关你的事儿！贝杜！"爸爸大叫着。

"不开玩笑了。"贝杜先生说，"你不觉得你对这小家伙太严厉点了吗？"

"是我太太的决定！"我爸又大声说。

"啊，原来如此，是你太太……"贝杜先生笑着说。

"再说最后一次，贝杜，"爸爸说，"你是回窝里去，还是想吃我老早就预备好的左右开弓的巴掌？我可告诉你，我不开玩笑！"

"我倒真想领教呢。"贝杜先生说。

这时候妈妈拿着网兜从家里出来。

"我去买做晚饭需要的东西。"她说。

"我说，"爸爸说，"你不觉得……"

"不行，不行就是不行！"妈妈大声说，"这次可是认真的！如果现在让了步，这次教训就一点用都没有了！他得明白不能随便想怎么样就怎么样！他这个年龄正是要教育的时候！我可不想以后听人说就是因为我们对他不够严厉，所以你儿子才误入歧途的！不行就是不行！"

"我想教训是明摆着的，"贝杜先生说，"但也没必要太……"

我妈一下子转过身冲着贝杜先生。我很害怕，因为我从来没见我妈发这么大的火。

156

"我很抱歉提醒您，"妈妈说，"这事儿只跟我们自家人有关，因此我请您不要介入！"

"可是，"贝杜先生说，"我只是……"

"你呐！"我妈又冲我爸嚷嚷，"你就呆在这儿跟没事人似的，你的朋友……"

"他不是我的朋友！"我爸大叫起来，"而且……"

"我谁的朋友也不是！"贝杜先生也大叫起来，"你们自己解决吧，因为咱们之间完蛋了，彻底完蛋了！"

贝杜先生走了，我妈向我爸转过身来。

"好了，现在我去买东西。"妈妈说，"别趁我不在给你儿子买冰激凌！"

"谁也不许再提冰激凌的事！"爸爸大声嚷嚷。

妈妈出门了，我听见货郎车的铃响，就又哭起来。爸爸说如果我再哭就打我的屁股，然后就进屋重重地摔上了门。

吃晚饭时没人说话，因为每个人都生每个人的气。然后妈妈看了看我，说：

"好了，尼古拉，你现在听话了吧？你以后不再惹妈妈生气了？"

我哭了一声，然后说我以后会听话，再也不惹妈妈生气了。因为可不是嘛，我喜欢妈妈。

然后她站起身去厨房，回来的时候笑眯眯的。你猜她拿来了什么，一大盘草莓冰激凌！

我跑过去吻了妈妈，我对她说她是世界上最帅的妈妈，她说我是她最乖的小儿子。然后我吃了好多好多冰激凌，因为爸爸不想吃。他就坐在那儿，睁着老大的眼睛看着妈妈。

第四集　欧今叔叔

一、欧今叔叔

欧今叔叔今天来家里吃晚饭，我们不常见到他，欧今叔叔。因为他老到处旅行，特远，去圣太田和里昂。我跟我的伙伴们说我叔叔欧今是个冒险家，不过不完全是这么回事，因为他旅行是为了卖东西，听说他赚了好多钱。我特喜欢见到欧今叔叔，因为他喜欢开玩笑，然后大声笑。他还说好多笑话，但是我从来没听见过，因为他一开始说他们就把我赶出去了。

是爸爸给欧今叔叔开的门，他们两个人亲吻了脸颊（在法国，一般男人之间不亲吻，只限握手，家人除外。——译者注）。我看见爸爸吻另一个男人觉得特好玩，不过欧今叔叔不完全是外人，他是我爸的弟弟。然后欧今叔叔吻了妈妈，他说他哥哥——就是我爸——做的唯一一件好事就是跟她结婚。妈妈笑得特开心，对欧今叔叔说他还是老样子。然后欧今叔叔把我举了起来，再"嗨哟"一声扔起来，说我长高了好多，说我是他最喜欢的侄儿。然后他把带来的礼物给我们，给爸爸十二根领带，给妈妈六双丝袜，给我三件套头毛衣。他老给很特别的礼物，这个欧今叔叔！

我们走进客厅里，欧今叔叔递给爸爸一支雪茄。

"啊，不行，"爸爸说，"我可领教过你这些会爆炸的雪茄！"

"不会的，"欧今叔叔说，"你看，我先吸一支。你看见了？来一支，这是从荷兰来的。"

　　"你们饭前还要吸烟？"妈妈问。

　　"砰"的一声，爸爸的雪茄爆炸了。我们笑得东倒西歪，欧今叔叔更别提了！爸爸他也笑了，然后就倒开胃酒。可是欧今叔叔喝了一口以后，马上就做鬼脸，还把嘴里的东西都吐到了地毯上。爸爸笑得歪倒在壁炉上，然后他跟我们解释说酒瓶里不是酒而是醋。欧今叔叔也笑了，给了爸爸一巴掌，爸爸的手伸进欧今叔叔的头发里把他的头发弄乱。欧今叔叔一来家里就特帅！

　　妈妈去厨房准备晚餐。爸爸让欧今叔叔坐蓝色扶手椅。

　　"我才不傻。"欧今叔叔说，然后他就去坐绿色扶手椅，那上面有一个香烟烧的洞，当时爸爸和妈妈为这个还吵了一架。欧今叔叔大叫一声跳了起来，原来爸爸在上面放了一个图钉。我笑得肚子都痛了。

　　"好啦，"欧今叔叔说，"咱们不开玩笑了，好吧？"

　　"好的。"爸爸擦着眼睛说。

　　欧今叔叔把手伸给爸爸和解，爸爸握了一下大叫了一声，因为欧今叔叔的手里有个小仪器发出"吱"的声音，可好玩了。乔方就把这种东西带到学校过，他差点被开除，因为阿蔫告他来着。

　　"晚饭准备好了！"妈妈说。

　　欧今叔叔在爸爸的背上狠敲了一记，我们就去了饭厅。欧今叔叔做手势不让我跟爸爸说，他敲爸爸的时候在他衣服背后贴了一张小纸条，上面写着"大减价"。欧今叔叔坐下之前仔细检查了椅子。妈妈把汤端上来，爸爸往酒杯里倒上红酒，我的水杯里也倒了一点点红酒，挺好看的，水变成了粉红色。欧今叔叔说先等爸爸喝了之后他才喝。爸爸说欧今叔叔真傻，他就喝了。欧今叔叔也喝了一口，可他的杯子很奇怪，有好多洞，酒就从洞里漏出来洒到了他的衬衫和领带上。

"啊！你的领带，欧今！"妈妈大叫起来，"你们两个也太过分了。"

"没关系，没关系，我亲爱的嫂子。"欧今叔叔说，"他这么干是因为他忌妒，因为我一直是家里最有出息的。"

然后欧今叔叔把盐罐放进爸爸的汤里。就这么闹来闹去我吃起饭来特慢，因为每次爸爸和欧今叔叔两人干点坏事，我都会呛着。妈妈就得等着我吃完了再去拿烤猪肉。

欧今叔叔刚想切他盘子里的肉，他的盘子就动了起来。你们

知道是怎么回事吗？因为爸爸新买了一样小玩艺，就是把一个橡皮管放在桌布底下，然后爸爸捏橡皮气泵把管子吹起来，盘子就动了。我们都笑，妈妈说得赶快吃，不然菜就凉了。欧今叔叔把爸爸的叉子弄掉地上，爸爸弯腰去捡的时候，欧今叔叔在他的烤肉上放了好多胡椒。棒极了！我真不知道爸爸和欧今叔叔从哪儿学会了这么多花样。

　　最让我好笑的是吃奶酪的时候，欧今叔叔切卡蒙白奶酪，只听见"咔嚓"一响，结果一看，根本不是真的卡蒙白奶酪。后来有巧克力点心，特好吃。欧今叔叔对着爸爸耳朵里讲笑话的时候，

我又吃了两次点心。

然后我们又回到客厅，妈妈端来咖啡。好玩的是，欧今叔叔的糖一放进咖啡里就冒烟，妈妈只好又给他换了一杯。欧今叔叔拽了一下爸爸的领带，把咖啡打翻在衬衫上了，爸爸只好出去换衣服。妈妈让我跟欧今叔叔告别，因为我该上床睡觉了。

"再让我呆一会儿吧，妈妈！"我央求说。

"反正我也该回去睡觉了。"欧今叔叔说。

"什么？"爸爸回到客厅搓着手说，"你已经要走了？"

"是啊。"欧今叔叔说，"我开了一天的车，现在很累了。不过像我这么个老单身，跟家人在一起吃顿安静的晚饭还是很愉快的。"

然后欧今叔叔吻了我，吻了妈妈，还对她说今天晚上吃了一顿从没吃过的美味晚餐，说他哥哥娶了一个好妻子，可实际上他根本不配。爸爸就笑着陪他走到汽车旁边。欧今叔叔一开车我们就听到一个很大的声音，原来我爸在欧今叔叔的汽车后面拴了一个空罐头盒。

我爸回来的时候我还笑呢，可他没笑，把我叫回客厅训了我一顿。

他说他不想在欧今叔叔面前说我，但是我不应该未经允许就添两次巧克力点心，还说我已经是大孩子了，不能再像小孩子一样这么不懂事。

二、游乐场

我们——欧多、乔方、亚三和我，在我家花园里玩捉迷藏。
可我们玩得不太带劲，因为我家花园里只有一棵树，人藏在
树后一下子就被人看见了。还有亚三，他人比树还宽，所以找到
他很方便；而且就算他没有树宽，找到他也很容易，因为他老吃
东西，我们听得见他嚼东西的声音。

我们正不知道该干点什么，爸爸让我们把花园石子路上的石
子弄平。我们看见鲁飞跑来了，鲁飞也是我们学校里的小伙伴，他
爸爸是警察。

"那边搭起了一个流动游乐场，不远，就在广场那边！"鲁飞
说。我们决定一起去游乐场玩，可我爸不同意。"我可不想陪你们
去游乐场，我还得上班。你们年龄太小，不能自己去。"他说。我
们都求他。"来吧，就一次，求求您了。"亚三说。"我们一点也不
小，我能给随便什么人的鼻子上揍一拳。"欧多说。"我爸，我求
他什么他都答应。"乔方说。"我们会老实听话的。"我说。可我爸
还是摇头不愿意。"如果您愿意陪我们去，"鲁飞说，"我就让我爸
取消您所有的罚款单。"

我爸看着鲁飞想了想，然后他说："好吧，为了让你们高兴一

回，特别是给你爸爸留下好印象，鲁飞，我就放你们去。不过一定不许乱来，保证一个小时以后回来。"我们都特高兴，我吻了爸爸。

钱的事好说，我们都有不少。我从我的储钱罐里拿出钱，那是我留着长大以后买飞机用的。乔方也有很多，他爸爸特有钱，老给他。

游乐场里人多极了，我们先去玩碰碰车。我和亚三坐在一辆红车里，欧多和乔方坐在黄车里，鲁飞和他爸给他的哨子坐在蓝

车里。我们玩得可好了，我们撞来撞去，又叫又笑。鲁飞吹着哨子大喊大叫："往前开，往前开！你！那边，靠右行驶！"碰碰车的老板奇怪地看着我们，好像是在监视我们。亚三从他口袋里掏出一片蜜糖面包，正吃得开心呢，欧多和乔方的车就撞了过来，一下子把亚三的面包撞到地上。"等我一下！"亚三说完就跳下车去捡。鲁飞嚷嚷着："喂！那边，走人行横道！"碰碰车的老板关了电闸，所有的车都停了下来。"你不要命啊？"老板对捡回了面包的亚三说。"往前开！往前开！"鲁飞还在嚷嚷。

老板不耐烦了，说受够了我们的乱吵吵，而且一点也不注意安全，想把我们赶走。我跟他说我们交了玩五次的钱，而现在才玩了四次。欧多想给老板鼻子上擂一拳，欧多可厉害了，老喜欢让人鼻头上吃拳头。鲁飞要看老板的营业执照，还有其他人都不满意，因为车子不走了。最后我们达成了协议，老板还给我们五次碰碰车的钱，我们就都离开碰碰车。反正我们也玩够了，而且亚三特害怕再碰掉他的蜜糖面包。

后来我们去买了爸爸胡子棉花糖，跟棉花差不多，可是比棉花要好吃。因为太大，我们吃得到处都是黏乎乎的。吃完以后，我们就去一个转得很快的小圆车那儿。我们玩得特好，就是有一个先生从车上下来，说是他的脸上和衣服上沾了好多棉花糖。因为他正好坐在亚三的后面，亚三在上车之前买了好几个棉花糖，好在坐车的时候不挨饿。

玩完以后，亚三建议我们看看有什么好吃的可买，因为他又饿了。我们就买了蛋白松糕，还有炸薯条还有巧克力还有奶糖还有香肠和汽水，后来我们有点不舒服。只有亚三还想要去玩上下飞的飞机，我们都同意了。不过我们真不该去，在飞机上我们都特别不舒服。开飞机的老板很生气，说别的客人看了我们这个样子肯定都不想坐了。

之后我们想休息一会儿，就去找一个不太累人的游戏，我们决定进迷宫。这个游戏可帅了。有好多透明玻璃墙，一走进去就看不见墙了，要找出口特难。外面的人看见里面的人出不来就笑话他们，反正外面的人比在迷宫里面的人玩得更开心。

我们开始还互相跟着，最后还是都走散了。只听见鲁飞的哨子声，还听见欧多大声叫喊说如果不让我们走出去，他就要给人鼻子上擂拳头。亚三哭起来了，因为他饿了，而且他以为会出不去耽误了吃晚饭的时间。突然间我看见外面有人特严肃地看着我

170

们，是我爸。"给我出来！捣蛋鬼！"他大声叫。我们当然愿意出来，可出不来，我爸就进迷宫来找我们。我想去找他，结果我走错道了，没想到走出了迷宫，亚三也跟着我出来了。然后我看着别的还在迷宫里的人，想帮助他们走出来，跟他们解释我是怎么出来的。亚三跑去买了个三明治，鲁飞和欧多乔方也出来了。

没能走出来的是我爸，等他的时候我们都学着亚三一人买了

一个三明治坐在迷宫前面的草地上吃起来。这时候我们看见鲁飞的爸爸也来了，他看起来不像开玩笑的样子，他抓起鲁飞使劲摇，说已经是下午6点了，不该没有大人管自己呆在外面。鲁飞跟他说我们是跟我爸在一起的，现在只不过是在等他从迷宫里出来。

鲁飞的爸爸特生气，就去叫老板把我爸放出来，那老板笑着去把我爸领了回来。我爸看起来很生气。"怎么着，"鲁飞的爸爸说，"您就是这么看着孩子们的？这就是您给他们做的榜样？""可，"我爸说，"这都是您那个捣蛋鬼鲁飞的错，是他把这些孩子带到游乐场来的。""是吗？"鲁飞的爸爸说，"那您说说看，那边停在人行道上的灰色汽车是您的吧？""是又怎么样？"我爸说。

结果鲁飞的爸爸给了我爸一张罚款单。

三、课外作业

今天晚上爸爸从单位回家的时候，胳臂底下夹了一个好大的公文包，他看起来一点也不高兴。

"今天晚上我要早点吃晚饭。"他说，"我从单位里带回来好多工作，今晚一定得干完。"

妈妈叹了一大口气，说她马上就准备上菜。我呢，跟爸爸讲我今天在学校的事儿。可我爸根本没听，他从公文包里掏出一大堆纸看。真可惜我爸没听我讲，因为今天在学校可棒了，我给亚三灌了三个球。然后妈妈来说晚饭上桌了。

我们吃得很香，一般来说我们都吃得很好，我是说在家里。今天我们有菜汤、牛排和土豆泥。土豆泥可好玩了，可以用叉子在上面画画儿，还有中午剩的点心。有点麻烦的是，没人说话，我刚想跟我爸解释进三个球的事，他就对我说："吃饭！"

吃完晚饭，妈妈去厨房洗碗，我和爸爸去客厅。爸爸把那些纸都放在桌子上，之前桌上还摆过一个粉色花瓶，后来被打碎了。我自己在地毯上玩我的小汽车，"轰轰！"

"尼古拉！别弄出声音来！"我爸冲我嚷嚷。

我哭了，妈妈从厨房里跑过来。

"出了什么事？"她问。

"我在这儿工作，我需要安静！"爸爸回答说。

妈妈跟我说如果不想马上上楼睡觉就要听话，不能跟爸爸捣乱。我不想马上上楼，一般来说晚上我老不困。我问能不能看欧今叔叔上次来家时送给我的书，妈妈说是个很好的主意。我就去把欧今叔叔送的书拿来，是本特帅的书，讲一帮哥们儿找宝藏，但是怎么也找不到，因为他们只有藏宝图的一半，所以找不到藏宝

藏的地方，这一半地图如果没有另一半就一点用处也没有。昨天晚上妈妈关我房间的灯之前，我正看到一个特棒的地方，就是狄克，他们哥们儿帮的头儿，来到了一个罗锅儿的家里。

爸爸叫了起来：

"什么破笔！这可好，写不出来了！尼古拉！去把你的笔拿来。"

我把书放在地毯上，去我房间里找我姥姥送给我的钢笔，我把它借给爸爸。

　　罗锅儿的房子附近打着奇怪的雷，还有闪电，但是狄克不怕。然后妈妈从厨房里出来坐在爸爸对面的扶手椅里。

　　"我觉得，"妈妈说，"暮普先生也太过分了，就他付给你的那点工资，怎么也不该让你晚上回家还加班。"

　　"你要是能给我建议个好办法，"爸爸说，"倒是不妨说说看。"

　　"好啊！"妈妈说，"你说这话可是够狡猾的！"

　　"我可没想耍滑！"爸爸大叫着说，"我就是想今天晚上把这件工作完成，如果我最亲爱的家人同意的话！"

　　"就我来说，"妈妈说，"我没意见。我上楼去卧房里听广播。

明天等你心平气和了咱们再讨论这件事。"

妈妈说完就上楼了。我又接着读欧今叔叔送我的书，就是讲到哥们帮头儿狄克刚进罗锅儿家就赶上打雷，可狄克不怕，然后爸爸的一张纸掉到地上。

"倒霉！"爸爸说，"尼古拉！帮我把那张纸捡起来，然后去关上那扇门！连门都不想着关，也真够可以的！"

我把爸爸的纸捡起来，然后去把饭厅的门关上了。是真的，我们老忘关家里的门，所以就有穿堂风。然后我听见爸爸大声说既然我还没离开，就顺便给他到厨房端一杯水来。我把水杯交给爸爸以后，就去看欧今叔叔送给我的那本特帅的书，就是那帮哥们儿拿着半张图去找宝藏。这时又有另一张纸掉下来了，爸爸又让我去把厨房的门关上。

我回来的时候，爸爸问我怎么写"属于"的"属"，我就跟他说一个"户口"的"户"，一个"愚蠢"的"禺"，爸爸叹了一口气，让我去书架那儿把字典拿来。拿给爸爸之前，我先翻了一下字典，结果没找到，我不知道有没有竖心旁。

我把字典交给爸爸，又趴在地毯上，我刚看到狄克在又打雷又闪电的时候走进罗锅儿家的走廊里，这时候有人按门铃。

"去开门，尼古拉。"爸爸说。

我去打开门，是贝杜先生。贝杜先生是我家的邻居，他喜欢跟爸爸闹着玩，可爸爸不喜欢老跟他闹着玩。

"尼古拉，你好啊！"贝杜先生对我说，"你可怜的爸爸在家吗？"

"回你老窝里去，贝杜！"爸爸从客厅里大声叫，"这会儿你可别来跟我添乱，走吧！"

贝杜先生跟我进了客厅，我正读狄克在打雷的时候进了罗锅儿家的走廊，贝杜先生说：

"我来问问你想不想玩国际跳棋。"

"你没见我正忙着吗？啊？"爸爸说，"我有件重要工作今天晚上要完成。"

"你这是让你老板随便打发呢，他利用你。"贝杜先生说，"幸亏我是自由职业者。我就是有老板也不会同意他让在我业余时间工作。我会跟他说的，我会说……"

"你什么也不会跟他说！"爸爸大声叫，"首先因为你是个胆小鬼；再有，任何老板都不会要你这种人。"

"你说谁是胆小鬼？谁不想要谁？"贝杜先生问。

"你听见我说的是什么，"爸爸说，"如果你自己听不懂，那可不关我的事。现在你给我走开。"

"啊！是吗？"贝杜先生问。

"没错。"爸爸说。

这回是我把书合上夹到胳臂底下大声说：

"我受够了！我上楼去睡觉！"

说完我就上楼了。爸爸和贝杜先生正互相抓着对方的领带，瞪大眼睛吃惊地看着我。可不是嘛，真是的！这一页我差不多读了二十次还没看完。

你们知道我想说什么吗？我觉得老板给我们爸爸的作业太多了。我们累了一天从学校回来，结果在家里也没点安静的时候！

轰轰、隆隆、吱吱……

四、洗澡

"来吧，尼古拉！该洗澡了。"妈妈对我说。我跟她说不用，我觉得没必要，因为我根本就不脏。学校里的麦星星膝盖老那么脏，可他妈也不怎么经常给他洗澡。我说反正我明天肯定洗澡，今天晚上我觉得不太舒服。妈妈跟我说老是这么一套，说一让我洗澡就要费半天劲，再从浴缸里把我弄出来又得费半天劲，说她实在烦透了。这时候爸爸刚好进门。

"怎么着，尼古拉？"爸爸问我，"又在搞什么名堂？你为什么不愿意洗澡？洗盆浴是件多舒服的事啊！"

我说不对，一点都不舒服，说妈妈会用海绵使劲擦我的脸，还把肥皂抹到处都是，眼睛里和鼻子里也是，刺得我好痛，而且我也没那么脏，明天我肯定洗澡，因为今天晚上我觉得不太舒服。

"假如你自己洗呢？"爸爸问我，"你同意吗？这么着，你就不会把肥皂抹到眼睛里去了。"

"这怎么行？"妈妈说，"他还太小了！他肯定不会自己洗澡，真是！"

"太小？"爸爸说，"咱们的尼古拉他可是个大小伙子了，他

181

不再是小孩子了，当然可以自己洗澡。是不是，尼古拉？"

"当然啦！"我说，"而且学校里的小伙伴、亚三、鲁飞、科豆他们都说是自己洗澡的。可不是嘛，真是的，在我家我永远不能跟别人一样！"

我当然没说乔方，他跟我说是他家阿姨给他洗澡，可他说的话不能什么都信，他特爱骗人。

"太好了！"爸爸对妈妈说，"好吧，去给这大小伙子准备浴缸的水，然后他就像个大孩子一样自己洗澡了。"

妈妈有点犹豫，奇怪地看着我，然后就快快地走了，说是给我准备热水，让我快一点，别等水凉了。我看见妈妈这么不开心真有点吃惊。

"那是因为，"爸爸跟我解释说，"有时候你妈会很不情愿见你长大。而且以后你就明白了，现在没必要弄懂为什么。"

我爸他有时候就这样说些没头没脑的话，是开玩笑的。他把手伸进我的头发里，让我快一点，因为妈妈已经在浴室里叫我了。妈妈她的声音真奇怪！

我呢，能够自己洗澡可得意了，可不是嘛，至少过两次生日之前我就已经是大孩子了。而且海绵的事，我从脸边上擦过去就行了，不用擦到脸上。我回房间里拿了一些洗盆浴需要的东西，比如，一只没有帆的帆船，真可惜，我还得给它另安一个！我还拿了一个有铁烟囱的船和一个螺旋桨，这只船在水上漂得不好，不过玩沉船挺好玩的，我在一部电影里看见过，虽然船长不想跳水，但是所有的人都得救了。我要是穿那么漂亮的制服，肯定也不想跳水。

我还拿了那辆蓝色小汽车，好玩汽车出事故掉进海里。我又拿了一艘战舰，另外一艘前面有炮的我借给了亚三。我还拿了三个铅士兵和小木马，当船上的乘客。我没拿小熊，因为它剩下的

毛不多了，上次我用爸爸的旧刮胡刀剃了一半，后来刮胡刀就不转了。真的，还有一次我把小熊放进水里，结果毛全掉进了水里，妈妈特不高兴。小熊从那以后就不好看了，我可不想把我的玩具弄坏。我很当心的。

妈妈见我拿着这些玩具进浴室就睁大了眼睛。

"你总不会把这些脏玩意儿放进水里吧？"她问我。

"好啦，亲爱的，"爸爸走过来说，"让尼古拉管他自己的事。他愿意怎么洗都行。他得知道为自己负起责任。"

"可你不觉得让他自己洗有点危险吗？"妈妈问。

"危险？"爸爸笑着说，"你认为他会在浴缸里淹死？在海边他下海你可没这么多事。来吧，让他自己洗。"

"别在水里呆时间太长，好好洗一下耳朵后面。需要的话就叫我，我一会儿再来看一下。别动水龙头。"妈妈对我说。

然后她一边擤鼻子一边和笑着的爸爸走了。

我飞快地脱光衣服跳进浴缸，水有点太热了，嗨呀，嗨呀！

不过一会儿就习惯了。我先拿肥皂玩了一会儿，肥皂可帅了，可以弄出好多沫儿来，然后我拿起海绵把脖子擦了一下，水从海绵里流出来可好玩了。然后妈妈打开门——

"怎么样？"她问。

"让他安安静静自己洗！"爸爸在楼下大声喊，"你真是太过分了！他早就不是三岁的小孩子了！"

妈妈走了。我放了好多肥皂，水里的东西看不清了，就像真的大海一样。我把没有帆的船放进水里，放在浴缸边上。然后我把有烟囱的船沉下去，里面有三个士兵和一匹木马。可是这船下沉得特快，唯一得救的是木马，因为是木头的所以能漂在水上，然后我拿它当船玩。

后来我想起来姥姥给过我一个潜水员，我想他肯定特帅，能去救那些士兵。我就出了浴缸，为了快一点，我没擦身子也没穿衣服就往我房间跑，可是外面特冷。

我刚进房间就听见浴室里有人大叫了一声。我又回到浴室，看见妈妈正弯腰在浴缸里捞，好像是要把士兵救出水。

"怎么了？"我问。

这下可好了，妈妈突然转过身来大叫一声，把我抱起来。我把她的裙子都弄湿了，然后她打了我两巴掌，不过没打在脸上。我们两个都哭了起来。

爸爸说得对，他说跟妈妈没什么好理论的。最糟糕的是，像个大孩子一样自己洗澡的事吹了。妈妈又像以前一样，用海绵使劲擦我的脸。

五、家庭聚餐

今天是特帅的一天！因为是我姥姥的生日，就是我妈妈的妈妈。每年我姥姥生日这一天，我们全家都要下馆子聚餐，我们吃得可开心了。

我和爸爸妈妈到饭店的时候，大家已经都到齐了。大厅中央放了一张桌子，桌子上有一束花，桌子旁边的人大叫大笑，还跟我们大声打招呼，饭店里的其他客人不这么大声叫，可他们也笑。

我们过去吻了姥姥，她坐在桌子最上首。爸爸对她说："您每过一年都年轻一岁，亲爱的岳母。"姥姥回答他说："女婿，你可瞧上去显得挺疲惫，你要当心身体啊！"还有欧今叔叔，就是爸爸的弟弟，他红红胖胖的，还老爱笑。"怎么样，老兄？"他对爸爸说。我觉得他问得挺好玩的，我从来没听说过，我得跟我的哥们儿说说。我喜欢欧今叔叔，他特有趣，老讲笑话。可惜他一开始讲笑话，他们就叫我离开。还有卡米姨父，他从来不说什么话。还有玛迪姨妈，她老在说话。还有朵乐姨妈，她年龄最大，老数落所有的人。还有玛婷姨妈，是我妈的表姐，她特漂亮，爸爸跟她这么说的，妈妈也跟玛婷姨妈说他说得对。可是她肯定换了理发师，因为她的波浪头发没做好。还有西万姨父和安美姨妈，她老生病，做过好多次手术，所以她就老跟人讲她的手术。她是应该讲的，因为这些手术做得可成功了，安美姨妈看起来精神特好。然后还有我的一些表兄妹堂兄妹，我不怎么见他们，因为他们住得都很远。有罗旭和朗贝，他们都比我小，两个人一模一样，因为他们是同一天生的。他们的姐姐凯丽跟我一样大，穿一件蓝色的连衣裙。还有艾拉表哥，他比我大一点，就一点点。

所有的大人都摸我们的头发——我、罗旭、朗贝、凯丽和艾拉，说我们都长大了，还问我们在学校里成绩好不好，问我们8加12等于几。欧今叔叔还问我是不是有了女朋友。我妈说："欧今，你还是老毛病。"

"好，"姥姥说，"大家都坐下来吧，时间不早了。"大家都赶快找地方坐下。欧今叔叔说由他来安排座位。"玛婷，"他说，"你坐在我旁边，朵乐坐在我哥哥旁边……"还没等他说完，我爸打断他说这样安排不好，他认为……朵乐姨妈没等他说完就说他说话一点儿也不客气，说大家平时不怎么见面，好不容易见一次面，应该尽量有礼貌一些。玛婷姨妈笑了起来，可爸爸一点也不笑，他跟欧今叔叔说他老让别人注意他。姥姥说这一开始就搞出这么多麻烦。然后有一个比别人更有气派的服务生走近姥姥说时间不早了，姥姥就说领班说得对大家随便坐，然后大家就都坐下了。我妈的表姐玛婷坐在欧今叔叔旁边，朵乐姨妈坐在爸爸旁边。

"我觉得，"饭店领班说，"你们可以让孩子们坐在桌子的另一头。""好主意。"我妈说。凯丽哭了，说要和大人和她妈妈坐在一起，而且得有人给她把盘子里的肉切成小块，说这不公平，她要生病的。饭店里所有其他客人都停下来看着我们。领班跑过来，看起来有点不高兴："求求你们了，求求你们了。"然后大家就都起身让凯丽坐在她妈身边，就是安美姨妈。大家坐下来以后，位置

全变了，欧今叔叔还在玛婷身边，爸爸坐在朵乐姨妈和安美姨妈中间，安美姨妈开始跟他讲她的一次特棒的手术。

我跟罗旭、朗贝和艾拉坐在桌子的一头。服务生开始上生蚝。

"孩子们，"玛迪姨妈对服务生说，"就不用给他们上生蚝了，来点香肠。"

"为什么我不能吃生蚝？"艾拉问。

"因为你不喜欢这个，亲爱的。"玛迪姨妈回答，她就是艾拉的妈妈。

"谁说的？"艾拉大叫说，"我要生蚝！"

领班跑过来，很为难。玛迪姨妈就说："给这小家伙几个生蚝。"

"这种教育方法真奇特。"朵乐姨妈说。玛迪姨妈可不高兴了。"我亲爱的朵乐，"她说，"请允许我以自己的方式教育孩子。而且作为独身，你对教育孩子一窍不通。"朵乐姨妈就哭了起来，她说别人都不喜欢她，说她很难过。就像我们学校的阿鸢，别人说他是老师的乖宝贝儿他也这么哭。大家都站起来安慰朵乐姨妈，然后领班带了几个服务生过来拿了好多生蚝。"请坐下！"领班大声叫喊。全家都坐下来，我看见我爸想换位置，可没换成。

"你看见了吗？"艾拉对我说，"他们给我生蚝了。"

我没理他，开始吃香肠。艾拉呢，看着生蚝，但是他不吃。

"怎么？"玛迪姨妈问，"你不吃盘子里的生蚝了？"

"不吃。"艾拉说。

"你看，妈妈说得对，"玛迪姨妈说，"你不喜欢生蚝。"

"我喜欢！"艾拉大声说，"可这些生蚝不新鲜！"

"多好的借口。"朵乐姨妈说。

"这不是借口！"玛迪姨妈大声说，"小孩子说不新鲜就是不新鲜，我也觉得有股怪味！"

领班过来了，看起来特不耐烦。

"求求你们了，"他说，"求求你们了。"

"您的生蚝不够新鲜。"玛迪姨妈说，"是吧，卡米？"

"是。"卡米姨父说。

"哈，看见了吧？可不是我让他说的！"玛迪姨妈说。

领班叹了一大口粗气，让人把生蚝都拿走了，只有朵乐姨妈的没拿走。

然后就上烤肉，特好吃。欧今叔叔讲笑话，但是声音很低，玛婷姨妈一直在笑。安美姨妈一边切肉一边跟我爸说话，我爸就不吃了，然后安美姨妈跑了出去，因为罗旭和朗贝不舒服。"可不是么，"朵乐姨妈说，"就这么硬塞给孩子吃……"领班就站在我们桌子旁边，他脸色不好，还用手帕擦汗。

吃甜食——是蛋糕——的时候，艾拉跟我讲他学校里的伙伴都特棒，他是他们哥们儿的头儿。我觉得挺好笑的，因为我的哥们儿比他的更带劲。亚三、乔方、鲁飞、欧多和其他哥们儿比艾拉的那帮哥们儿强多了。"你的那些哥们儿都没劲，"我对艾拉说，"而且我也是头儿，你是傻瓜。"我们就打起来了。我爸、我妈和玛迪姨妈过来把我们分开，他们也吵了起来。凯丽又哭了，大家都站起来大叫大喊，连其他客人和领班都不例外。

我们回到家以后，爸爸妈妈显得不太高兴。

我知道他们为什么难过，想想还要等一年才能再来一次家庭聚餐呢……

六、苹果派

吃完中饭以后，妈妈说："我给今天晚饭做一个苹果派。"
我说："盖了！"可是爸爸说："尼古拉，今天下午我要在家
里工作，所以吃晚饭之前你要乖，要不然就别吃苹果派。"

我保证决不干坏事，因为妈妈做的苹果派特别帅。我得小心
别出乱子，因为有的时候我真的想老老实实的——结果——咳！
不知道怎么就出事了。我爸可不开玩笑，他说没有苹果派就是没
有苹果派，哭啊离家出走啊让他们后悔的话啊，都不管用。

我来到花园里，好不影响爸爸在客厅里工作。然后亚三来了，
就是学校里的一个胖哥们儿，老吃东西。"嘿！"亚三他跟我说，
"你干什么呢？""没干什么。"我说，"我得老实呆着直到吃晚饭，
要不然就不能吃苹果派。"亚三用舌头在嘴唇上舔了好几遍，然后
他停下来对我说："你觉得如果我也老实的话，也像你一样会有苹
果派吗？"我说我可不知道，而且没有爸爸妈妈的同意我也不能
邀请小朋友吃晚饭，亚三就说他要去问我爸可不可以邀请他吃晚
饭。他要进我家门，我只好拉住他的腰带。"你不能去，亚三。"我
说，"如果你去找我爸，那你也好我也好，谁都吃不上苹果派了。"

亚三抓了抓头，从口袋里拿出一个巧克力黄油面包咬了一口，他说："算了，不吃拉倒。咱们玩点什么？"我跟他说玩点不出声的游戏，我们决定压低声玩弹球。

我玩弹球可棒了，而且亚三只用一只手玩，另一只手要吃东西，所以我就赢了好多弹球，亚三不高兴了。"你作弊！"他说。"你是什么意思！"我说，"我作弊？是你自己不会玩，就这么回事！""我不会玩？"亚三大叫起来，"我比所有的人玩得都好！除了作弊的。把我的弹球还给我！"我跟亚三说别嚷嚷，要不然苹果派就没戏了。亚三跟我说如果我不还他弹球他就使劲叫，还大声唱歌。我只好把弹球还给他，还跟他说以后再也不理他了。"好，咱们接着玩？"亚三问我。我跟他说不行，为了能吃上苹果

派，我最好还是回我房间里安静读会儿书等晚饭。亚三跟我说："明儿见。"然后就走了。我喜欢亚三，他是个好哥们儿。

我回房间拿出姥姥送给我的一本书，讲一个小男孩儿到世界各地去找他爸爸，他坐飞机，乘潜水艇，而且还去中国和有牛仔的地方。这本书我看过，所以觉得没什么意思。我又拿出彩笔给画儿涂颜色，就是小男孩坐在飞艇上的那一页。后来我想起来爸

爸不喜欢我把书弄脏，因为他说书就像朋友一样，对待它们要好一点。我就拿橡皮擦颜色，可颜色擦掉得不多，我一使劲擦，书就撕坏了。我有点想哭，不是为了书，因为我知道小男孩最后在一个孤岛上找到了他爸爸；是为了我爸，他有可能这会儿就到我房间来然后说晚上不许吃苹果派。可我不想出声就没哭出来，我把涂坏的那页撕掉，然后把书放回原处。希望爸爸记不起有飞艇的那一页！

　　我把壁橱打开看看有什么玩具可玩，我特想玩我的电动火车，可有一次火车发出好多火星，把家里所有的灯都弄灭了。爸爸说了我半天，而且他下楼去修电闸，在地下室的楼梯上还摔倒了。还有带红色翅膀的飞机，用一根皮筋就可以安上螺旋桨，可就是这架飞机把蓝色花瓶打碎了，弄出好多麻烦来。陀螺会发出特怪的声音，爸爸妈妈把它送给我作生日礼物的时候跟我说："你听，尼

古拉，这个陀螺能发出音乐呢！"然后每次我玩陀螺爸爸就跟我说："别弄出这种怪声音来！"当然还有我的玩具毛毛熊，我用爸

爸的电动刮胡刀剃了一半毛，刚剃了一半，刮胡刀就坏了。而且毛毛熊是小孩子玩的，我已经好多个月不玩它了。

我关上壁橱，真想哭出来，可不是嘛，真是的！有那么多玩具不能玩，太不公平了，都是因为那可恶的苹果派。说到底，我也可以不吃，不就是脆脆的、里面有好多苹果和糖嘛。最后我决定用纸牌搭城堡，因为万一倒的话也不会出什么声音。搭纸牌城堡就像赌气一样，也就一开始还好玩。后来我对着镜子做鬼脸，最

好玩的是鲁飞在课间休息的时候教我做的，把鼻子往上按，然后把两眼往下压装狗样。照完了镜子，我就拿起去年的地理书，然后爸爸就到房间里来了。

"怎么，尼古拉，"爸爸说，"原来你在这儿。我没听见你的声音，正想你在哪儿呢。你自己在房间里干什么？""我没干坏事。"我回答说。爸爸就把我抱起来吻了我，说我是最乖的小男孩，现在该吃晚饭了。

我们下楼到饭厅里，妈妈正在摆刀叉餐具。"男人们饿了，"爸爸笑着说，"男人们想吃一顿好饭和苹果派！"

妈妈看了看爸爸又看了看我，然后赶快跑到厨房去。"我的上帝！"她大叫一声，"我的苹果派！"

结果我们没吃成甜食，因为苹果派在烤箱里烤煳了。

七、有人照管我

爸爸和妈妈今天晚上要去朋友家吃饭，我同意了。真的，我的爸爸妈妈晚上不怎么出门，我知道他们出去玩得好我也高兴，虽然我不喜欢他们不在的时候一个人呆在家里，但是也特别不公平，因为我晚上从来不能出门，一点道理也没有，然后我就哭了起来。爸爸说要给我买一个玩具飞机，这么一说我就同意了。

"你要乖，"妈妈说，"会有一个好心的小姐来陪你玩，你不会感到害怕的。我的尼古拉是个大孩子了。"这时有人按门铃，爸爸说："她来了。"他去开门。一位小姐走进来，胳臂底下夹着书和本子。她看起来是挺好的，而且也挺帅，像我的毛毛熊一样有圆圆的眼睛。

"这是尼古拉。"爸爸说，"尼古拉，这是冰佳·芭图小姐，你要好好听她的话，是不是？""你好，尼古拉，"小姐说，"是个大小伙子嘛。你的睡袍很漂亮！""那，"我说，"你的眼睛像我的毛毛熊。"小姐挺吃惊地看着我，眼睛瞪得比原来更加圆。"好吧，"爸爸说，"我们得走了……""尼古拉已经吃过晚饭了，"妈妈说，"他可以直接去睡觉，而且他也穿了睡衣。您可以让他再玩一刻钟，然后上床睡觉。如果您需要吃点东西可以到冰箱里去取。我们最晚十二点回来。"小姐说她不饿，她保证我是个听话的孩子，而且不会有问题的。"但愿如此。"爸爸说。然后爸爸妈妈吻了我，他们好像有点不放心，但是他们还是走了。

我独自一人跟小姐在一起。"好啦，好啦，"小姐说，特怪，她好像有点怕我，"你在学校学习好吗，尼古拉？""还行，你呢？"我回答她。"噢，我呀，也还可以。但我的地理不太好，所以我带了一些地理书来。我得玩命用功，这门课现在成笔试了。会考的时候我可不想考煳！"（法国高中毕业需参加全国会考方可进入大学。——译者注）她还挺爱说话的，这位小姐。可惜我没听懂她想说什么，估计在她的学校里也有语法问题。

妈妈说我还有一刻钟，我就建议小姐玩国际跳棋，我赢了三盘。"好啦！现在上床睡觉！"小姐说。我们握了握手，我就上楼去睡觉。要说我特乖，我爸我妈肯定会高兴。

可我一点也不困，我也不知道该干点什么。所以像平时一样，我决定要水喝。"小姐！"我大叫，"我想要一杯水！""我来啦！"小姐大声说。我听见厨房的水龙头声，然后听见她大叫了声什么，我没听清。

小姐端了一杯水进来，她的衣服全湿了。"要当心，厨房的水龙头会溅水，"我说，"我爸还没修好。""我看见了。"她说，看起来她一点也不高兴。可刚才她在客厅里跟我说不想烤煳，烤煳不先得烤干嘛。我喝水，可是喝不下去，因为我一点也不渴。小姐说该关灯了，我说可能是该关灯了，可我不困。"那怎么办？"小姐说，"咱们该干点什么？""我怎么知道？"我说，"给我讲个故事吧，我妈有时候讲故事就管用。"小姐看了我一眼，叹了口气，就开始给我讲故事，好多词我都听不懂。她说从前有个小女孩想演电影，然后在电影节上遇到一个很有钱的制片人，好多报纸上

就登了她的照片，然后我就睡着了。

我被电话铃吵醒，下楼去看是谁打来的。我到客厅时小姐刚把电话挂上。"是谁？"我问。小姐没看见我来，吓得大吼了一声。然后她说是我妈，打电话问我是不是已经睡了。

我不想回楼上睡觉，就开始说好多话："你刚才在干什么？""好了，上床睡觉！"小姐。"你告诉我你刚才在干什么我就上床睡觉。"我说。小姐叹了一口粗气，说她正在温习澳大利亚的经济实力。"是什么意思？"我问。可是小姐不想回答我。肯定跟我想的一样，她随口乱说的，像跟不懂事的小孩子说话一样。"我能不能吃一块蛋糕？"我问她。"好吧，好吧，"小姐说，"吃完点心就睡觉。"然后她就去冰箱里拿蛋糕。她拿来两块，一块给我，一块给她，是好吃的巧克力蛋糕。

我吃了我的那一块，小姐却没有动她的，她等我吃完。"好了，"她说，"现在上床。""可是，"我跟她解释说，"如果我刚吃完东西就上床睡觉，我就会做噩梦！""噩梦？"小姐说。"是呀，"我说，"我做好多噩梦，我看见晚上小偷到家里来，然后就杀死所

有的人，他们又高又坏，他们从客厅没关好的窗户里进来，因为我爸还没修好……""够了！"小姐大叫一声，脸色煞白，我还是喜欢她脸色红润的时候。"好吧，"我说，"我上楼去睡觉，你自己呆着吧。"然后小姐突然变得特好心，说其实也没什么着急的，说我们可以再多呆一会儿。

"你想让我给你讲其他特帅的噩梦吗？"我问她。小姐说不了，噩梦就算了，问我还知不知道其他故事。我就给她讲妈妈送

　　我的一本书里的故事，说从前有一个漂亮的公主，她的妈妈不是亲妈妈，不喜欢她，而且是一个特坏的巫婆，让公主吃了什么东西，漂亮的公主就睡了好多年。我正讲到好玩的地方，就看见小姐像漂亮公主一样睡着了。

　　我不再讲，一边翻看小姐的地理书一边把另一块蛋糕吃了。这时候爸爸妈妈正好回家，他们看见我特惊讶。让我不痛快的是，他们晚餐好像吃得不太愉快，因为他们一点也不高兴。

　　我上楼去睡觉，我听见楼下爸爸妈妈和小姐三人在大声说话喊叫，这我就不同意了！

　　他们出去玩我没意见，可也得让我睡个安稳觉啊！

八、我送妈妈好多礼物

今天早上，邮递员给爸爸送来一封欧今叔叔的信。欧今叔叔就是我爸爸的弟弟，他老到各处去旅行卖东西，他特帅。妈妈准备早饭的时候，爸爸打开信封，里面有一封信，还有一张10法郎的票子。爸爸看见钱挺吃惊的，他看了信以后就笑了起来。妈妈端着咖啡进来了，他跟她说：

"欧今说曾经答应来看咱们，但是这个月他来不了。所以——你肯定会觉得好笑——所以他说……等一下……噢，对了：'……我放上10法郎，好让尼古拉给他漂亮的妈妈买件礼物……'"

"真帅！"我嚷嚷。

"什么馊主意！"妈妈说，"有时候我真觉得你弟弟有点不正常。"

"那有什么？"爸爸说，"我倒是觉得这是个很有创意的想法。欧今像我家里所有的男人一样是很慷慨大方的……当然啦，一说到我家的人……"

"好，好，好，"妈妈说，"就算我什么都没说。但我还是觉得尼古拉最好把这笔钱放进他的储钱罐。"

"不同意！"我大声说，"我要给你买礼物！咱们家的人可慷慨大方了。"

爸爸妈妈笑了起来，妈妈吻了我，爸爸把手放进我的头发。妈妈对我说：

"好吧，尼古拉，我同意。但我希望跟你一起去商店，这样我们可以一块儿挑选我的礼物。明天星期四我正好要去买东西。"

我可高兴了，我特喜欢买礼物，可是我不能老买，因为我钱罐里的钱不多。我在银行里有很多钱，可我不能随便用，等长大

可爱的小家伙。

了才能买飞机。而且跟妈妈去商店可以去小吃店里坐坐吃点东西，他们做的蛋糕可好吃了，特别是巧克力蛋糕。

我把头又梳了梳就去上学了。第二天吃中饭时我老坐不住。

"怎么，"爸爸笑着说，"今天下午你们去买东西吧？"

"是尼古拉去买东西，"妈妈也笑着说，"我只是陪他去。"

然后他两个又大声笑，我也笑了，因为他们一笑我就想笑。吃完中饭——甜食是巧克力奶油冻——爸爸回去上班了，我和妈妈穿好衣服准备出门。我没忘记把10法郎放进兜里，但是没放在有手帕的兜里，因为小时候有一次我就这么把钱给弄丢了。

商店里有很多人，我们东看西看，看看有什么可买的。

"我想这笔钱可以买一条很漂亮的围巾。"妈妈说。

我说围巾不能算是很帅的礼物，可妈妈说这个礼物才最让她高兴。

我们就去卖围巾的柜台，幸亏妈妈来了，要不然我可不知道该选什么，到处都是围巾，乱七八糟的。

"这些围巾多少钱？"妈妈问售货员。

"12法郎，太太。"售货员回答。

我有点为难，因为我只有欧今叔叔给的10法郎。妈妈说那就算了，我们去找别的礼物。

"可是，"我说，"你说你最喜欢的是围巾。"

妈妈的脸有点红，然后她拉了拉我的手。

"没关系，没关系，尼古拉，"妈妈说，"来吧，咱们肯定能找到更合适的。"

"不行！我要给你买围巾！"我大叫着说。

可不是嘛，真是的！如果不能买人家喜欢的东西，还送什么礼物呢？

妈妈看了看我，又看看售货员，她笑了笑，售货员也笑，然后她对我说：

"好，这样吧，尼古拉，我给你两法郎补齐，这样你就可以买一条漂亮的围巾了。"

妈妈打开手提包拿出两法郎给我，我们回到柜台。她选了一条特帅的蓝色围巾，我把10法郎加两法郎交给售货员。

"是先生付款。"妈妈说。

售货员和妈妈都笑了，我特自豪，售货员说我是她所见到的最可爱的小兔儿。她把礼物交给我，我交给妈妈，妈妈吻了我，我们就走了。

但我们没出商店，因为妈妈说既然我们已经来了，她想看看有没有合适的上衣可买。

"可我没钱了。"我说。

妈妈露出一点点微笑说不用担心，可以想办法的。我们去了

卖上衣的柜台，她选了一件，然后她给了我好多钱，我再交给售货员。售货员笑着说我是个小天使，可爱极了。在商店里我最喜欢的就是售货员，都特有礼貌。

妈妈很高兴，说谢谢我送给她的漂亮上衣和围巾。

然后我们又去看连衣裙，妈妈去试连衣裙，我找了个椅子坐下来，因为时间挺长的。一位售货员给了我一块巧克力糖。妈妈出来的时候很高兴，她陪我去付款处，还是由我来交钱。糖是免费的。

我还给妈妈买了手套、腰带和皮鞋。我们两个都特累，因为妈妈用好多时间试我给她买的礼物。

"咱们去吃点心吧？"妈妈问我。

我们坐自动扶梯上楼，特帅，因为小吃店在最顶层。我们吃的点心特棒，有巧克力奶和巧克力蛋糕。我最喜欢巧克力。

吃点心的钱是妈妈坚持要付的。

我们回家的时候，爸爸已经到了。

"好啊，好啊，"他说，"你们可回来了！尼古拉，你给妈妈买漂亮礼物了吗？"

"是啊，"我回答，"我给妈妈买了好多特帅的礼物！都是我交的钱，售货员对我可好了。"

爸爸看见妈妈拿的那么多袋子就睁大了眼睛。妈妈说：

"我得承认你说得对，亲爱的。家里所有的男人都很慷慨，尼古拉最慷慨！"

说完妈妈就拿着这么多的礼物袋子回到他们卧房里去了。

我跟爸爸留在客厅。他坐进扶手椅里叹口气，然后他把我抱进怀里，摸着我的头，笑了一下对我说：

"是真的，我的尼古拉，你爸爸家的男人都有很多优点……但是对于某些事情来说，还得跟你妈妈家的人学很多东西哪！"

第五集　新邻居

一、新邻居

从 今天早晨开始，我家有了新邻居！

我们已经有了一个邻居贝杜先生，他人不错，老跟爸爸吵架。但是另一边的房子正在出售。爸爸趁没人的时候，往树篱那边扔了好多我家花园里的枯叶，有时候还扔纸和别的东西。因为没有人住，所以就没闹出什么麻烦。不像有一次，我爸把橘子皮扔到了贝杜先生家花园那边，结果贝杜先生一个月没跟我爸说话。上个星期，奶制品店老板说我们家旁边的房子卖给了一个叫古拉先生的人，他是小储蓄商店卖鞋柜台的经理，在第四层，他跟一位喜欢弹钢琴的太太结了婚，还有一个跟我一样大的女儿。除了这些，奶制品店老板什么都不知道，她说她只知道五天以后一家叫"万当布劳克"的搬家公司给他们搬家，也就是今天。

"他们来啦！他们来啦！"我看见四边都写着"万当布劳克"的大卡车时就大叫起来，爸爸妈妈都跑到客厅的窗户边跟我一起看。大卡车后面跟着一辆小汽车，里面出来一位先生，眼睛上方有好多粗粗的黑毛；一位太太穿着小花裙子，抱着好多盒子和一个鸟笼；还有一个跟我一样大的小女孩，手里拿着一个布娃娃。"你看见没有，她打扮得真老气，"妈妈对爸爸说，"把窗帘布穿在身上！""就是，"爸爸说，"他们车的型号也比我的要老。"

搬运工下了车，古拉先生去打开花园门和房门，古拉太太用鸟笼比画着跟搬运工正解释什么。那个小女孩就在她妈妈旁边跳来跳去，然后她妈跟她说了句什么，小女孩就不跳了。

"我能去花园玩吗？"我问。"去吧，"爸爸说，"但是不要去打搅新邻居。""也别老盯着人家傻看，"妈妈说，"别冒冒失失的。"

然后她跟我一起出来，因为她说秋海棠得浇水了。我们走出门，搬运工正从车上搬下来好多大家具放在路边上，贝杜先生正在那儿擦他的汽车。我觉得挺吃惊的，因为贝杜先生总是在他的车库里洗车，特别是像今天这样下雨的日子。

"当心我的路易十六扶手椅！"古拉太太大声叫嚷，"包起来，别让雨淋坏了！"然后工人搬出来一架特大的钢琴，看起来特重。"慢一点！"古拉太太又叫，"这可是高级钢琴，很昂贵的！"最可怜的是那只鸟，因为她说话的时候老把鸟笼挥来挥去。然后搬家工人开始往家里搬家具，古拉太太一直跟着他们解释说不能碰坏东西，因为这些家具都值很多钱。可我没明白为什么她那么大声叫，可能因为搬家工人都不怎么听她说话，而且他们还互相开玩笑。

我走近树篱，看见小女孩在玩单脚跳，一会儿换一只脚。"你好！"她对我说，"我叫曼娃，你呢？""我叫尼古拉。"我说，说完我就满脸通红，真可恨。"你上学了吗？"她问我。"是。"我说。"我也是，"曼娃对我说，"后来我得了腮腺炎。""你会这个吗？"我问，说完我翻了个跟头。幸好妈妈没看见，因为草都是湿的，把我身上的衣服弄脏了。"我以前住的地方，"曼娃说，"有个伙伴可以一口气翻三个跟头！""那有什么！"我说，"我想翻多少就翻多少，你看着！"我就开始翻跟头。可我真没运气，我妈刚好看见我。"你怎么回事，在草地里打滚？"妈妈大叫着说，"你看你都成什么样子了！这种天气怎么会想着呆在外面？"爸爸也从家里出来问："出了什么事？""嗯，没事，"我说，"我正在翻跟头。""他翻给我看，"曼娃说，"翻得挺好的。""曼娃！"古拉先生大声叫她，"你在树篱那边干什么？""我在跟旁边的小男孩玩。"曼娃解释说。古拉先生就走过来，眼睛上方有粗粗的眉毛，他跟曼娃说别呆在外面，要回家去帮助妈妈做事。爸爸咧嘴笑着走过来说："别怪罪孩子们，我看他们是一见倾心。"古拉先生动了动眉毛，可他没笑。"您就是我们的新邻居？"古拉先生问。"呵呵！不完全是，"爸爸笑着说，"您才是新邻居，呵呵！""是吧，"古拉先生说，"那我请您别再往我们花园这边扔垃圾！"爸爸不再笑，睁大了眼睛。"没错，"古拉先生继续说，"我的花园可不是您的垃圾场！"他说的这话可惹火了我爸。"怎么着，"他说，"您说话得有点礼貌，我明白您正搬家心情不愉快，可也不至于……"

"我心情很好！"古拉先生大叫起来，"而且我想怎么说就怎么说，如果您不想惹麻烦，就别再把我这儿当垃圾站。简直不可思议！""就您那辆破汽车和老掉牙的家具，别给我来这一套，有什么了不起的！"爸爸也大声叫喊起来。"啊！原来如此！"古拉先生说，"好吧，咱们走着瞧！现在把您的东西还给您！"说着他就弯下腰把好多枯叶、废纸和三个瓶子捡起来扔过来，然后他就回家了。

爸爸大张着嘴站在那儿，然后他转过身去看路边的贝杜先生，他还在那儿擦车。爸爸对他说："简直不像话，你看见了吧，贝杜？"贝杜先生嘬了嘬嘴说："是啊，我看见了。自从你有了新邻居，我就不存在了。我很知趣。"说完他就回家去了。

贝杜先生好像有点吃醋。

二、意外惊喜

爸爸回家的时候满脸带笑。

"你们肯定会高兴,"他说,"我给你们带来一个好消息。你们看看窗外,然后告诉我看见了什么。""我看见有个警察正在给一辆绿车写罚款单。"妈妈说。爸爸一下子收住笑跑了出去,我和妈妈跟着他。

爸爸站在路边上跟一位警察说话。警察正往一张小蓝纸上写好多字,样子很像我们学校的学监沸汤,他叫我们的名字惩罚我们的时候就是这个样子。

"警官先生，"爸爸说，"我不明白……""这辆车停在一家人的车库门前。"警察说。"可这是我家的车库，这是我的车！"爸爸大声叫喊。"什么，是你的车？"妈妈问他。"我随后再跟你解释，"爸爸说，"你没见我正忙着。""不管是不是您的车库，跟这事没关。"警察说，"交通规则在这方面规定得很严格。我想您懂交通规则吧？""你还是好好跟我解释一下这辆车的事！"妈妈大叫着说。"我当然懂交通规则，我开了多少年车了。我还告诉您我在高层有很多朋友！"爸爸说。"好哇，那就更好了，"警察说，"至少他们可以借给您交这笔罚金的钱。请您替我问候他们。"警察说完笑了笑就走了。

爸爸站在那儿拿着蓝纸头满脸通红。"怎么着？"妈妈不耐烦地说。"怎么着？"爸爸说，"我用咱们那辆旧车换了这辆新的，我

想给你和尼古拉带来一个意外惊喜，看来是泡汤了！"妈妈双臂交叉在胸前，她特别生气的时候才做这个姿势。"什么？"她说，"你做出这么重大的决定连我都不通知一下？""我要是告诉你就不是什么意外惊喜了。"爸爸说。"我知道了，"妈妈说，"买车这么大的事我还不够资格向你提建议。女人就只配在家做做饭。别忘了，你自己去买衣服时，眼光可是不怎么样！想想那些条条套装吧！""条条怎么啦？"爸爸说。"没什么，这种布连做席梦思床我都嫌难看！还会出褶子！而且你好歹得问问我喜欢什么颜色的车吧！这种绿色简直难看透顶。你知道我最不喜欢绿色！"妈妈说。"什么时候开始的？"爸爸问。"别装蒜。既然我只能做饭，我回厨房去了！"妈妈说完就走了。"好了，我本来想让她高兴高兴的，这下全完了。"爸爸说，然后他跟我说以后别结婚。我同意，但是曼娃除外，就是一个特帅的邻居小女孩。

“这么大吵大闹出了什么事？”贝杜先生问，他走过来之前我们没看见他。贝杜先生就是老和爸爸吵嘴的邻居。爸爸突然转过身说：“哈！你要是不来这儿搅搅浑水才怪呢！”“这是怎么回事？”贝杜先生指着汽车问。“是我的新车，”爸爸说，“关你什么事？”贝杜先生绕着汽车走了一圈，他把下嘴唇使劲往前噘。“买这种车，”贝杜先生说，“人家都说这种车跑不快，路上跑起来没劲。”爸爸嘲笑他说：“是啊，狐狸吃不到葡萄就说葡萄是酸的。”我知道这个寓言，讲的是狐狸想吃葡萄，但因为是酸的，够不着，它就到别的树上去找吃的。我们上星期刚学的，我得了3分（法国学校为20分制。——译者注）。都是因为亚三吃东西说话，他的提示我一句也没听见。“可不是，说酸也真够酸的，太绿。”贝杜先生也嘲笑说，“你这破车看起来就像一盘烂菠菜！”“我可告诉你，无知的家伙，”爸爸说，“这种翡翠绿色可是当今流行色。至于我的车，像你所说的破车，你要是不喜欢也没关系。只要我活着，你

就永远别上这辆车！""如果你想活下去，最好也别上这辆车，"贝杜先生说，"20公里的速度拐弯都能侧滚翻。""你想我一拳砸在你忌妒的厚脸皮上是怎么的？"爸爸说。"试试看。"贝杜先生说。"真的？"爸爸问。"真的。"贝杜先生说。他们两个就开始互相推搡，就像他们平时老这么打着玩一样。他们闹着玩的时候，我钻进车里看看里面是什么样子。真帅，全新的，闻着还特香。我坐在驾驶位置上嘴里轰轰地开车，我要让爸爸教我开车，不过脚踏板有点太低我够不着。

"尼古拉！"爸爸大声一叫把我吓了一大跳，结果我的膝盖把喇叭碰响了。"你赶快给我下来！"爸爸说，"谁让你上去了？""我想看看里面是什么样子。"我说，"我又不知道你跟贝杜先生打完了！"说完我就哭了。妈妈从家里跑出来说："又出了什么事？你跟邻居打架，你把孩子弄哭，都是因为你没问我就随便买了这辆车。""咱们走着瞧，"爸爸说，"不过你在厨房里是怎么看见这边

发生什么事的？厨房的窗户可是在房子的另一边。""啊！"妈妈也哭了起来，说她还从来没有受过这样的欺负，说她当初真该听她妈妈的话，就是我姥姥，而且她很不幸。因为我也在哭，所以声音就很大，然后我们看见警察又过来了。

"我敢肯定是您按了喇叭。"说完他就掏出小本子。"不是，先生，"我说，"是我按喇叭的。""尼古拉，闭嘴！"爸爸大声叫。我就又哭了起来，可不是嘛，真不公平。妈妈拉起我的手把我带回家了。可我听见警察对爸爸说："您还停在车库门前，好哇！这么着您跟您那些高官朋友可有的说了。"

吃晚饭的时候，爸爸一直没从车库里出来，他一个人跟汽车呆着。我们有点不忍心，就去找他。妈妈对爸爸说，其实汽车的绿色也不那么难看，我说在拐弯的时候让车侧滚翻挺好玩的。

结果爸爸高兴起来了，因为他看见我们都原谅了他。

三、"嘟嘟！"

昨天晚上我回到家吃完黄油面包点心以后，有人按门铃。

我去开门，先看见一只很大的盒子，大盒子后面是我的大胖伙伴亚三。"你来干吗，亚三？"我问他。亚三说他带他的电动火车来找我玩，说他爸爸同意他在这儿玩到吃晚饭。我去问妈妈，她说可以，但要我们保持安静，还说了一句"上楼到你房间里，别让我听见你们的声音"。

我特高兴，因为我喜欢玩电动火车，还有因为亚三他是我的伙伴，我们从小就认识，有好多年了。我还从来没见过亚三的电动火车，是圣诞老人送给他的。圣诞节以后我就没去过他家。这么大的一个盒子，肯定是特帅的火车。我帮着亚三把盒子拿上楼，因为亚三上了三个台阶就使劲喘气，我真怕火车还没到我的房间里就被摔烂了。

我们到房间里以后，亚三把盒子放在地上打开，先拿出来三个三明治。我得跟你们说亚三特爱吃东西。然后三明治的下面就特棒，有铁轨——好多铁轨，扳道岔，交叉铁轨和拐弯铁轨，还有一个火车站，一个平交道口，两头奶牛，一个隧道和一个火腿三明治，是掉到隧道里的。另外一个盒子里装着火车，绿色的车头，两节旅客车厢，一节货车厢，一节运木头的车厢，还有一节餐车，就像我们出去度假坐的火车一样。可我们不去餐车吃饭，因为妈妈准备了香蕉、煮鸡蛋和香肠。爸爸说在餐车里的吃的比我们自己带的更好，然后他还跟推零售车的人吵架，因为他说汽水不凉，我觉得还挺帅，因为有吸管。

"好啦，"亚三吃着他的第一个三明治说，"咱们把铁轨放这儿，然后往那边拐，再从床和柜子底下过，这儿放隧道，那边放车站和平交道口，两头奶牛就放这儿。""把一头奶牛放那儿吧。"我说。"火车到底是谁的？你的还是我的？"亚三说。他说得对，我们就按他说的把奶牛放好了。他可真有运气，圣诞老人送他这样的礼物，因为其实他基本上从来不是很乖的，亚三他受的惩罚比我要多，而且他的学习没我好，我比他更有爱心，所以这一切都不公平，想到这儿我就给了他一巴掌。亚三吃惊地看着我，他看起来挺可笑的，因为他正在吃的三明治被一巴掌打飞了，黄油一直抹到他的耳朵上。然后他在我腿上踢了一脚，我大叫了一声。妈妈进来了。"你们好好玩着吗？"妈妈问。"啊，是啊。"亚三说。"是的，妈妈，我们玩得可好了。"我说。是真的，我喜欢跟我的伙伴亚三玩。妈妈看看我们然后说："我还以为听见……好了，好好玩吧。"然后她就走了。

"希望你家人别再来烦咱们，"亚三说，"我呆不了太久，今天晚上我家吃炖牛肉，牛骨髓归我。"我们就快快地搭好铁轨，还有带按钮的小电盒，可以让火车自动开。"咱们让车祸出在哪儿？"我问。真的，玩电动火车最好玩的就是让火车出轨。"咱们可以在隧道里拿掉一条铁轨。"亚三说。我觉得这主意特好，我刚想去撤，亚三说他要自己撤。"好，"我说，"那我就去把车厢放到铁轨上。"我到盒子里找。"别动，你会弄坏的！"亚三大叫起来，还把嘴里正吃着的三明治火腿块喷得到处都是。"这是我家，我有权利玩你

227

的火车。"我对他说。"你家是你家，可火车是我的。把车厢放回去！"亚三说。我用手里的旅客车厢在他头上打了一下，他拿餐车打了我一下。我们正拿车厢打来打去，我爸进来了，他瞪大眼睛看着我们。

"你看没看见，他们老来跟咱们捣乱！"亚三说。爸爸张大了嘴看着亚三。"我们正玩呢，"我跟爸爸解释，"亚三把他的电动火车拿来玩，妈妈同意的。""就是。"亚三说。"亚三，你好歹得问候我一声吧？"爸爸问他。"好嘞您！"亚三说。爸爸叹了一大口气，然后他看见地上的火车和铁轨就吹了声口哨。"嘿！"爸爸说，"这火车可真漂亮！""是圣诞老人给亚三送来的，"我跟爸爸说，

"去年我也挺老实的。"可爸爸没听见，坐下来看火车，看得可专心了。

"我像你们这么大的时候，也想要这样的火车，"爸爸说，"可我老有好多功课要做，我没时间玩。""别动火车站，"亚三说，"会弄坏的。我爸同意我把火车带来跟尼古拉玩，可他不想让人弄坏。"

爸爸说他不会弄坏的，他只想告诉我们怎么玩电动火车。"把火车头和客车拿来，我来放到铁轨上。"亚三看着我爸，好像我爸要吃他的三明治一样。可他还是把火车给他了，因为亚三可小心了，他肯定不会跟比他大的人打架。"火车要开了！"爸爸用奇怪

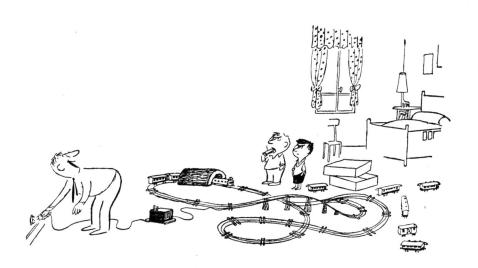

的声音说，"请上车！嘟嘟！"爸爸按了按钮，结果火车没动。"怎么回事？"爸爸失望地说，然后他四处看看，拍了拍脑门。"可怜的孩子们，"他说，"连插头都没插怎么能走？幸好我来了。"他笑笑就去把电源接上。"好啦！"他说，"现在可以了，嘟嘟！"然后他就按下了按钮，结果冒出了好多特帅的火花，然后家里的灯全都灭了。

"怎么回事？"亚三说，"跟在我家一样，我还以为我家的电不管用了呢。我爸说让我到别的伙伴家去试一试，是不是火车出了毛病。我爸他说对了。"我的爸爸呢，他什么也没说，坐在地上看着亚三，眼睛一动也不动。"好，"亚三说，"我得回家了，天黑了我妈不喜欢我呆在外面。回见！"

我和妈妈坐下来吃饭，桌上点了蜡烛，挺帅的。可惜我爸不想跟我们一起吃饭，他还坐在我房间里赌气。我没想到他看见亚三的火车没能开起来会这么失望。

四、国际跳棋与女士们

曼娃就住在我家旁边的房子里，她的父母就是古拉先生和古拉太太。曼娃有黄色的头发，红红的脸，蓝色的眼睛，她可帅了，而且是个女孩儿。我不怎么经常见她，因为古拉先生和太太跟我爸我妈不太要好，也因为曼娃干特别多的事：她老上钢琴课，还上好多其他课。

所以今天下午吃完点心，曼娃邀请我到她家花园玩，我特高兴。我去问妈妈，她跟我说：

"我没意见，尼古拉，但是你要对你的小女伴特别好。我不想听到你们吵架，你知道古拉太太脾气很不好，所以你就不要给她机会说你的不是。"

我答应了她，就跑到花园去找曼娃。

"咱们玩什么？"我问。

"嗯，"她回答说，"咱们可以玩病人护士。你病得很厉害，而且你特别害怕，我就来给你治病，把你给救活了。或者咱们玩打仗，你是伤兵，我在战场上不怕危险，我来给你治伤。"

我选择了她说的战场，就躺倒在草地上。曼娃趴在我身边说：

"啊呀呀，我可怜的朋友，你这是怎么啦？幸好我冒着危险来救你。啊呀呀！"

这种玩法没什么意思，可是我不想像妈妈说的弄出意外。不过曼娃也不再想给我治伤了，她说我们可以玩点别的。我说："同意！"

"咱们赛跑吧？"曼娃问，"第一个先跑到那边树下的就赢了。"

这下可帅了，因为我跑百米特棒。在荒地上我赢过所有的哥们儿，除了麦星星。可他不算数，因为他的腿特长，膝盖特脏。荒地没有一百米长，我们假装算成百米。

"好，"曼娃说，"我数一二三，数到'三'开跑！"

然后她就跑了起来，等到她快跑到树那边了才开始大声数：

"一、二、三！"

"我赢了，我赢了哇！"她唱了起来。

我跟她解释说，比赛的时候要大家一起跑，要不就不算是真的赛跑。她说好，我们重新开始。

"可是你得让我站在你前面一点，"曼娃对我说，"因为这是我家花园。"

我们开跑，但是曼娃比我离树近得多得多，又是她赢了。跑了几次，我跟她说我不想跑了。曼娃说我怎么这么容易累，但是她说比赛跑也不怎么好玩，我们就去玩别的。

"我有滚球，"她对我说，"你会玩滚球吗？"

我跟她说我玩滚球可棒了，跟大人玩我也赢。有一次我跟我

爸和贝杜先生玩，他是我们的另外一个邻居，我把他们全都打败了。他们老是闹着玩，可我知道他们不是存心让我赢的，特别是贝杜先生！

曼娃拿来好多特帅的各种颜色的木球。

"我拿绿球。"她说，"我扔小球，然后我先开始。"

她扔完小球又滚了木球，不怎么样。我也滚了我的球，比她的近多了。

"啊！不行，不行！"曼娃说，"不算的，我刚才打滑了，重新开始。"

她就重新滚她的球，然后她说她又滑了，结果再重新扔，直到她的球比我的离小球更近，我们才继续玩。曼娃每次都要扔好

几次球，弄得我真想回家，因为这么着玩滚球一点也不好玩，而且还不能说她。真是的，可不是嘛，开什么玩笑！

"唉！"曼娃说，"咱们玩点不太累的游戏吧！等着我，我房间里有好多玩具，我去拿！"

我等着，曼娃拿了一个大纸盒子回来，里面有好多东西，有纸牌，有筹码，有骰子，一个坏的小缝纫机，一副跳棋（我家有三副），一个娃娃的手臂，还有其他好多好多东西。

"咱们玩牌吧！"曼娃问我，"你会玩牌吗？"

我跟曼娃说我会玩拉大车，我在家有时候跟我爸玩，可帅了。

"我会玩一种更好的游戏。"曼娃说，"是我发明的，你看着，可好了。"

曼娃的游戏有点难，我没太弄懂。她给我们每人发了好多牌，她有权利看我的牌，然后跟我换她想要的牌。然后就有点像拉大车，但是复杂得多。比如说，有一次她用一张3赢了我的老K，还说什么方片3要比梅花老K大，我觉得曼娃的玩法特没劲，可我为了不惹麻烦就什么也没说，因为我看见古拉太太正从窗户里往我们这儿看呢。

曼娃赢了我的所有牌以后，问我想不想再玩一盘赢她，我说我想玩别的，因为她的玩法太难了。我就在大盒子里找，在最底下我找到——猜猜是什么——一副国际跳棋！我玩跳棋最厉害了！我是冠军！

"咱们玩跳棋吧！"我大叫着说。

"好吧！"曼娃说，"我拿白子，我先开始。"

我们把棋盘放在草地上，棋子放在棋盘上，曼娃就开始了。我让她吃了两个棋子，曼娃特高兴，然后我"嚓嚓嚓"连续吃了她三个棋子。

曼娃看着我，脸变得通红，她动了动下巴好像要哭，眼睛里全是泪，然后她站起来在棋盘上狠狠地踏了一脚，然后一边往家跑一边大叫：

"可恶的，你作弊！我再也不理你了！"

我回到家特没情绪。妈妈听见叫喊声就在门口等我，我把前前后后的事跟她讲了一遍。她抬起眼睛摇摇头说了声"唉"，然后对我说：

"你真是你父亲的儿子！你们这些男人都一个样！……死不服输！……"

五、吹喇叭

这个星期我没干什么坏事，爸爸给了我一点钱，说："去商店买点你想要的东西吧。"我就去买了一个喇叭。

这喇叭特帅，吹的时候能弄出特大的声音。我一边回家一边想，我买了我喜欢吹的喇叭，所以爸爸会高兴的。

我走进花园的时候，看见爸爸正在用剪子剪树篱。我想吓他一跳，就轻轻地走到他的身后，然后使劲吹喇叭。爸爸大叫一声，不是因为喇叭，是因为他刚剪到了手指。

爸爸回过身来吸着手指，瞪圆了眼睛，"你买了个喇叭？"他这么说，然后又小声对自己说："我当初没想到这一层。"然后就回家去包扎手指。我爸他是个特好特好的人，可是他笨手笨脚的，可能是因为这个，他不喜欢在花园里干活。

我一边进家门一边吹喇叭，妈妈从厨房里跑出来。"怎么回事？怎么回事？"她大叫着说。她看见了我的喇叭很不高兴。"你打哪儿弄来的？"我妈她问我，"谁这么没心眼给你这东西？"我就跟妈妈说是爸爸给我买的喇叭。爸爸正好进来，他让妈妈帮他把手指绑一下。妈妈说托他的福想出这么个主意给我买喇叭，可我那谦虚的爸爸满脸通红，说事情的发展并不是他当初所想象的。

238

我说真的，真是个好主意，我是托爸爸的福才有了个喇叭，然后我又吹了一声。妈妈让我到外面去吹，她好跟爸爸说会儿话。她肯定想再好好夸夸他。

我来到花园坐在树下，吹喇叭吓唬麻雀。爸爸受夸奖的那会儿工夫，花园里一只鸟也没有了。可是我喜欢小鸟，我就决定以后还是尽量在家里吹，还得关上所有的窗户。

爸爸从家里出来显得特丧气。"尼古拉，"他对我说，"我有话跟你说。"我问他是不是很着急，因为我还想吹喇叭玩。我听见家里有什么东西摔碎了，我挺吃惊的，因为妈妈不像爸爸似的，手脚不灵了。爸爸跟我说这事很急，说是两个男人之间的谈话。"那你大点声说，这样我还可以继续吹喇叭。"我不想浪费时间。"尼古拉！"爸爸大叫一声，他突然显得特烦躁。我明白了，爸爸想吹喇叭又不敢跟我说。我猛吹了一声以后正想借给他，就看见我们的邻居贝杜先生，他的脑袋从树篱那边伸出来大叫："这乱糟糟的声音有完没完？"贝杜先生喜欢跟我爸闹着玩，可这会儿他时间没赶对，因为爸爸正想吹喇叭呢。

"我们没跟你说话，贝杜。"我爸他说。"你知道吗？"贝杜先生说，"上一次人家这么吹的时候我正在军队服役呢！""军队？去你的吧，贪生怕死的！"爸爸特别不高兴的时候会这样笑着说。我不知道"贪生怕死"是什么意思，可贝杜先生不高兴了，他从树篱那边跳到我们的花园里来。"贪生怕死？"他说，"我可是打过仗的，不像有些人！"我还以为贝杜先生会讲他打仗的故事，有一次他给我讲过他怎么一个人截获了一艘潜水艇，里面全是坏蛋。可惜这次他没能讲成，因为他和爸爸又换话题了。"是吗？"爸爸说。"就是！"贝杜先生说，说完还推了爸爸一把，把他推倒在草地上。贝杜还没等爸爸站起来就从树篱上跳回他家，一边大叫："别让我再听见你给这可怜的孩子买的无聊玩意儿！"

239

爸爸站起来对我说:"把喇叭给我!"我说得不错吧,他就想玩这个,吹喇叭。我喜欢我爸,就把喇叭借给他,我只希望他玩的时间别太长,因为我还没玩够呢。

爸爸走近我家和贝杜先生家的树篱,吸了好大一口气,憋住,然后就吹喇叭,一直吹到脸涨得通红。真棒,我没想到这小喇叭能弄出这么大的声音来。爸爸吹完要换气的时候,我们听见贝杜先生家的什么东西碎了,然后他家的门打开了,贝杜先生跑了出来。同时我家的门也打开了,我们看见妈妈手里拿着行李,像是要出远门。爸爸往四处看了看,看起来他有点吃惊。

"我要回娘家。"妈妈说。"去姥姥家?"我说,"我也能去吗?我要给她吹喇叭,她肯定会高兴的!"妈妈看看我然后就哭起来

了。爸爸想去安慰她，可还没来得及说话，贝杜先生就跳到我家来了。他干这事可利落了。有一次爸爸叫他过来，又在他跳下来的地方放了一桶水，贝杜先生掉进去之后可让我们好笑了一番。可这回不开玩笑了，他也是来吹喇叭的。"把喇叭给我！"贝杜先生大叫。爸爸不给。"你吹这喇叭的时候把我太太吓坏了，她失手打掉了一整叠盘子！""哈！"爸爸说，"就你花的那点钱买的这些个盘子，也不算什么大损失。而且你走开，这是我们家庭问题。"贝杜先生说现在已经不是什么家庭内部问题，就喇叭弄出的这些响动，已经成为整个小区的问题。他说得对，有好多家的窗户都打开了，好多人往外看，有人还做手势说"嘘——"。

"你把喇叭给我。"贝杜先生说，他坚持要吹。"来拿吧。"爸爸笑着说，他挺好心的。可他又假装不想放手。他们两个人一人拽一头，就这么闹着玩，最后把喇叭摔到地上了。爸爸推了一下贝杜先生，把他推倒在喇叭上。我跑去捡，结果喇叭被压得扁扁的，再也吹不成了。

我大哭起来。爸爸、妈妈和贝杜先生都来安慰我。妈妈她说："咱们再买另一样玩具，好儿子。"爸爸说："好了，好了，好了……"贝杜先生一边跳回他家一边揉他的裤子，看来他摔到喇叭上肯定很痛。

现在谁都没事了。我用妈妈给的钱又买了一个鼓，可我不知道是不是跟喇叭一样好玩。

六、妈妈学开车

我 们吃完晚饭后呆在客厅里，妈妈从她织的毛线里抬起头对爸爸说：

"亲爱的，我今天想起来一个好主意，我想去学开车。有了执照我就可以在需要的时候开车了，省得车闲在车库里。"

"不行。"爸爸说。

"怎么，为什么？"妈妈问，"我所有的女伴们都会开车。兰丝和贝蒂甚至都有自己的小汽车，为什么我就不能……"

"我要上床睡觉，今天上班把我累坏了。"

说完他就走了。

第二天我们晚饭的甜食是一个特帅的巧克力蛋糕，挺意外的，因为今天是星期二，星期二我们一般吃苹果泥。妈妈对爸爸说：

"关于我学车的事，你想好了吗？"

"学什么车？"爸爸问。

"你看，你明明知道的，"妈妈说，"咱们昨天说过来着……等一会儿，你先让我说，然后再听你的……"

妈妈又给爸爸加了一块蛋糕说：

"你知道吗？如果我会开车，你晚上下班我可以去单位接你，你就可以不去挤公交车了，挤车很累的。再有对孩子来说，下雨的时候我可以开车送他去学校，这样他也不会再得咽炎了……"

"太棒了！"我大叫道，"而且还可以带上我那帮伙伴！"

"当然可以。"妈妈说，"买东西的时候我可以一下子买一星期用的。等咱们外出度假的时候，你不是吃完中饭想睡觉吗？那就由我来开车。你知道我是很谨慎的人。我知道你肯定会跟我提贝杜太太的车祸。可你了解她呀，贝杜太太，她确实是非常好的人，可是她老心不在焉。再说虽然保险公司不同意，但她跟我说绝不是她的错……"

"鲁飞的妈妈开他爸爸的车，"我说，"鲁飞说她开得可棒了。"

"你看是吧？"妈妈一边说一边给我加了一块蛋糕，"怎么样，

你说呢？"

"要说呢，"爸爸说，"公交车现在也是够挤的，连份报纸都打不开。"

妈妈赶快站起来去吻爸爸，又来吻我。爸爸笑了笑，妈妈又给了我们两人一人一块蛋糕。

"哎，"爸爸说，"我还没说同意呢！"

第二天晚上，爸爸什么话也不说，妈妈的眼睛又红又肿。我自个儿吃苹果泥一声不吭，因为我看出来现在可不是捣乱的时候。爸爸叹了一大口气，对妈妈说：

"好吧，我承认今天下午是有点不耐烦，可你要怎么样？你对

这类事不太有把握，我没别的意思。"

"噢！对不起，"妈妈说，"对不起，对不起。贝杜太太说了，绝不能跟自己丈夫学开车！你会生气，你会心痛汽车，你会发火。你以为这样我就一筹莫展了？我要学就去汽车学校。"

"什么？"爸爸大叫起来，"你知道开这种玩笑要付出多大代价吗？不行，不行就是不行！"

245

"去睡觉吧，尼古拉。"妈妈对我说，"明天还要上学。"

第二天晚上妈妈变得特高兴。

"亲爱的，一切正常。"她跟爸爸说，"教练说我开车挺有规矩。开始我还有点怕，后来觉得挺有趣的。真的，开车挺有趣！明天要上三挡。"

我特高兴妈妈学开车，因为她能开车带我上学就好玩了，还带上所有的伙伴。然后晚上我们去接爸爸，全家都上车以后没准就不回家，到饭店去吃晚饭，然后去看电影。

可是麻烦的是，妈妈有时学开车回来心情很不好。比如有一次她没停好车，回家以后大家都不高兴，晚饭都没准备好。

有一天晚上，妈妈哭了，因为她没能在坡上起步。爸爸大叫着说他受够了，说不仅掏腰包而且家里的正常生活也打乱了，说还不如干脆放弃。

"等你在单位见我来接你的时候就高兴了，"妈妈说，"而且到时你也不用再带我妈到处兜风了。"

然后有一天妈妈说她一星期以后要参加路考，教练说最好一直上课上到考试前最后一天。

"你看！"爸爸说，"你的教练还是很有经验的！"

最后一个星期，我们在家都不敢开玩笑，因为妈妈变得越来

越烦躁不安。有一次甚至爸爸摔了一下门想出去，可他马上又回来了，因为外面下着雨。

后来等考试的前一天，家里可乱了套了。我们胡乱吃了晚饭，甜食就是中午剩的苹果泥，然后妈妈在客厅里复习。

"这是怎么啦？"爸爸嚷嚷说，"你在这鬼学校里到底学了什么？连这块指示牌都不认识？"

"我跟你说过，"妈妈也大叫，"你大声嚷嚷的时候我脑子里一片空白。我当然知道是什么意思，可我现在记不得了，怎么啦？"

"啊，好哇！"爸爸说，"但愿你遇上一位好考官，有足够的耐心来听你这一套！"

"这牌子指的是前面会有铁轨。"我说。

"尼古拉！"妈妈大叫，"我什么也没问你！而且你得上床睡觉了，明天还要上学！"

我哭了起来。可不是嘛，真是的，不开玩笑！真不公平，这块牌子指的就是铁轨。他们不夸我说得对还赶我上床睡觉。爸爸跟妈妈说怎么着也不能冲孩子嚷嚷，然后妈妈也哭了，说她受够了，够了，够了，说她不想去考了，而且她也没准备好，说她还

247

得学好多课才能去考，实在受不了了。

爸爸举起双臂叹口气，围着桌子转圈，然后他跟妈妈说冷静下来。说好了，好了，她肯定都准备好了，说她来单位接他的时候他的同事肯定羡慕得不得了，说我们都会为她自豪的。然后妈妈笑了，说她真傻，她吻了我，吻了爸爸，爸爸去捡掉到沙发后面的交通规则手册，我去上床睡觉。

第二天早上，我特着急，因为妈妈10点钟考试，我的伙伴们也特着急，因为我跟他们说过妈妈要开车带他们来上学。放学后我跑回家，到家看见爸爸妈妈高高兴兴地在喝开胃酒，像有客人的时候一样。妈妈的脸红红的，我喜欢看见她这样高兴的样子。

"吻一下妈妈，"爸爸对我说，"她顺利地拿到了执照，而且是一次通过！"

"真帅！"我大叫。

我去吻妈妈，她给我看一张纸，上面写着她通过了考试，她还说二十个人里面只有九人拿到了执照。

"好啦！"爸爸说，"反正我们是真高兴这一切都过去了，是不是，尼古拉？"

"可不是！"我说。

"我告诉你们，"妈妈说，"你们真不知道我遭了什么样的大罪！现在好了，一切都结束了。我要告诉你们一件事：我再也不开车了！"

七、做作文

爸爸回到家吻了妈妈，吻了我，然后说"哎呀呀！我今天干了一天工作很累"，然后就穿上拖鞋，坐在沙发上拿起报纸。我呢，我跟他说他得帮我做作业。

"不行，不行就是不行！"爸爸大叫起来，他不同意什么事的时候就这么说。他把报纸摔到地上说，一个大男人连在自己家里都得不到安宁简直不可思议。我大哭起来。妈妈从厨房里赶快跑出来问出了什么事。我就说我很不幸，没人喜欢我，我要出远门，很远，说你们要后悔的，还有好多我不高兴的时候说的话。妈妈回厨房之前跟爸爸说让他自己想办法让我安静下来，说她正在做雪花酥听不得噪音。我倒要看看爸爸他怎么让我安静下来！

我爸，他可有办法了。他把我抱到膝盖上，用他的大手帕擦我的眼泪，说他的爸爸从来没帮他做过作业。他可以帮我，但这是最后一次。我爸他真帅！

我们在客厅的小桌子边坐下。

"来吧，"爸爸说，"给我看看你的作业。"

我跟他说是要写一篇作文："友情：描写你最要好的朋友。"

250

"啊，这是最最有意思的。"爸爸说，"我小时候写作成绩很好，我的老师说我的文笔像巴尔扎克。"

我不知道他的老师为什么这样说，但好像看起来很不错，因为爸爸很得意。

爸爸让我拿起笔写。

"先搞清楚，"爸爸说，"首先，谁是你最要好的朋友。"

"我有好多最要好的朋友，"我回答说，"其他的，都不是朋友。"

爸爸看了看我好像很惊讶，他说："好好。"然后他让我在这一大堆好朋友里选一个说说他的好处，说这对我们下一步的写作会有帮助，以后就容易了。

我就跟爸爸建议亚三，他的优点是可以老吃东西，但是肚子从来不痛。他是我伙伴里最胖的，而且他很帅。然后我又跟爸爸说乔方，他有好多优点，他的爸爸很有钱，老给他买玩具，乔方有时候把玩具给小伙伴们，让他们弄坏。还有欧多，他很厉害，会揎拳头，可他只打他的哥们儿，因为他不敢打别人。还有鲁飞，像其他伙伴一样也有好多优点，他有口哨，他爸爸是警察。还有麦星星，跑得可快了，膝盖可脏了。还有若奇，他不愿意把东西借给别人，但他老有钱买好多糖吃，我们就只好看着他吃。然后我就不说了，因为爸爸瞪着大眼睛看着我。

"这比我想象的要难多了。"爸爸说。

门口有人按铃，爸爸去开门，是贝杜先生。贝杜先生就是喜欢跟爸爸闹着玩的邻居。

"我来找你，看你愿不愿意玩一盘国际跳棋。"贝杜先生说。

"我没时间，"爸爸说，"我得帮小家伙做作业。"

贝杜先生好像对我的作业特别感兴趣，他知道作文题目以后，就说马上开始写，很快就能写好。

"等一下，"爸爸说，"我儿子的作业由我来做。"

"别跟我吵，"贝杜先生说，"咱们两个一起来会快得多，好得多。"

然后他跟我们一起在桌子旁坐下来。他抓抓头，看看天花板说："想想看，想想看。"然后他问我最好的朋友是谁。我本来想回答，爸爸没让，他跟贝杜先生说我们自己会想办法，我们不需要他。

"其实，"贝杜先生说，"我本来是想帮你儿子得一个好分数，换换样。"

他说的这话我爸可不高兴。

"不过，"爸爸说，"你倒是可以帮得上忙，我就写你贝杜。我这么写：'贝杜是我最好的朋友，他不仅自傲，而且又丑又蠢。'"

"那可不行！"贝杜先生嚷嚷，"不许骂人！我禁止你说我是

你最好的朋友。而且要写作文，得先把字写好。把笔给我。"

我看见爸爸不高兴，我想护着他，就对贝杜先生说我爸写得可好了，他的老师都说他很像巴尔扎克。贝杜先生笑了起来，爸爸就在他的领带上弄了一块墨迹。

贝杜先生很生气。

"你要是个男人就跟我出去。"他对爸爸说。

"我得帮尼古拉写作文。而且我也愿意出门就撞你个大跟头。"爸爸说。

"看来你是不敢出去。"贝杜先生说。

"那你先在外面等着，"爸爸说，"你没见我们正忙着吗？"

但是贝杜先生说爸爸是不敢跟他出去。爸爸说："是吗？"贝杜先生说："就是。"他们就一起出门去花园了。

看起来我的作文只好由我自己写了，因为他们一打起来，可得要点时间推推搡搡的。这倒是对我有好处，因为我安安静静地写好了一篇特帅的作文。我说阿蔫是我最好的朋友。虽然不完全是这么回事，但这样写老师会高兴，因为阿蔫是她的乖宝贝儿。我写完以后，妈妈叫我去吃雪花酥。不能等，不管爸爸了，他只好吃鸡蛋，因为吃雪花酥是不能等的。既然早回来也没办法吃上晚饭，还不如别回来。真可惜吃雪花酥没等爸爸，因为特好吃。

我的作文得了好成绩，老师在作文上的批语是：

"独立完成作业，很有特色。"

不过自从写完这篇作文以后，爸爸和贝杜先生就再也没说话。

八、争取古拉先生

今天早上，古拉先生来按我家门铃的时候我们都很吃惊。

古拉先生是我们的新邻居，听说他是小储蓄商店第四层卖鞋柜台的经理，他有个太太老弹钢琴，有一个跟我一样大的女儿叫曼娃，她挺帅的，我想以后要跟她结婚。古拉先生一家搬来的时候还跟我爸吵过架，以后他就不跟我们说话了。就因为这个，今天早上我们看古拉先生来按铃就特惊讶。"您能不能借给我一架梯子或者梯凳？"古拉先生问，"我要在我家墙上挂油画和镜子。""当然可以啦，先生，我们很乐意。"爸爸说，然后他陪着古拉先生去车库取长梯子，就是有人看见的时候我没有权利上去的那个梯子。"谢谢！"古拉先生说，然后还笑了。自从他搬到我家旁边住这是第一次冲我们笑。"这有什么，邻居嘛！"爸爸说。古拉先生走了以后，爸爸特别高兴。"你看，"他跟妈妈说，"咱们的邻居变得有人味了，再和气一点，咱们就几乎把他争取过来了。"我也挺高兴，因为她爸爸被争取过来，我就可以和曼娃玩了。

一会儿我们又听到有人按铃，还是古拉先生。

"真抱歉，"他说，"又来打扰你们。我买的挂画钩根本不能用。

今天又是星期天，商店都关门（法国法律规定老板无权要求雇员在周日工作。——译者注），所以……""请跟我到地下室来看看，"爸爸说，"我有一整盒的钉子和钩子，我们肯定能找到您所需要的东西。"爸爸和古拉先生去了地下室。他们上来的时候，两人都特高

兴。"肯定不耽误您用吗？"古拉先生问。"瞧您说的，邻居嘛。"爸爸说。古拉先生走了。"说来说去，"爸爸对妈妈说，"他看起来脾气没那么坏，可能是刀子嘴豆腐心。"然后他去换衣服，因为在地下室他不小心摔到了煤堆上，衬衫全黑了。

门铃再响的时候爸爸让我去开门，爸爸对我说："去看看，尼古拉，肯定是古拉先生。""我很抱歉，"我打开门时古拉先生说，"实在是太过分了……""没什么，没什么。"爸爸说。"真糟糕，我怎么也找不到锤子了，您知道搬家以后家里会乱成什么样子。""嗨，别提了，"爸爸说，"我太太知道，我们搬来那会儿，差点没

把尼古拉弄丢！"爸爸、妈妈、古拉先生和我都笑了起来。"等一下，我去给您拿锤子。"爸爸说，然后他就上顶楼去取，下来的时候把锤子交给古拉先生。"别客气，"爸爸说，"如果还需要什么尽管来取。""真不知该怎么感谢您！"古拉先生拿着锤子走了。爸爸搓着手说："他还是蛮不错的，看来不可凭第一印象看人。而且我看得出来外表看上去他很凶，其实他内心很害羞。""要我看，"妈妈说，"不知道他和他太太打不打桥牌。"

　　古拉先生再一次按铃的时候笑得特别扭。"真是的，"古拉先生说，"您肯定会认为我是个讨厌的邻居，亲爱的先生。""没有的事，邻居就是要互相帮忙嘛，"爸爸说，"而且也别称我先生。""那就叫我格拉好了。"古拉先生说。"好极了，格拉，您看这一次我

能帮什么忙？""唉，您瞧瞧这事儿，"古拉先生说，"我用您的锤子往墙上钉您给我的钉子，结果墙上掉下来好多墙皮。我太太的吸尘器自从吸了搬家工人留下来的稻草以后就再也不管用了……""不用再说了，"爸爸说，"我去拿我太太的吸尘器。"爸爸把吸尘器交给古拉先生。他说他一会儿就把所有的东西都还回来，还说

爸爸是个非常热心的人。"你看,"爸爸对妈妈说,"就多那么一点善心就可以交个朋友。""我看,"妈妈说,"用吸尘器吸墙皮也够可以的。""我为了交朋友就是断送了一个吸尘器也值得。"爸爸说。然后古拉先生把梯子送回来了。"我把它放在哪儿?"他问。"就放这儿,放这儿,我一会儿送回车库去。"爸爸说。"好,我去取吸尘器。"古拉先生说。"在你们新的吸尘器买来之前,古拉太太需不需要用几天?"爸爸看着妈妈的眼睛说。古拉先生说那就太过分了,而且他太太已经趁机吸了好多剩下的稻草。

　　古拉先生把吸尘器拿回来的时候往脑门上猛拍了一记。"我真糊涂!"他说,"我忘了还锤子!""不着急,格拉老伙计……"爸爸说。"不行,不行,我已经过分利用你们的好心了,我一定马上还回来。"古拉先生说。"如果您不反对的话,尼古拉可以跟您

去取。""瞧您说的，"古拉先生说，"我让曼娃送回来。我来的次数太频繁了！……"爸爸和他两人都笑起来，然后他们使劲握手。"咱们一开始都以为他脾气特坏，"爸爸对妈妈说，"我看咱们是不是哪天请他们来喝个下午茶。""好极了！"我大叫。因为家里一有人来喝茶，妈妈就会做好吃的点心。后来曼娃——她可帅了——把锤子送了回来，爸爸给了她一块糖。

可是古拉先生和太太不会来家里喝茶了。古拉先生又生了爸爸的气，再也不理他了。

他打电话来说孩子吃中饭之前怎么会想起来给她吃糖！

第六集 第一名

一、第一名

昨天，我成了班里最好的学生，真的！

老师让我们做了一个听写练习，我出了七个错，然后是阿蔫，他七个半错。音符算半个错，阿蔫在"o ù"（指"哪里"，而 ou 则为"或者"。——译者注）上面没有写音符所以算半个错。阿蔫是全

班第一名和老师的乖宝贝儿，所以他这次听写没当成第一名特不高兴。他跟老师说不公平，而且这个音符他本来是要写的，说是别人打搅他来着。老师让他闭嘴，他哭了起来，说他要跟他爸说，他爸会去找校长，说没人喜欢他，太可怕了。老师说要罚他去站

墙角，他就不舒服了。

　　我出校门的时候胳膊底下夹着我的听写本，上面有老师用红笔写的批语："尼古拉得了全班听写第一名，很好。"伙伴们想让我跟以前一样跟他们到面包店去看橱窗，然后买巧克力吃，我说我得赶快回家。"还哥们儿呢，"亚三说，"就因为你得了听写第一你就不跟我们玩了？"我压根儿没理他，亚三错了十八个半。我自己先跑回家了。

　　"我得了第一名！"我一进家就大声叫。妈妈看了看我的听写本就吻了我，她说她为我骄傲，爸爸也会高兴的。"那晚上甜食有

巧克力蛋糕吗？"我问。"今天晚上？"妈妈说，"亲爱的，没时间了，我还得给爸爸熨衬衫。""这次听写的词可难了，"我说，"而且老师还在全班表扬我了。"妈妈看看我，叹了口气说："好吧，亲爱的，为了奖励你我就给你做巧克力蛋糕。"然后她就进厨房了。可不是嘛，真是的！爸爸刚进家门我就拿着听写本跑过去。"看看，爸爸，看老师在我的本子上写了什么！"我大叫道。爸爸看

了看说："很好，小儿子。"他脱掉大衣就去客厅坐在沙发里开始看报。"我是第一名！"我对爸爸说。"嗯。"爸爸说。我跑进厨房跟妈妈说这不公平，说爸爸不想看我的听写。我特生气，用脚使劲跺地板，还使劲叫。"尼古拉，"妈妈说，"安静点，爸爸肯定是

累了，没听懂你说什么。咱们这就去跟他说，他会表扬你的。"我们两个就回到客厅。

"亲爱的，"妈妈对爸爸说，"尼古拉在学校得了好成绩，你得夸夸他。"爸爸吃惊地从报纸上抬起头来说："我已经夸过他了，我跟他说很好。"然后就拍拍我的头，妈妈回厨房了。"你想看我的听写吗？可难啦！"我对爸爸说。"等一会儿，亲爱的，等一会儿。"爸爸说完又看起报纸来。

我又回到厨房跟妈妈说爸爸不想看我的听写本，说没人管我，我要离家出走，以后你们就会后悔的，而且我还拿了第一名。我

跟着妈妈回到客厅。"我觉得，"妈妈对爸爸说，"你应该对孩子今天的好成绩多一点关心的态度。"然后妈妈说别再打搅她，要不然巧克力蛋糕就来不及做了，说完她就走了。

"怎么样，"我说，"我的听写你是看不看哪？"爸爸拿起听写本说："呀，可不是挺难的嘛！好！嘿，太好了！"然后他就又拿起报纸。"那我的溜冰鞋呢？"我问。"溜冰鞋？什么溜冰鞋？"爸爸说。"你说过的，"我说，"说如果哪天我得了第一名就给我买溜冰鞋。""尼古拉，"爸爸说，"咱们能不能换个日子来讲这件事？好不好？"这下真不得了！他们跟我说可以买溜冰鞋，我得了全班听写第一名，连老师都表扬我，结果他还说过几天再说！我一屁股坐在地毯上，往地毯上使劲打拳头。"你想挨揍吧？"爸爸说。我大哭起来，妈妈从厨房跑过来。

"又怎么啦？"妈妈说。我就跟她解释说爸爸说的要揍我。"用这种方式给孩子打气儿可真是新发明。"妈妈说。"就是，"我说，"如果你不给我买溜冰鞋，我可就不好好学了。""什么溜冰鞋？"妈妈问。"说是，"爸爸说，"就因为这次听写我得给他买一双溜冰鞋。""有努力就有回报。"妈妈说。"可尼古拉的福气就在于他有一个百万富翁的父亲，"爸爸说，"因此我就得高高兴兴地给他买一双镀金的溜冰鞋，好鼓励他听写只出了七个错。"我可不知道我爸是百万富翁，我要跟乔方说说，他老说他爸最有钱。反正伙伴们看见我在课间休息时穿着镀金溜冰鞋玩肯定都会震惊得不得了！

"好吧，"妈妈说，"如果你们想按时吃饭，就得让我安安静静地在厨房做饭。""快一点，"爸爸说，"你知道，吃完饭我还得赶回老板家去见客户。""上帝！"妈妈说，"因为要给尼古拉做巧克力蛋糕，我还没熨你的衬衫。""好啊，好啊！"爸爸说，"看来我在这个家是无足轻重的，那我就只好继续穿我身上的衬衫，好啊！"妈妈哭了起来，爸爸吻了她。我很伤心，因为妈妈每次哭我都特难过。

吃饭的时候没人跟我说话，巧克力蛋糕我也没情绪多吃。

今天特帅的是，我的算术得了零分，爸爸没呲我，还说："这才是我的孩子。"然后他带我和妈妈去看电影。放学以后亚三跟我一起去面包店买巧克力，他说得对："这些当爸当妈的，谁知道他们怎么想的。"

二、打槌球

今天我学会了一种新的游戏，真棒，就是槌球（即国际门球的前身，起源于13世纪的法国。——译者注）。我们的邻居贝杜先生拿着一个大木头盒子来到我家花园。"看看我买了什么。"他对爸爸说。他打开盒子，我们看见盒子里有木球，还有像锤子一样的长柄木槌和一些铁圈。"嗨，"爸爸说，"这不是槌球嘛，别大惊小怪的。""是什么？槌球？"我问。"我没让你大惊小怪，我就是想给你看看，问问你愿不愿意跟我玩。"贝杜先生说。"好吧。"爸爸说。"我也想玩，行吗？我能玩吗？"我问。可爸爸没说话，他正冲着贝杜先生大喊大叫，因为他正把一个铁圈往我家花园地上插。"哎！"爸爸说，"你怎么在我家花园的草地上挖洞？""草地？"贝杜先生说，"别开玩笑了，咱们顶多是站在一片乱草丛生的荒地上，谈什么草地！"这个贝杜先生说得一点儿都不对，我家花园跟荒地可没法比，那荒地上有一辆特帅的没轱辘汽车，我们老去那儿玩，还"轰轰"地开车，我们玩得可好了。爸爸也不高兴贝杜先生这么说，他说没邀请他来，说他可以到他自己家的花园去挖洞，说他如果有条狗就放开咬他。"好，行啦，行啦！"贝杜先生说，然后拿起他的盒子、铁圈、木球和长槌就走了。

我们还呆在花园里，爸爸看着草地抓了抓头皮，他说下个星期肯定得管管花园了。我从树篱向贝杜先生家花园看，看见贝杜先生正在把好多铁圈插进花园地里，然后拿起一柄长槌打木球。"我玩得可开心啦！"贝杜先生唱起来了，"我玩得可开心啦！"可不是，看上去他一个人在那儿挺好玩的，他吹着口哨说："嘿！瞧我打得多准！嘀嘀！"我也想跟他一起玩，我还不会玩槌球，可我学什么都学得快，除了语法、算术、地理、历史和背课文，我记不住所有的词。"我能跟贝杜先生玩吗？"我问爸爸。"不行！"爸爸大声说，"你肯定一下子就赢了他，然后他就说你是作弊。"贝杜先生把他的大脑袋从树篱上露出来，脸红红的。"你这么有把握？"他也大声叫喊，"那我赌100法郎准赢你！"爸爸大笑了起来，说这是宰人。贝杜先生就说爸爸没胆子而且没有100法郎。爸爸说："我没胆儿？我让你看看我到底有没有！"说完他就去了贝杜先生家的花园，我也跟着去了。"我拿蓝球，"贝杜先生说，"你拿红球。""我拿绿球！"我大叫。可爸爸说我不会玩，而且他也不想让我赌钱玩。我就哭了起来，我说这不公平，我要跟我妈说去。爸爸说那就下一次让我玩，这次要好好看怎么玩，贝杜先生要是打歪了球我可以去捡，而且他赢了贝杜先生的100法郎就带我去吃蛋糕。我说那好，我同意这样安排。

槌球可好玩了，特难懂。开始之前玩的人要吵一架看谁先开始，说"这是我的东西，如果你不高兴我就全收起来，你爱干吗干吗去"这句话的人开始玩，就是贝杜先生。他拿起长槌"砰"的一下把他的蓝球打进贝杜太太种的黄色花丛里。另一个选手我爸就笑话他，然后贝杜太太打开窗户冲贝杜先生说了好多话，可这不是槌球游戏里规定的。反正贝杜太太看起来不太像要玩的样子。

爸爸笑完之后就轻轻打他的红球，他的球慢慢靠近铁圈了，然后爸爸往球上踢了一小脚。贝杜先生跑过来说："不算！这不

272

算！你用木槌打了两次！""不对，"我大声说，"第二次是用脚！"我爸，唉，可把我搞糊涂了，我向着他，结果他倒生气了。"尼古拉！"他大叫道，"你要是不老实呆着，你就回家去！"我大哭了起来，我说我要学玩槌球，太不公平了。"与其怪罪你可怜的孩子，"贝杜先生说，"还不如老老实实打球！"

后来槌球玩起来特复杂，因为两个选手都扔掉了长槌，两个人抓着对方的衣服互相推搡起来。

贝杜太太打开窗户叫贝杜先生，贝杜先生满脸通红，跟爸爸说小点声说话，因为贝杜太太正有朋友在喝下午茶呢。

　　"好，咱们重新来。"贝杜先生说，把长槌捡了回来。"不行！"
爸爸说，"我的球位置正好，我可不重新开始。"这一下子变得特
好玩，因为选手们玩的时候可以交换球。贝杜先生在爸爸的红球
上使劲打了一槌然后说："好啦，现在你的球位置不对了，跟我的
一样！"结果球"嘭"的一声打到了他家房子的墙上。贝杜太太
又打开窗，一点也不高兴。她的茶都洒在了连衣裙上，她大叫着
说客厅里的画都震掉了。可是爸爸和贝杜先生没停，他们两个都
特投入。贝杜先生打的那一球肯定特准，因为爸爸好像生气了。
"你以为你能干哪？"爸爸说，"现在咱们来看看到底谁能赢！"然
后他就在贝杜先生的脚上狠狠打了一槌。"哎哟！哎哟！"贝杜先

生反过来想在爸爸头上敲一记。

　　打槌球还有些事我没明白,比如说铁圈和木球是干什么用的。不过没关系,不管它们就是了。我明天去找几个槌子到学校教我那帮哥们儿玩槌球。

　　这么着,课间休息的时候我们就有的可玩了。

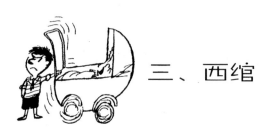

三、西绾

"为什么我不能去荒地跟伙伴们玩？今天天气多好！"我跟妈妈说。

"不行，尼古拉，"妈妈说，"再说一遍，我想让你呆在家里。"

"可我的伙伴们都说他们带好多货箱到荒地去，我们肯定玩得特开心。我们要用货箱搭汽车和火车，肯定特好玩！"

"正因为这样！"妈妈说，"我就是不想让你玩荒地上满处乱扔的垃圾！而且我也不想见你从那儿回来浑身上下都是泥巴，脏得吓人！现在给我老实点！瑟兰太太马上要带着她的小宝宝西绾来看我，我可不希望你在她面前出洋相！"

"可是伙伴们都等着我哪，我一个人在家干什么呀？"我问。

"那，"妈妈说，"那你就跟瑟兰太太的小宝宝西绾玩，他肯定很乖。"

瑟兰太太的小宝宝可能是很乖，但是跟一个小宝宝有什么好玩的？我可知道，因为我有个表弟就是这么大的小宝宝，一碰他就会惹出好多麻烦事。

我试着哭了一声，看看管不管用，妈妈说如果我再继续闹她就要生气了。我只好走出来到花园里使劲用脚踢地，真不公平。可

276

不是嘛，真是的！而且今天是星期四，我这星期地理得了 12 分，要是不能跟哥们儿到荒地里去玩，好好学习得个好分数有什么用？

我赌气自己玩滚铁球，不过自己玩没什么意思。然后花园的门铃响了，妈妈跑出来开门。是瑟兰太太，推着一辆婴儿车。瑟兰太太住在我们附近，可我好长时间没见她了，听说她到医院去接一个小宝宝。

妈妈和瑟兰太太两人大呼小叫了半天，看起来她们一见面特高兴。然后妈妈弯下身往小婴儿车里看。

"这小姑娘真可爱！"妈妈说。

"是个男孩儿，"瑟兰太太说，"他叫西绾。"

"啊，可不是，"妈妈说，"他长得真像您。"

"是吗？"瑟兰太太说，"我婆婆说他更像我丈夫。可不是，他跟乔治一样是蓝眼睛。我的眼睛是深棕色的。"

"小孩子的眼睛经常换颜色的，"妈妈说，"一般来说最后就变成深棕色了。看，他的表情多像您！"

然后妈妈又说了好多叽叽咕咕逗小宝宝的话。我走近想看看，踮起脚尖。可是因为婴儿车很高，没看清什么。

"千万别碰他！"妈妈大叫。

"让他看吧。"瑟兰太太笑着说。

她把我抱起来看。他有双大大的眼睛，哪儿也不看，嘴里冒出好多泡泡来，两只红红的手攥得很紧。要说表情，我没觉得他像瑟兰太太，可是冒泡的事很难说。瑟兰太太把我放下来，跟我说西绾和我已经是好朋友了，因为他冲我笑来着。可这不是真的，西绾也就是继续吐泡泡而已。

妈妈和瑟兰太太去坐在秋海棠花旁边的长椅上，我接着玩扔铁球。

"尼古拉！赶快停下来！"妈妈大叫。

"怎么啦？"我说。

她把我吓了一大跳，我的妈妈。

"你没看见这大铁球会砸到宝宝身上吗？"妈妈说。

"欸，您别说他，"瑟兰太太说，"我肯定他会当心的。"

"我不知道他今天是怎么了，"妈妈说，"特别不像话。"

"哪里，"瑟兰太太说，"他挺乖的。是大孩子了，知道玩铁球不应该离西绾太近。是不是，尼古拉？"

我只好不玩了，我把两手放进兜里靠在树上赌气。我嗓子里堵得慌，真想哭。真是的，她们就为了这个西绾老烦我。他什么都能干，我什么都不能！

然后瑟兰太太问妈妈她能不能去热一下奶瓶，因为西绾该吃奶了。

"咱们让尼古拉看会儿西绾，让他觉得自己是个大人，而且我们信任他！"瑟兰太太说。

我什么也没说，妈妈冲我瞪眼睛！我只好说我看着西绾，瑟兰太太就笑了，然后她和妈妈进了家门。我又走近婴儿车，想再好好看一眼西绾，他正瞪大眼睛看着我。然后他不吐泡泡了，张开嘴大叫起来。

"怎么啦？"我跟他说，"闭嘴！"

可西绾越叫声音越大，瑟兰太太和妈妈从家里跑了出来。

"尼古拉！"妈妈嚷嚷说，"你又干什么啦？"

我哭了起来，我说我什么也没干，说西绾见人就叫不关我的事，瑟兰太太说她肯定我什么也没干，说西绾经常这么大叫，尤其是他要吃奶的时候。然后妈妈蹲下身抱住我，对我说："好了，好了，尼古拉。我不是想骂你，我知道你没做什么坏事，宝贝。"然后她吻了我，我也吻了她。我真是有个特帅的妈妈，我也很高

279

兴我们没有生气。

西缩也不叫了，他喝奶的时候发出特大的声音。

"好了，我们出来的时间够长了，"瑟兰太太说，"现在该回家了。"

然后瑟兰太太吻了妈妈吻了我，她刚要走出花园门口，就又转过身来问我：

"尼古拉，你想不想让妈妈也给你买一个像西缩这样的弟弟？"

"啊，当然啦！我想！"我说。

妈妈和瑟兰太太都大笑起来，然后大家又都吻我，真棒！我真的想让妈妈给我买一个像西缩这样的弟弟，因为如果她买了像西缩这样的弟弟，她也会买一个小婴儿车把他放在里头。

用这婴儿车的轮子加上货箱，我和伙伴们就可以在荒地上做出特棒的汽车来！

四、收拾房间

"**怎**么搞得这么乱七八糟的？"妈妈指着我的房间对我说。
我的房间真是有点乱，好多玩具、书和连环画册扔得到处都是。妈妈正在整理，可是我得承认不太容易，所以今天她就生气了。"我要出去一个小时，"妈妈对我说，"你就在家呆着，我回来的时候希望你把房间整理好，而且不许干坏事。"

我妈一走我就赶快收拾东西。要说别干坏事我可不怕，我现在长大了，不干坏事了。反正不会像三个月以前，那时候我还没过生日。

我先把床下的东西都弄出来，有好多东西。我在床底下找到了能飞的小飞机，用橡皮筋把螺旋桨拧紧就可以转了，妈妈不喜欢我玩这个飞机，她说我会打碎东西。我试试看它还能不能飞。结果妈妈说得对，因为它飞出了我的房间，飞行路线特帅，最后飞到饭厅里打碎了一个花瓶。不过没关系，因为爸爸说了好几次姥姥送给我们的花瓶不好看。但是花瓶里有水和花，流到了桌子上和桌上带花边的桌布上。不过水不脏，所以不太要紧，而且飞机也没摔坏。我回到房间里把我从床底下找到的玩具放进大壁橱里。在大壁橱里我找到了小时候玩的长毛熊。它可真难看，可怜的小

熊，有好多毛都掉了。我决定把我的小熊收拾一下。我去浴室里拿来了爸爸的电动剃须刀，要是把所有的毛都剃光就看不见掉的毛了。好玩极了，爸爸的剃须刀"吱"的一下，好多毛就掉了。可惜才剃了一半，剃须刀就不再"吱"了，它冒出了点火星，然后就一点也不响了。不过不太严重，因为爸爸老说这个剃须刀太旧要换新的。可小熊怎么办呢？上面的一半剃掉了，另一半还留着，看起来它好像是穿着裤子。

我把小熊放回壁橱里，把爸爸的剃须刀放回浴室，然后回房间继续收拾东西。麻烦的是壁橱里放不下所有的玩具，我就把东西都拿出来，看看有没有可以扔掉的。我找出没有轱辘的小汽车，没有汽车的轱辘，泄了气的皮球，好多筹码，一副跳鹅游戏，积木，我看过的书，我上过色的画片。所有这些我都没用。我把这些都放在我的毯子里，想一起拿下楼扔到垃圾箱里。但是我突然想起一个好主意，如果想干得快又不把楼梯弄脏，可以从窗户里扔下去。可惜我忘了大门上面有玻璃天棚，东西扔下去的时候砸碎了天棚。好在没有太大关系，因为妈妈老说门上的玻璃天棚没法擦灰，而且不知道为什么要在门上安这块玻璃，爸爸还笑着说总不能把玻璃天棚安在擦鞋垫的地方吧。他说这话妈妈听了不高兴，还让我走开，因为她要跟爸爸单独讲话。

但是我不想让所有掉下来的东西都留在门口，我就去取妈妈的吸尘器。

妈妈从来不在外面用吸尘器，她不知道吸尘器的电线足够长可以拉到外面。特棒，所有的东西都吸进机器里去了，有玩具、路

上的小石子、玻璃天棚的碎片什么的。不过好像玻璃碎片把吸尘器的袋子扎破了，不过这也没关系，因为妈妈可以把袋子用线缝好，或者换一个新的袋子。不太好玩的是，所有已经吸进袋子里的东西又掉在门前了，把它们弄到吸尘器里可不是为了再掉回原地啊！我赶快把大块东西捡起来扔到垃圾箱里，其他的东西我又想起来一个特棒的主意，我决定用水洗门口。我到厨房去取水，结果把东西翻得乱七八糟也没找到水桶。妈妈回来之前我时间不多了，可我想把地都洗干净给她一个惊喜。我决定拿出那个大汤碗，就是上面有金边、妈妈只在有客人时才拿出来用的那个，这是我家最大的一个汤碗。要拿到大汤碗，得站在梯凳上，我可喜欢上凳子。那也不容易，因为汤碗的前面放了一摞盘子。要说我妈也够乱的，因为汤碗怎么也不能放在橱柜的最里边，谁知道什么时候会用它洗东西呢。我得跟我妈说说这件事。

反正我最后还是把汤碗拿出来了，只打碎了两个盘子，不过也没关系，因为还有其他22个盘子（法国家庭以6或12套餐具配备汤盘和餐盘。——译者注），我家从来没有同时请过22位客人！

我用汤碗盛满水，然后走到大门口。我一共运了两次，因为我抱着碗的时候看不见脚底下，结果地毯把我绊倒了。还好我挺有运气，因为汤碗没摔坏，地毯会自己干的。

我终于把水倒在门口的地上，然后用一块浴巾擦地。说老实话，还是没有擦得太干净，因为和出好多泥。不过关系不太大，水一干这些泥就很容易弄掉了。麻烦的是汤碗还是碎了，盘子虽然有好多，可汤碗只有一个，确实有点糟糕。不过也无所谓，爸爸有客人的时候更喜欢吃凉拌菜，不喜欢喝汤。爸爸他说这样更精致，妈妈回答他说圣日尔曼豌豆汤比蛋黄酱肯定对保持身材更有好处，他们就这么说着玩。现在他们不用吵了，因为没地方放圣日尔曼豌豆汤了。

因为不需要把汤碗放回厨房，我就多了一点时间。我赶快回到我的房间把东西都收到壁橱里。我干得很快，我突然想起来还得回厨房去，因为我忘了关水龙头。水池子被盘子的碎片塞住了，水流得到处都是。因为是瓷砖地，所以没关系，太阳一出来明天就干了，妈妈都不用再洗地板了，她那么辛苦而且她也不喜欢擦地。

等我把房间都收拾干净，妈妈正好回来。我以为她肯定会很高兴而且会夸我。

　　真没辙，你们一定想不到，不骗你们，她又把我呲儿了一通！

五、一头大象

我在全班语法考试中得了第八名，爸爸说很好，今天晚上要给我带来一个意外惊喜。

所以今天晚上爸爸从单位一回来，我就跑过去吻他。我每次见到爸爸回家都特高兴，知道他要给我带来惊喜就更高兴了！爸爸吻了我，把我"嘿哟"一声举起来，然后给了我一个特小特瘪的礼物。肯定不是我想要的能亮灯的红色小汽车。

"来呀，"爸爸笑着说，"打开你的礼物看看！"

我把包装纸撕掉，里面有——你们永远也猜不到——一张唱片！一张有漂亮保护套的唱片，上面画了好多大象、猴子和小人，唱片的名字是《一头大象》。

我特别高兴和自豪，这是第一次我有一张自己的唱片！我爸爸是世界上最帅的爸爸。我又吻了他，他也特高兴，妈妈从厨房里笑着出来也吻了我。呵，在家多帅，特别是现在这会儿！

"我可以听我的唱片吗？"我问爸爸。

"可不是，亲爱的，"爸爸说，"买了就是为了听的。来，我给你放在唱机里。"

爸爸把唱片放进唱机，先是特好玩的音乐，然后就是一个女

288

声唱："从前有一头大象，头大象，头大象……它有一条粗鼻子，粗鼻子，粗鼻子。"然后就有好多男声和女声一起唱大象的故事，说它有个伙伴是猴子，两人在一起干了好多坏事。然后一个猎人来抓走了大象，是猴子把大象救出来了。大象一走猎人就哭了，大象和猴子就成了猎人的朋友，三人一起去马戏团演戏，都赚了好多钱。然后他们又唱："从前有一头大象，头大象，头大象……它有一条粗鼻子，粗鼻子，粗鼻子。"

"唱得不错。"妈妈说。

"是，"爸爸说，"他们现在给孩子们出很多有益的东西。"

"我还可以听一遍吗？"

"当然啦，小儿子。"爸爸说。

他又重放唱片，到了后来，我和爸爸妈妈一起唱："从前有一头大象，头大象，头大象……它有一条粗鼻子，粗鼻子，粗鼻子。"唱完我们都笑起来，还鼓掌。

"我能在电话里放给亚三听吗？"我问。

爸爸说："嗯……如果你觉得有必要……"

我给亚三打电话，我跟他说：

"听，亚三，这是我爸爸送给我的礼物，专门送给我的唱片。"

"好吧，"亚三说，"你快点，我们马上要吃晚饭了，是烩什锦肉，凉了就不好吃了。"

我把唱片放好，把电话放在旁边，等他们唱完"从前有一头大象，头大象，头大象……它有一条粗鼻子，粗鼻子，粗鼻子"的时候我就拿起电话问亚三喜欢不喜欢。可亚三已经不在电话边上了，可能去吃饭了。

"好啦，咱们的晚饭也好了。"妈妈说，"开饭！"

"吃饭之前我还能再听一遍吗？"我问。

"不行，尼古拉。"爸爸说，"是吃饭的时候了，让你的唱片休

息一下。"

　　看起来爸爸不开玩笑，我就什么都没说。

　　饭桌上，喝汤之前我唱了起来："从前有一头大象，头大象，头大象……它有一条粗鼻子，粗鼻子，粗鼻子。"

　　"尼古拉！"爸爸叫了起来，"喝你的汤，不许出声！"

　　真奇怪，他好像生气了。

　　吃完正餐，甜食是昨天剩的苹果派。我刚走到唱机那边爸爸就嚷嚷：

　　"尼古拉！你干什么？"

　　"怎么啦，"我说，"我想听我的唱片。"

　　"行了，尼古拉。"爸爸说，"我想看看报。而且也该上床睡觉了。"

　　"睡觉之前再听最后一次。"我说。

　　"不行，不行就是不行！"爸爸大叫。

这下把我弄哭了，可不是嘛，真是的！连我自己的唱片都不能听，真不公平，想想看到底谁得了语法考试第八名，嗯？

妈妈听见我哭就从厨房跑过来。

"出了什么事？"她问。

"是爸爸，他不许我听唱片。"我解释说。

"为什么他不许？"她问。

"你想想看，"爸爸说，"我本来想安安静静地休息一会儿，看看报,别再给我讲已经听了多少遍的一头大象的故事！明白了吧，啊？"

"我有点不明白，"妈妈说，"如果你不想让他玩得开心，你干吗给小家伙买礼物？"

"哈！"爸爸说，"这可真绝了！现在说我不该买礼物！好

啊！啊！说得好！我真得问问我在这个家是什么角色！可不是，我是多余的！"

"那不对，"妈妈说，"我才是多余的！只要我说点什么，你就开始吼，还威胁……"

"我威胁你了，我？"爸爸又大叫大嚷。

"没错。"妈妈说着就跟我一起哭起来。

爸爸把报纸扔在地上，然后在有蓝灯罩台灯的小桌和扶手椅之间走来走去。

"好啦，好啦，"他轻轻地对妈妈说，"我道歉，别哭了。我不冷静，今天公司的事弄得我挺烦。好了，好了，好了。"

然后他走近妈妈吻了她，也吻了我。妈妈擦了擦眼睛，给我擤鼻子，然后笑得可帅可帅了。我们重新放唱片，一起唱起来："从前有一头大象，头大象，头大象……它有一条粗鼻子，粗鼻子，粗鼻子。"唱了两次，然后我就去睡觉。

第二天晚上爸爸下班回来看见我趴在地毯上看画册。

"怎么，尼古拉？"爸爸问我，"你不听我送你的唱片了？"

"我今天又听了三次，"我解释说，"我已经烦他们的大象了。"

结果爸爸气得满脸通红。

"今天的孩子，你们都一个样！"他大叫起来，我爸，"送你们一个好礼物，结果第二天你们就厌烦了。讨你们这些孩子欢心才真没必要！"

六、好多诚实

星期六下午我跟亚三和科豆从学校回家。突然间，你猜我在人行道上看见了什么？一个钱包！

"有个钱包！"我大叫。

我捡了起来。

"嘿，真的。"科豆说，"咱们用它干点什么？"

"是我捡到的。"我说。

"咱们三个人是在一起的。"科豆说。

"可是是我先看见的，"我说，"所以……"

科豆说这不公平，说我不是他的伙伴什么的。我打开了钱包，里面有好多好多钱。

"得还给人家。"亚三说。

"你开什么玩笑！"我们跟他说——我和科豆。

"我可不开玩笑，"亚三说，"如果你自己留着，那警察哪天到你家就说是你偷了钱包，你就得进监狱。捡了东西不还就得蹲监狱，是我爸跟我说的。"

科豆立马跑了，我问亚三该还给谁，这个钱包。捡到它还挺麻烦的。

电影广告

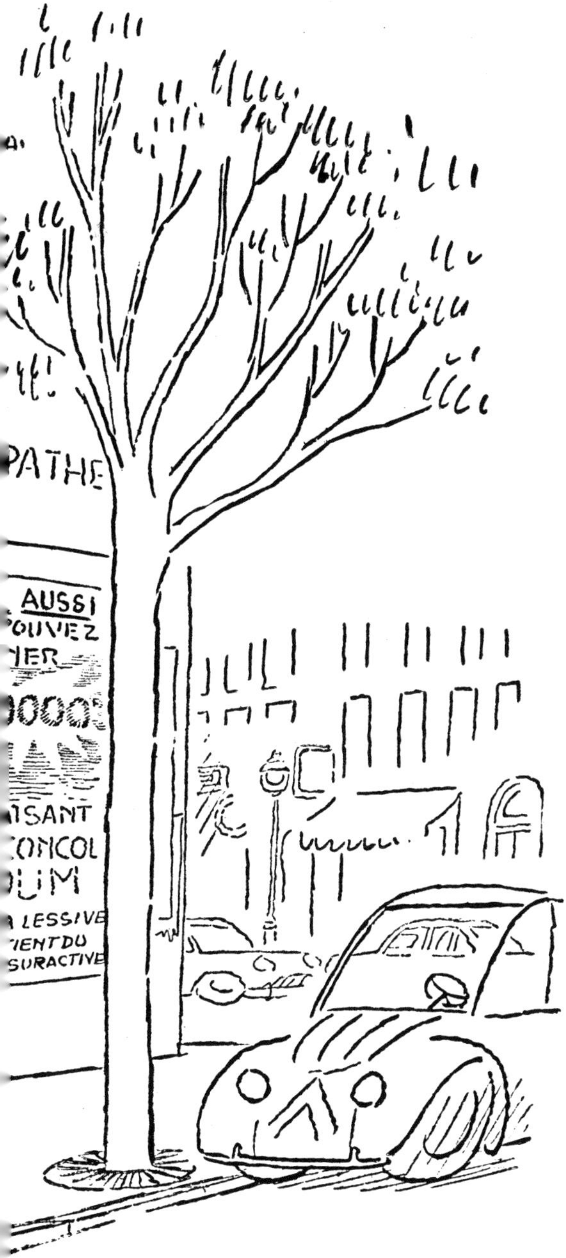
PATHE
AUSSI

"嗯，"亚三说，"你得去警察局。到那儿他们就会说你特诚实，诚实的人就是还东西的人，就是做诚实的事。不过你得快一点，要不然他们一找到你就把你关进监狱。"

"那如果我把钱包放回人行道上呢？"我问。

"不行，"亚三说，"因为如果有人看见你这么干，那就完蛋了，你得进监狱。是我爸说的。"

我快快跑回家，一边跑一边哭。爸爸妈妈正坐在花园里的躺椅上。

"尼古拉！"妈妈冲我大喊，"你怎么啦？"

"咱们得去警察局！"我大叫。

爸爸妈妈突然站了起来。

"去警察局？"爸爸问，"你先安静下来，说说到底出了什么事。"

我就把钱包的事跟他们说了，还说如果我不诚实警察会来把我抓进监狱。爸爸妈妈互相看了一眼，都笑起来。

"把你说的钱包拿来我看看。"爸爸说。

我把钱包交给爸爸。他打开钱包数了数里面的那些钱。

"45生丁（旧币100生丁为1法郎。——译者注），"爸爸说，"真是的！这些人怎么想着身上带这么多钱在外面！我觉得，尼古拉，你不如把这些钱放进你的储钱罐里给他们一个教训，让他们以后别再这么大意！"

"啊，那可不行！"我叫道，"要还给警察局！"

"尼古拉说得对，"妈妈说，"他是个诚实的孩子。"

"没错，"爸爸说着又坐回他的躺椅里，"尼古拉，那你就去警察局吧。"

"自己去我不敢。"我说。

"你最好陪他去。"妈妈说。

“好吧。”爸爸说。

“马上就去。”我说。

“尼古拉，我已经开始烦了，”爸爸说，“咱们找另外一天再去警察局。”

我又哭了起来，我说如果不马上把钱包交给警察，警察就会来找我把我关进监狱，而且很可能已经有人看见我捡了钱包，如果不马上去还钱包，我就自杀。

“你陪他去吧，”妈妈说，“他闹死人了。”

“可，”爸爸说，“我刚换了衣服，而且也挺累的。你总不会让我再换次衣服到警察局，就为交只有45生丁的破钱包吧，啊？这不惹人笑话嘛，他们会把我当神经病！”

“他们只会把你当成一个鼓励孩子诚实的好父亲。”妈妈说。

"亚三跟我说了，诚实什么的。" 我说。

"你少跟我提你的朋友亚三。"爸爸说。

妈妈跟爸爸说现在这事比表面看上去要重大，说作为父亲他有权教小孩子（小孩子就是我）一些常识和做人的基本道理，他应该带我去警察局。爸爸说好、好、好吧，就去换衣服了。

我们进了警察局——我特害怕——一直走到服务台，后面有一个人。我特吃惊，因为他不像鲁飞爸爸似的穿警服，看来是个侦探。

"您有什么事？"侦探问。

"我们捡到，呃，是我的儿子捡到一个钱包，"爸爸解释说，"所以我们来把它交给您。"

"您把东西带来了吗？"侦探问。

爸爸把钱包交给侦探，他打开看看，又看了看爸爸。

"45生丁？"他问。

"45生丁。"爸爸说。

有一个先生从办公室里出来，走近服务台问：

"什么事，乐富？"

"警长先生，是这位先生，"侦探解释说，"他捡到一个钱包。"

"是我的儿子在街上捡到的。"爸爸解释说。

警长拿起钱包，数了数里面的钱，然后弯下身来冲着我笑，我躲到爸爸身后。

"很好哇，小家伙，"警长说，"这是个诚实的行为，我为你感到高兴。我也祝贺您，先生，有这样一个诚实的孩子。"

"我们正教给他一些常识和做人的基本道理。"爸爸说，他看起来挺高兴，"来吧，小傻瓜，别害怕，跟警长先生握握手。"

警长跟我握了握手，他问我在学校学习好不好，我跟他说好。但愿他不知道我的算术考了第十四名。

"我肯定这样一个诚实的孩子在学校一定功课很好。"警长先生说，"来吧，咱们填一份拾物声明。乐富，请给我一份表格。"

　　侦探把一张纸交给警长，他在纸上写了一些东西，然后把笔给爸爸说：

　　"我想您应该亲自以您孩子的名义来填写一下这份表格。您写明日期、地点和物品，大致时间，然后签字就可以了……好了，谢谢。"

　　然后警长跟我解释说这个钱包要放在失物招领处，如果一年之后没人认领，钱包就归我了。

　　"您这儿经常收到这样的东西吗？"爸爸问。

　　"啊，亲爱的先生，"警长说，"您都想象不到人们在大马路上能丢些什么东西！我可以给您举出好多例子。可惜啊，没有很多人像您儿子这么诚实、拾金不昧，把东西还给这些粗心大意的人！"

　　然后警长把手伸给我，又伸给爸爸，我们再把手伸给侦探。大家都咧嘴笑，可帅了。我们回家的时候特高兴，我跟妈妈讲了整个过程，妈妈就吻了我。让我自豪的是，我们家的人这会儿都诚实了，因为我爸又跑回警察局，把警长的钢笔还给了他。

七、吃药

星期天晚上我病得很厉害，所以星期一早上妈妈就打电话给学校，说我今天不去上学。

可我还是不高兴，因为妈妈还给医生打了电话说我们要去看他，我可不喜欢去看医生。可不是嘛，他老说不把你弄疼，然后就"啪"给你打一针预防针。

"别哭了，小傻瓜，"妈妈说，"医生不会给你打针的！"

我们到了医生那儿，在候诊室里我还在哭。然后一位穿白大褂的护士来说轮到我们了。我不想进去，我妈把我拽进去了。

"是尼古拉在演这出戏吗？"医生一边洗手一边笑着问，"这可不行啊，小家伙！你想把我的病人都赶跑啊？来吧，别傻了，我不会把你怎么样的。"

妈妈跟他解释我的情况，医生就说：

"来吧，咱们看看。脱掉衣服，尼古拉。"

我脱了衣服，医生把我抱到一张铺着白浴巾的床上躺下来。

"怎么回事？"医生说，"抖得这么厉害！你还是个大孩子呢，尼古拉！而且你认识我呀，你知道我不会吃掉你吧。不要害怕！"

医生把一条浴巾放在我身上，然后让我伸舌头，在身上到处按一按，然后掐住我的鼻头。

"好啦，没什么太严重的！我想办法让你好起来！怎么样，我真的把你弄疼了？你受罪了吗？"

"没有。"我说，然后还笑了。

真的，医生挺帅的。他让我穿上衣服，他自己就坐在办公桌后面，然后一边在纸上写字一边跟我妈说话。

"没什么问题。"医生说，"给他吃这个药，在一大杯水里放五滴，一日三次，饭前服。三四天以后再来看。"

然后医生看着我，笑笑，对我说：

"别做出这副样子来呀，尼古拉！又不是给你下毒，你知道的！这种药很好，没有任何味道，我只给好朋友才开这种药。"

然后医生开玩笑打了我一巴掌，然后他还笑。我可不笑，因为我不喜欢吃药，特难吃，但不吃家里就弄出好多麻烦来。

"您得有点耐心，大夫。"妈妈说。

"啊，您知道，我们就是干这行的。"医生一边说一边送我们

到门口,"干了这么多年,我们多少也了解这些小家伙的脾气……好啦,不许哭了! 怪事,再哭我就给你打一针!"

我们出门以后,我跟妈妈说我不吃药,我宁愿生病。

"尼古拉,你得讲道理,"妈妈说,"我这就去买药,像你这样勇敢的大孩子,一下子就吃进去了。你是勇敢的孩子,是吧?"

"嗯,是。"我说。

"当然勇敢啦。"妈妈说,"所以你得像个男人一样。爸爸看见他的尼古拉一点不费劲地吃药也会为你自豪的。我甚至想下星期天他是不是会带你去看场电影。"

我们去药店买了药,是一个挺帅的小瓶子放在一个漂亮的蓝色盒子里。猜猜看还有什么,一个滴管!

我们比爸爸先到家,他回家吃午饭。

"怎么样?"爸爸问。

"没什么事,我随后再跟你细说。"妈妈解释,"你知道吗? 医生给尼古拉开了一种药,只给他一个人,像大人一样。"

"药?"爸爸看着我问,一边摸了摸下巴,"好,好,好。"

304

然后爸爸去脱外衣。

饭桌上，妈妈拿来一杯水，再拿起药瓶，放了五滴药在里面，再用小匙搅了一下对我说：

"来，尼古拉，咕嘟一口气喝掉。"

我喝掉了，没有怪味。爸爸妈妈吻了我。

下午我还呆在家里，可帅了，我玩士兵。妈妈准备晚餐的时候把我的药放在盘子旁边。

"我现在能喝吗？"我问。

"等大家都坐好了。"妈妈说。

等我们都坐好了，妈妈让我自己放药，爸爸说他为我自豪，说星期天没准带我去看电影。

第二天早晨起来我跟妈妈说别忘了给我吃药，妈妈笑着说她不会忘的。我拿着药瓶放了五滴药水喝掉了，然后我把药放在书包里。

"你干什么，尼古拉？"妈妈问我。

"我带到学校去呀。"我回答。

"拿到学校？你疯啦？"妈妈问我。

我跟她解释说我没疯，只是病了，所以在学校也许需要吃药，而且还想给伙伴们看。可妈妈根本不听我的，把药从书包里拿出来。我一哭她就说别来这一套，还说如果我继续闹的话，就再也不给我吃药了。

我一到学校伙伴们就过来问我昨天为什么没来上学。

"我生病了，"我跟他们说，"我去看医生，他说特严重，然后他就给我开药吃。"

"药难吃吗？"鲁飞问我。

"真难吃！"我说，"可我不怕，因为我特勇敢。而且这药是给大人的，有蓝色的盒子。"

　　"嗨，去年我也吃过比你这个还难吃的药，"乔方说，"是维他命。"

　　"是吗？"我说，"请问你的药有滴管吗？"

　　"你说什么东西？"乔方问。

　　"我说的是你的药特可笑，"我回答说，"因为我的药有一个滴管。"

　　"尼古拉说得对，"欧多对乔方说，"你的药，我们大家都觉得可笑。"

　　乔方和欧多打了起来。亚三跟我们说有一次医生给他吃一种减小胃口的药，自从他妈有一天看见他自己偷偷喝药以后就再也不让他吃药了。

上课的时候，老师问我好一点没有，我跟她解释说我在吃一种特难吃的药。老师说很好，然后她就让我们听写。

星期四，我和妈妈又去看医生，这一次我一点儿也没哭。

"你这样子我看着喜欢，"医生说，"脱掉衣服，小家伙。"

我脱了衣服他就听我的心脏，让我伸舌头，问妈妈我是不是还有什么问题，然后让我穿好衣服。

"没事了，"医生说，"我觉得可以停止治疗了。"

然后医生假装在我下巴上打了一拳。

"告诉你一个好消息，好孩子，"医生说，"你已经好了，不需要再吃药了。"

结果我又哭了起来，这回医生没送我们到门口。

他就这么坐在办公桌后面，一句话也不说。

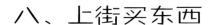

八、上街买东西

我们正在吃饭，妈妈说："我得去给尼古拉买一身正装，他那身深蓝色套装上的污迹怎么也洗不掉。"

爸爸瞪大眼睛看着我说："这孩子穿衣服怎么那么费钱！买一件糟蹋一件。看来得给他造一副不锈钢盔甲。"我说这是个好主意，不锈钢盔甲可比蓝色套装好多了，因为我穿正装像个小丑。可妈妈大叫起来说她不会给我买不锈钢盔甲，说我还得穿深蓝色正装，让我赶快吃完苹果我们马上要到商店去买衣服。

我们走进商店，特大，有好多好多灯、人和东西，还有自动扶梯。自动扶梯可帅了，比电梯好玩。

有位先生告诉妈妈说男孩子的正装在第五层，我们就坐自动扶梯。妈妈使劲攥着我的手还跟我说："尼古拉，别乱来，听见了？"到了第五层，我们看见一位先生穿得特好，笑眯眯的，满口的牙特白。他走过来说："请问太太需要帮什么忙？"妈妈跟他解释说要给我买衣服。"小家伙，你喜欢什么样的服装？"他问我，一直张嘴笑着。"我呀，"我说，"我想要一套西部牛仔服。""在第七层，玩具柜台。"这位先生笑着跟我说。于是我跟妈妈说跟我来，去坐自动扶梯上七层。"尼古拉！马上给我过来！"妈妈使劲嚷

嚷，看起来她不太高兴。我就试着从上升的扶梯上下来，可不太容易。而且要想从上去的扶梯上下来，还有好多要上去的人挡着我。有人说："这孩子要出事的。"还有人说："在自动扶梯上可不能乱来。"还有人说："当父母的怎么不管管自己的孩子！"结果我不得不跟着大家上去。

到了第六层，我又上了下楼的扶梯去找妈妈。可是到了第五层我没见到妈妈。有个先生说："你在这儿呐，你妈妈刚上去找你！"我认识这位先生，就是那个老张嘴笑的，现在一点儿也不笑了。我喜欢刚才看见他牙齿的时候，可我没跟他说，因为我要赶快上六楼去找我妈妈，她应该在那儿等我的。

到了第六层，真棒，我没看见我妈妈，可我发现那里是卖体育用品的地方。卖什么的都有！有滑雪板、溜冰鞋、足球、拳击手套。我试了试拳击手套，对我来说肯定是太大了，可是戴在手上就显得特神气。欧多肯定喜欢这些手套，欧多就是特厉害喜欢给咱哥们儿鼻子上擂拳头的伙伴。他老说哥们儿的鼻子太硬，打得他手疼。我正在镜子里张望，有一个先生咧嘴笑着过来问我在干什么。我跟他说我在找我妈，我们在电动扶梯上走失了。然后这先生就不笑了，这样更好，因为他满嘴的牙都东倒西歪的，最好还是让嘴唇把它们都盖住。这先生抓住我的手说："跟我来。"结果他抓走了我的一只手套。他走了两步又停下来看看手里的手套再回来找我。他问我是在哪儿找到这些手套的，我说是在一个柜台上，我解释说它们对我来说太大了，连欧多都戴不了。他把手套摘掉把我带走，这次我们坐的是电梯。

我们来到卖玩具的那层，有间办公室门口写着："失物招领——儿童认领。"屋里有一个穿得像电影里的护士一样衣服的太太

和一个小男孩。小男孩一只手里拿着一只红气球，另一只手里拿着一个卷筒冰激凌。那位先生对太太说："又来了一个！他妈一会儿就来。我真不明白这些人怎么会把孩子弄丢，看好自己的孩子有那么难吗？"

先生跟太太说话的时候，我就去看这一层展出的玩具。有一件特帅的牛仔武装服，一只左轮手枪和一只牛仔帽子。我要让我爸圣诞节的时候给我买，因为今天管我妈要肯定是没戏了。

我正在两个柜台中间的地上玩一辆小汽车，那位先生过来了。"你怎么在这儿？捣蛋鬼！"他大声叫喊，看起来很不耐烦。他拎住我的胳臂把我交给那位太太。"我找到他了，"他说，"这回好好看着他，这小家伙！"然后他迈着大步走了，还回过头来看我，就这么着他没看见留在地上的玩具小汽车，结果他摔倒了。

那位太太看起来很好心，让我坐在那个小男孩的旁边，他正舔他的草莓冰激凌。"别害怕，"她对我说，"你妈妈马上就会来接你的。"太太走远了一点，那个小男孩问我："你是第一次来？"

我没太听懂他想说什么，因为他一边舔冰激凌一边说话。"我这是第三次在这个商店里走失。他们可好了，如果你大哭几声，他们就给你红气球和冰激凌。"

这时那位太太回来了，手里拿着一个红气球和一个覆盆子冰激凌。"可我没哭啊！" 我说。"下次需要的时候你就知道该怎么办了。"小男孩说。

我正舔我的冰激凌，妈妈跑过来了。她看见我就大叫起来："尼古拉！亲爱的！我的儿子！我的心肝！"然后她打了我一巴掌，把我的气球打掉了。然后她抱住我吻我，结果覆盆子冰激凌弄得她满脸都是。她说我是个可恶的捣蛋鬼，说把她气死了。我就哭了起来，然后那位太太马上拿来另一个气球和一个香草冰激凌。那个小孩看见这个也哭了起来，但是那位太太说他已经吃了

两个，再吃要肚子痛的。那小男孩就不哭了，说："好，那下次再给。"

妈妈把我带走，还问我为什么自己走掉。我跟她说是为了看一套牛仔服装。"就因为这个你把我吓成这样，你这么想要这套牛仔服装吗？"我说是，妈妈就说："好吧，尼古拉，我马上给你买这套牛仔服！"我跳进妈妈的怀里吻她，又把香草冰激凌抹到了她脸上。她特帅，我的妈妈，不过她脸上到处都是覆盆子和香草冰激凌。

晚上，爸爸不高兴。他不明白为什么妈妈本来要给我买一套深蓝色正装，结果却拿回来一套牛仔服和一只红气球。他说下一次由他带我去商店买衣服。

我觉得这是个好主意，因为跟爸爸去买东西我肯定能把拳击手套买回来送给欧多。

布料

第七集　爸爸的办公室

一、爸爸的办公室

期四我跟妈妈去买东西，她给我买了一双特帅的黄皮鞋。可惜我不能穿，因为穿起来硌脚。我乖，为了不给妈妈添麻烦，就没跟她说。出了商店，妈妈指着一个很高的楼房对我说："你爸爸就是在这幢楼的一间办公室里工作。你想不想去看看他？"我说这是好主意。

妈妈正打开爸爸办公室的门，我们就听见里面发出很大的响声。进去以后，我们看见里边有好多先生看起来很忙。爸爸从他正在看的纸上抬起头看见了我们，然后他就显得非常惊讶。"嗨！"我爸他说，"你们到这儿来干什么？我们还以为是老板来了呢。"其他的人看见我们进来好像也不像刚才那样忙了。

"伙计们，我来给你们介绍一下我太太和我儿子尼古拉。"他们都从办公桌后面站起身走过来跟我们打招呼。爸爸把他们介绍给妈妈。"那边的胖子是巴列，他可是贪吃的家伙。"爸爸说。巴列先生就笑了，有点像我的伙伴亚三，但是他有领带。亚三就是我们学校的伙伴，老吃东西。"然后还有，"爸爸接着说，"杜克，折飞机能手。戴眼镜的叫彭干，作为会计他没多少钱，可偷起懒来可是毫不含糊。那边的是帕沐，能睁着眼睛睡觉。还有布莫、唐备和有大板牙的马潘。"我们不影响你们吧？"妈妈问。"一点不影响，太太，"彭干先生说，"反正我们的老板暮普先生也不在。""啊，这就是你老给我们讲的尼古拉？"马潘先生说，就是有大板牙的那位。我说没错就是我。他们就都过来摸我的头，然后他们还问我在学校学习成绩好不好，乖不乖，家里是不是爸爸洗碗。我回答说是的，这样回答保险不会出麻烦。然后他们就都笑起来。"不老实，"爸爸说，"跟他们说实话，尼古拉。"我说我在学校有时候学习不好，结果他们笑得比刚才还厉害，好像是在课间休息一样，真帅。

"你看，尼古拉，"爸爸说，"我就在这儿工作。""洗完碗没事干的时候便到此一游。"唐备先生说。爸爸在他胳臂上打了一拳，唐备先生在他脑袋上打了一巴掌。我去看另外一张桌子上的打字机，帕沐先生走过来，问我想不想在他的打字机上学打字，我说想，但是我不愿意打搅他的工作。帕沐先生说我是个可爱的小男孩，说他是在工作，但没有关系。然后他把打字机上的纸拿出来，上面写着"叭嗒叭嗒咕嘟咕嘟"好多好多行这样没用的东西。然后帕沐先生教我打，我一试，打得不够使劲，帕沐先生说得使劲往机器上敲。我就一拳打在上面，弄出特大的一声响。帕沐先生好像有点不高兴，他也试着在机器上打字，结果他说好像有什么东西敲坏了，就开始修起来。

我看着帕沐先生，他拿出好多红色和黑色的纸带，挺好看的。我看见一个纸飞机飞到我眼前，是杜克先生给我扔过来的。杜克先生的飞机真棒！翅膀上有蓝白红三种颜色，像真的飞机一样。"喜欢我的飞机吗？"杜克先生问我，我说是。他说要教我折，他从他的抽屉里拿出一张写着"暮普公司"的白纸，用剪子胶水飞快做成了一个飞机。他可真有福气，他家肯定有好多飞机。"你自己练习一下，"杜克先生说，"我的桌上有的是纸。"

318

我开始折飞机，别人正围着帕沐先生忙着修他的打字机。他脸上和手上一道红一道黑的，是打字纸带的颜色，像我的蓝色睡衣。爸爸和其他人还给他出主意笑话他。只有巴列先生不跟他们在一起，他正坐在办公桌旁，两条腿架在上面，一边吃苹果一边看报。

然后我们听见很大的咳嗽声，所有的人都转过身。办公室的门打开了，一位先生站在那儿，看起来不高兴。

爸爸的同事们不笑了，都回到他们各自的办公桌上。巴列先生把放在桌上的脚放下来，把报纸和没吃完的苹果扔进抽屉，然后开始写起来。他那么胖，干这些事快得出奇。帕沐先生在打字机上打字，可我觉得他不会干好，因为他像爸爸帮妈妈缠毛线那样手上缠着纸带。

爸爸走近那位先生对他说："先生，我太太和儿子从这儿路过，就进来看看我，给我一个惊喜。"然后爸爸转过来说："亲爱

的，尼古拉，这是暮普先生。"暮普先生只咧了一下嘴，握了妈妈的手，说他很荣幸，然后把手伸进我的头发问我在学校学习好不好，乖不乖，他没说洗碗的事。然后暮普先生看见了我手里的飞机，就对我说我的飞机很漂亮，可不是嘛，我的飞机折得可好了，这是最好的一个，其他没折好的都让我扔到了地上。"如果您想要，我就送给您。"我跟暮普先生说。没想到暮普先生真的笑了，他拿起我的飞机看了看，然后就不笑了。他睁大眼睛，像妈妈为准备野餐煮的鸡蛋那么大。"这不是堤畔公司的合同吗？"他大叫起来，这个暮普先生，"明天早上堤畔公司就来签字了！"

我哭了起来，我说我是在杜克先生的桌子上找到的纸，我拿的是写过的纸，好不浪费白纸。暮普先生还不错，说没关系，说杜克先生和同事们会很高兴再另写一份合同，今天晚上晚点回家也没关系。

我和妈妈走的时候，爸爸和他的同事们都在工作，不出一点声音。暮普先生在桌子中间走来走去，手背在身后，像我们的学监沸汤监视我们考算术一样。我真想赶快长大，像爸爸一样在一间办公室里工作！

二、我们的爸爸成了好朋友

中 午爸爸回家吃饭的时候对我说：

"尼古拉，今天我在单位里接待了你的同学欧多的爸爸，我想他是叫欧多吧？"

"是啊，"我说，"他可是特帅的哥们儿，是我班里的。你在咱们家见过他。"

"是啊，"爸爸说，"就是那个挺结实的小家伙吧？他爸爸一进门我就觉得在哪儿见过他。后来我想起来去年你们学校发奖的时候见过他，可是当时没机会说话。"

"他到你办公室干什么？"妈妈问。

"他呀，"爸爸说，"他是作为客户来的，是个不错的人，做起生意来可是够不含糊的。我们互相认出来以后，他就稍微放松了一点，他明天早上就来签合同。暮普先生很高兴。要想让老板高兴……总之吧，还是尼古拉的功劳呢！"

我们都笑起来，爸爸又说：

"你见到欧多跟他说他爸非常友好。"

吃完饭——有烤小牛肉、面条和苹果——我就跑着去学校，因为我想赶快告诉欧多说我们的爸爸成了好朋友。

322

我到学校的时候欧多已经在操场上了，正跟若奇玩弹球。

　　"欧多！"我冲他大叫，"我爸，他见了你爸，他们要在一起做好多生意。"

　　"真的？"欧多说。他中午不回家，在学校食堂吃饭，所以他爸没办法告诉他。

　　"真的，"我说，"我爸让我告诉你说你爸帅极了。"

　　"可不是，我爸他就是帅极了。"欧多说，"就算我每学期给他带回分数时他老找我的茬儿，可还是给我看他上学时候的成绩单，他的数学是第一名。嘿，你爸要是成了我爸的好朋友可太棒了！"

　　"就是！"我说，"没准他们会带咱们一起去看电影，去饭店吃饭！我爸还说你爸做起生意来挺不含糊的。"

　　"这是什么意思？"欧多问。

　　"我不知道，"我说，"我以为你知道呢，因为是你爸。"

　　"我知道，"乔方说，他刚来，"做生意不含糊就是不上别人的当。是我爸跟我解释的，他可不上任何人的当。"

　　"可不是！"欧多说，"我爸才不上人家的当！你要愿意告诉你爸你就告诉，尼古拉，如果他想让我爸上当，他可别指望！"

　　"我爸他没想让你爸上当！"我大叫着说。

　　"是吗？"欧多说。

　　"没错！"我又叫，"而且我爸也没去求你爸，你爸他自己来的！谁也没求他！哼！他们也不需要你爸。可不是嘛，真是的，不开玩笑！"

　　"啊！他们不需要我爸？"欧多说，"好啊，你爸见了我爸可是高兴得很哪！哼！"

　　"真好笑！"我说，"我爸他可忙了，他可不想让好些没事干的人来打搅他的工作！"

　　然后欧多就扑过来在我鼻子上打了一拳，我踢了他一脚。我

们正打着，沸汤过来了。沸汤就是我们的学监，他不喜欢看见我们在操场上打架。他把我们分开，一只手搌一个说：

"你们两个好好看着我的眼睛！这一次可是太过分了，浑小子们！我来教你们打架！走，两个人都去校长那儿！我倒要看看校长先生怎么处置你们！"

这下我们都有点麻烦了，因为一去校长那儿肯定会出好多事儿。校长会给我们特重的处分，他会开除我们，像他两次差点开除亚三一样，好在后来都没事了。沸汤敲了校长的门，让我们进去。我的嗓子里堵得厉害，欧多看起来也挺丧气的。

"度泊先生，怎么回事？"校长说，他正坐在办公桌后面，桌上放着一个特大的墨水瓶，一张吸墨水纸和一只没收的足球。

度泊先生，就是沸汤，把我们向前推了推说：

"校长先生，这两位学生在操场上打架。他们经常这么干，所以我认为您应该教训教训他们。"

"您做得很对，度泊先生。"校长说，"好吧，小鬼头们，你们来学校就是为了搉拳头的？你们就这么撒野？可怜见的，你们知不知道这是往邪路上走？是没出息通向监狱的路？……说吧，你们进了监狱你们的父母该怎么办？可怜的父母为了你们付出了一切，他们可是给你们做出了诚实与上进的榜样……对了，你们到底为了什么打架？……说呀，我等着呢！"

我和欧多都哭了起来。

"好了，别来这一套！"校长大叫，"我可不喜欢。尼古拉，说话！"

"他说我爸要让他爸上当，"我哭着说，"根本没这回事！"

"没错，就是这么回事！"欧多也哭着说，"而且他说我爸是没用的人。我爸比他爸厉害多了，他要是不收回他说的话，我就让我爸在外面等着他爸，打他爸鼻子！"

"你爸他敢！"我大叫，"而且我爸比你爸厉害！特厉害！他要是让你爸上当才好呢！"

我们又哭起来，校长在桌上使劲打了一拳，足球掉到地上了。

"安静！我说安静！"他也大叫起来，"如果……好吧，你们可真让我伤心，孩子们。你们把自己的父亲跟一桩毫无根据的打架联系起来。你们的父亲肯定都很有尊严，因为他们都值得尊重，我认识他们。如果你们把这件事告诉他们，他们肯定笑话你们……你们讲话之前都不动动脑子，正因此我也不惩罚你们了。我想这次教训足够了，沸……呃，度泊先生将来也不要再因这类事惩罚你们。现在你们自己握握手，不许再提起这件可悲的事了。"

我和欧多都特高兴，居然没被开除，我们就握了手。校长咧开嘴大笑。我们擤了擤鼻子，走出校长办公室。上课之前我们还玩了一会儿弹球。

第二天中午，爸爸问我：

"尼古拉，说说看，你的伙伴欧多怎么样？"

"还行，"我说，"是个挺帅的哥们儿。"

"是吗？"爸爸说，"他爸可真奇怪。今天早上，他打电话来说既然他是没用的人，我们的合同就自己留着吧，说他再到别处去想办法，然后他就挂了。"

我爸更厉害！

三、安森和艾笛·帕沐

今天我和爸爸妈妈要去帕沐先生和太太家喝茶。帕沐先生跟爸爸在同一间办公室工作。

"你肯定会玩得好，尼古拉。"爸爸跟我说，"帕沐家有两个孩子：一个男孩一个女孩。听说他们两个挺乖巧。我可指望你表现得有教养一些……"我说好的。帕沐先生和太太给我们打开门，看起来他们看见我们特高兴。"安森！艾笛！来看你们的小朋友尼古

拉来了！"帕沐太太大声喊，安森和艾笛就来了。安森比我大一点，艾笛比我小一点。我们互相打招呼："你好。""我肯定尼古拉在学校成绩很好，是不是，太太？"帕沐太太问我妈。"别提了，"妈妈说，"他可真让人费神，一点都不专心！""哎呀！太太，"帕沐太太说，"我家的也是！还有那个小的，老生病！啊！这些孩子们，净给我们出难题！""安森，艾笛，"帕沐先生说，"去带你们的小朋友吃点心，好好玩，别捣乱！"帕沐先生跟我妈解释说他们在孩子们的房间里安排了吃点心的桌子，这样我们可以安心玩。然后他拉着爸爸说起暮普先生的事，就是爸爸和帕沐先生的老板。妈妈在向帕沐太太讲我干的一件坏事。这可挺让我意外的，因为我干坏事的时候，妈妈可是不高兴呢。

"你来不来？"安森说，我就跟他们去他房间。快到他房间的时候，安森转过身对艾笛说："我没让你跟我们来！""为什么我不能跟你们来？"艾笛说，"也是我的房间。而且我也有权利吃点心！说吧，为什么我不能来？""就因为你的鼻头是红的，知道了吧？"安森说。"不对！不对！我的鼻头不红！"艾笛大声叫喊，

"我要告诉妈妈!"然后我们就看见帕沐太太跟我妈赶过来。帕沐太太说:"怎么,你们还没开始吃点心吗?巧克力奶要凉了。""他说我的鼻头红!"艾笛嚷嚷说。帕沐太太和我妈笑了起来。"他们爱逗着玩。"帕沐太太说。然后她不笑了,瞪着眼睛看着安森和艾笛说:"去坐好,不许再闹了!"然后她就和妈妈走了。我们三个人在桌子边坐下来,每个人都有一碗巧克力奶,一块蛋糕,还有蜜糖面包和果酱,挺不错的。"可怜虫,就会告状!"安森冲艾笛说。"怎么着!"艾笛说,"你要是再说一遍我是可怜虫,我就告诉妈妈!""你看着,今天夜里我怎么吓唬你!"安森说。"你吓不着我呀,你吓不着我呀!"艾笛唱起来。"是吗?"安森说,"我要装成魔鬼。哇!我是魔鬼哇!""喊!"艾笛说,"我已经不怕魔鬼了。""那好,"安森说,"我就扮成鬼魂儿。哇!我是鬼魂啊!"艾笛张开大嘴,然后她就又哭又叫:"我不想要鬼魂儿!"帕沐太太又来了,一点儿都不高兴。"如果我再听到你们闹,"她说,"我就让你们有的好瞧!尼古拉会怎么想?你们真不害臊!看看人家

尼古拉多老实！"然后她就走了。

我们吃完点心，安森对我说："咱们玩点什么？""玩电动火车吧？"艾笛问。"没问你，"安森说，"女孩子自己玩娃娃，别跟大孩子捣乱！""火车也是我的！爸爸说是送给我们两个的！我跟你一样有权利玩！"安森就笑了起来，他冲我用大拇指指着艾笛。"哎，你听见她说什么哪！"他说。"一点没错，"艾笛说，"就是我们两个的。如果你不让我玩火车，那谁也别玩！"安森到壁橱那儿拿出来铁轨和特棒的火车头和好多车厢。"不行，不行！我不让你动我的火车！"艾笛说。"你想吃一巴掌？"安森说。这时候门开了，帕沐先生和爸爸走进来。"你看，"帕沐先生对爸爸说，"这是孩子们的房间。怎么样，孩子们，玩得好吗？""他想玩我的火车，而且不让我玩！"艾笛嚷嚷说。"好，好，继续玩啊！"帕沐先生把手放进艾笛的头发里说，"哎，老伙计，你记不记得有一次暮普那老头让巴列翻译一封英文信的事？可把咱们笑死了！"然

后爸爸和帕沐先生就出去了。

"你看见了吧？"安森说，"爸爸说我们可以不带你玩电动火车！""不对！他说他送给我的！"艾笛大叫着。安森已经开始摆铁轨。"咱们让铁轨从床和柜子底下再从桌子后面过。"安森解释说。"你不许玩我的火车！"艾笛还在嚷嚷。"是吗？你要怎么

样？"安森说。艾笛就在铁轨上踢了一脚。这下安森可不高兴了，他给了艾笛一大巴掌，把艾笛打得坐倒在地上。结果她气得满脸通红，连红鼻头都看不见了。"我要杀了你！我要杀了你！我要杀了你！"她使劲大叫，然后她捡起火车头，"砰！"正好打到安森的脸上。"没打中！没打中！没呀嘛没打中！"安森说。然后他伸出手臂说："哇呜！我是鬼魂儿！"这下可好了，艾笛大叫大嚷，然后扑到安森身上去抓他的脸。安森扯她的头发，她咬了他一口。他俩正在地上打滚，帕沐先生和太太、我爸和我妈都进来了。

　　"你们赶快给我住手！"帕沐太太大喊。"简直不害臊！"帕沐先生也大叫。"都怪她！"安森也叫，"她想把我的火车弄坏，而且她摔我的火车头！""不对！"艾笛也喊，"是他先装鬼魂儿，还揪我的头发！""住嘴！"帕沐先生叫，"我要惩罚你们这些捣蛋鬼！今天晚上别吃甜食，这个星期不许看电视！哭也没用，要不然一人打一屁板！""噢！糟糕！"妈妈对爸爸说，"时间太晚了，亲爱的，该回去了……"

我回家以后，自己待在我的房间里哭了起来。

可不是嘛！真是的，不公平！我怎么就没有妹妹跟我一起玩！

四、"喂！"

我 的哥们儿亚三在学校跟我说："我爸让人安了电话，今天晚上我给你打电话。"我跟他说："太帅了。"

电话响的时候我们正在吃晚饭。"又是谁？"爸爸说着把餐巾甩到桌子上。"是给我的。"我说。可爸爸没让我去接电话，一边笑一边站起来去接。他拿起电话说："喂？"然后他把听筒拿开一点，"别这么使劲嚷嚷！"爸爸说。我听出是亚三的声音，他说："喂！喂！是尼古拉吗？喂！喂！喂！"爸爸叫我过去，说我说得对，是给我的，还说让我跟伙伴说别这么大叫大喊的。我高高兴兴地拿起电话，因为我喜欢我的伙伴亚三，也是第一次在电话里听他说话，而且我很少接到电话。给我打电话的只有姥姥，她问我乖不乖，说我是她的大宝贝儿。她在电话里吻我，也让我吻她。"喂！亚三？"说真的，亚三叫的声音是挺大的，吵得我耳朵都疼了。然后我就像爸爸一样把听筒拿远一点。"喂！"亚三大叫，"尼古拉吗？喂！喂！""是我，亚三，"我说，"听见你说话真帅。""喂！"亚三还在大叫，"尼古拉？大点声说！喂！""喂！"我也大声叫，"你听得见吗，亚三？喂！""听见啦！真帅！现在我挂掉你再打过来！咱们好好玩！喂！"亚三说完就挂了。

"是亚三。"我回客厅跟爸爸解释说。"听见了！"爸爸说，"就你们两人这么个叫法，根本没必要打电话，不用电话你们也听得见。现在你老老实实坐下喝你的汤，马上要凉了。""就是，"妈妈说，"快一点，要不然我的烤肉火候就太过了。"结果电话又响了。

　　"喂？"爸爸说完又把电话拿开一点叫我。"是你的电话。"他对我说。我看他的脸已经不笑了。我拿起电话亚三就大叫："怎么回事，你倒是给我回不回电话呀？""嗯，我没法儿给你打，亚三，你没给我你的电话号码。"我跟他解释。"喂！"亚三还大喊，"什

么号码？喂！大点声说！""你的电话号码！"我也大声喊,"你的电话号码！亚三！喂！""够了！"这回是爸爸在大喊,"你们简直要把我逼疯了！赶快挂上电话来吃饭！""我要去吃饭了,亚三！"我又使劲喊,"再见！"然后就挂了。

饭桌上爸爸一点也不高兴,让我快快喝完汤,好让妈妈上别的菜,可我没法喝汤,因为电话又响了。我去接,爸爸也跟我过来,我从来没见过他那么生气,不得了。"马上挂掉电话,要不然就打你屁股！"他大喊。我害怕极了,就把电话马上挂掉。"怎么

着,你们来是不来？"妈妈问,"我可警告你们,烤肉还不算太晚。"电话又响了。

"喂！"爸爸大声喊,"浑小子,有完没完？"然后爸爸又张大了嘴巴,眼睛瞪得老大,慢慢说:"对不起,暮普先生……对,暮普先生,是尼古拉学校的一个小伙伴……对,就是因为这个所以……啊,刚才是您……当然……是……是……是,明天见,暮普先生。"爸爸挂上电话抹了一下脸。"好,"他说,"咱们去吃饭。"电话又响了。

"喂！"爸爸说,"啊,是你,亚三……"然后电话里有好多

337

噪音，爸爸变得满脸通红，他大声喊："不行！尼古拉不能跟你说话，他在吃饭……他用多少时间吃饭跟你没关系！……不许再这么大喊大叫的，别再来电话了，要不然我就去你家揍你屁股，懂了吗？好了！"爸爸说完就挂了。"我可不管，"妈妈说，"尼古拉

喝凉汤，烤肉也焦了。""那是我的错不成？"爸爸大声说。"总不是我在玩电话吧！"妈妈说。"这可真叫绝了，"爸爸说，"难道是我……"电话又响了。

是我接的电话。"放下电话！"爸爸大叫。"是你的电话，爸爸。"我跟他说。然后爸爸冷静下来说可能又是暮普先生，他的老板，有一份合同还没准备好，所以他特担心。"喂？"爸爸说，"谁？……亚三的爸爸？……啊？……晚上好，先生。是，我是尼古拉的父亲……什么？……我没权利威胁您的儿子？……那他有权利影响我吃饭？……哎，我说，您说话得有点礼貌！……您照我脸上擂拳头？我倒要看看呢！开什么玩笑！我哪天得教教您怎么有礼貌尊重人……就是我，没错！"爸爸"砰"的一声把电话摔上了。"好了，现在肉不仅烤焦而且也凉了。"妈妈说。"活该！不关我事！反正我也不饿了！"爸爸大叫。妈妈哭了起来，说这太不公平了，她应该听她母亲的话（就是我姥姥），说她特不幸。

"可是，可是，可是，"爸爸说，"我到底说什么了，我！""我要给我妈打电话说我跟尼古拉要回她家。"妈妈说。"别再跟我提打电话的事！"爸爸大叫。这会儿门铃响了。

是亚三的爸爸站在门口，他来得很快，因为亚三就住我们家附近，可帅了。"您再说一遍！"亚三的爸爸说。"再说一遍什么？"爸爸说，"说您的浑小子打电话搅得我不得安宁？""我还真不知道我安电话需要经过您的批准。"亚三的爸爸说。然后电话响了，爸爸笑起来。"好吧，"爸爸跟亚三的爸爸说，"您自己去听您儿子是怎么大喊大叫的。"亚三的爸爸就接了电话，他说："喂？亚三？……谁？……不是！"然后他就挂了。"根本不是他，"亚三的爸爸说，"我过来就是要告诉您，如果您再威胁我儿子，我就去告警察！再见！"亚三的爸爸说完就走。我爸爸问他："哎，刚才电话是谁打来的？""我不知道，"亚三的爸爸说，"您的朋友吧，叫什么暮的。反正不是我儿子。"然后他走了。

后来家里一点事也没有了，爸爸吻了妈妈，跟她说喜欢吃烤

过头的肉。妈妈说是她不好，说再给我们做火腿鸡蛋。我吻了爸爸和妈妈，大家都高兴了。

可惜亚三再也不能给我打电话了，因为我爸拔掉了我家的电话插头。

五、看电影

妈妈看了老师在我的本子上的留言："本月尼古拉比较听话。"

"得奖励他一下。"妈妈对爸爸说。爸爸在我头上拍了拍说："很好，儿子。很好，儿子。"然后他就接着读报。妈妈说怎么回事，光表扬一句是不够的，要鼓励我得带我去看电影。我可高兴了，因为我家附近的电影院现在放六部动画片和一部讲牛仔的电影，叫《废弃的神秘金矿》，招贴画上说这部电影很不错。

我爸不太想去看电影。他叹了两三大口气说他很累，说他工作了整整一个星期，现在想在家呆着。妈妈说他可能说得没错，但他在家可以趁机把车库的大门漆一下。爸爸合上报纸，抬起头来很奇怪地看着天花板，好像怕房顶掉下来似的。"好吧，"他说，"我去看《废弃的神秘金矿》。"我吻了爸爸，妈妈就高兴了。大家都高兴。

吃饭时间显得特长，而且我也不饿。我和爸爸穿上漂亮的外衣，最后终于到了电影院。我看见班上好几个伙伴正在排队。乔方是牛仔打扮。他爸爸可有钱了，给他买所有他想要的东西。乔方每次看电影都要穿不同的服装。上一次看火箭上月亮的电影，

341

他就穿了一套火星人服装，头上还戴着潜水用的头盔一样的东西，中间休息的时候都没摘下来吃冰激凌，后来他戴着戴着就不舒服了。我不知道看人猿泰山的时候他会穿什么衣服，可能会扮成猴子吧。

爸爸买完票我们就进去了。我跟爸爸说去坐第一排，因为那儿听得清楚而且图像也更大。爸爸不愿意，他想把我拉走。但是灯灭了，领座员让爸爸快一点决定坐哪儿，因为她还要给别人领座。

坐第一排的我爸是唯一的大人，他旁边是亚三，就是老吃东西的胖家伙。

前面的六个动画短片演完了，休息的时候爸爸说头有点疼而且眼睛也不舒服。

我们去买了两个冰激凌，我一个（巧克力的），爸爸一个。亚三买了四个，好一直坚持到电影演完。

灯灭了以后，《废弃的神秘金矿》开始了。真棒！有一个全身穿黑衣服的人，眼睛上蒙着黑手帕，骑着一匹黑马。这人杀死了一个淘金老头儿，老头儿的女儿就哭了。然后全身穿白衣服的郡长，脸上没蒙黑手帕，发誓要找到穿黑衣服的人。还有一个有钱的银行家，他想在淘金老头儿死了以后夺走金矿。

刚演到这儿，爸爸回头跟坐在后面的小孩儿说别老踢座椅。

"少影响我儿子看电影！"黑地里听到爸爸身后一个很粗的声音说话。"您要是跟他说，别让他把我的脊椎踢散架，我就可以不理他！""我要让您的脑袋散架，这么着我儿子就能看电影了。这么大个人怎么会想着坐第一排！""是吗？"爸爸说着站起来。"我的冰激凌！"亚三大叫。爸爸站起来的时候碰翻了亚三放在坐椅扶手上的两个冰激凌（一个香草的和一个草莓的），掉到了爸爸的衣服上。大家都叫起来："安静！""开灯！"然后我们又听到爆炸声，是乔方打了几声气枪。亚三叫郡长还他的冰激凌。粗嗓门的先生在黑地里说爸爸偷吃孩子们的冰激凌。我们玩得特开心。

可惜的是，领座员带了两位先生过来了，我们只好跟他们出去了。亚三跟着我们一直到我家，他想把爸爸身上的冰激凌捞起来吃掉。爸爸显得特累。

这天晚上睡觉之前像平常一样，我特别渴，我叫爸爸给我倒杯水来。可爸爸没理我，我就自己下楼。我看见爸爸穿着睡衣坐在客厅里。

他正给电影院打电话，问银行家是不是就是穿黑衣服杀死淘金老头儿的人。

六、爸爸的生日

妈妈昨天跟我说："明天就是爸爸的生日了，咱们要好好庆祝一番。他下班回家以后，咱们假装忘了，然后给他一个惊喜。先给他礼物，然后贝杜先生会带一瓶香槟酒来。是贝杜先生出的主意。"

所以今天早上，我听妈妈的话没跟爸爸说生日快乐。我们吃早饭的时候，爸爸看了看日历说："今天是几号来着？"然后又说："人越活越老。"然后他问妈妈今天有什么特殊事情。妈妈说没有，然后问他还要不要咖啡。爸爸站起来，说他没时间，就走了。他看起来不太高兴。

爸爸走了以后妈妈笑了。"今天晚上爸爸就该高兴了，"她跟我说，"他以为咱们把他的生日忘了呢！"然后妈妈把她给爸爸买的生日礼物给我看，是一条特帅的领带。我妈妈她买的礼物真棒！领带也特棒，黄色的底上面是小小的玫瑰花。妈妈经常给爸爸买领带，可他根本不戴。这些领带太漂亮了，他肯定怕把它们弄脏了。

妈妈说我也该买个礼物给爸爸，所以上学之前我上楼看看我的储钱罐里还剩多少钱，因为我攒着钱等着将来长大买飞机。可

我上星期买了好多东西，所以剩的钱不多了，没法买我们两个都喜欢的电动火车。

在学校里，这一天过得特慢，因为我特着急回家庆祝生日。回家的路上我给爸爸买了礼物，一盒糖，红色的，我把我的钱都花光了，不过爸爸会高兴的。有妈妈的领带和我的糖果，他会过一个特棒的生日。

我到家的时候，贝杜先生已经把他的车停在了我家门口。贝杜先生就是我家的邻居，他喜欢跟我爸闹着玩，可他也喜欢我爸，你看他不是出主意给爸爸庆祝生日吗？"我刚买了一些花彩，"贝杜先生对我说，"你帮我拿着盒子，我去拿两瓶香槟酒。""您可真是太热心了，贝杜先生。"我们进家门的时候妈妈说。"我来装饰饭厅。"贝杜先生说，"保准您喜欢。"他可真帅，贝杜先生。而且香槟可好喝了，起盖子的声音更好听，"嘭！"

　　贝杜先生去找来梯凳然后就在吊灯上挂花彩，花彩是好多颜色的亮纸做的，像包巧克力的纸，可贝杜先生干活不太像样子。"您要摔下来的，贝杜先生。"我跟他说。"你可真是你父亲的儿子，"贝杜先生说，"别说傻话，把剪子递给我。"贝杜先生俯下身子，我刚来得及闪开，他就摔下来了。好在不很严重，只摔到了膝盖。他"哎哟哎哟"了几声就又上梯凳去挂花彩。"怎么样，不错吧？"贝杜先生揉着膝盖说。他对自己很满意，他满意得有道理，要说是真的特好——包巧克力的花纸和桌上的香槟酒。

　　"当心，他来啦！"我从窗户里看见爸爸正把车停在贝杜先生的车后面，因为停车位不大，所以我们还来得及准备其他东西。"好，您和尼古拉，你们去门口接他，就像什么事都没有似的。我留在饭厅，你们把他带过来，然后咱们一齐说'给你一个惊喜'和'生日快乐'！你们把礼物给他，然后咱们就喝我带来的香槟。好不好？""好！"妈妈说。我把糖盒放在口袋里不让他看见，妈妈把领带藏在身后，贝杜先生把饭厅的灯关了。结果他又叫起来："哎哟！哎哟！"可能是他看不见，又撞上什么东西了。妈妈叫他别弄出太大的声响来，因为爸爸马上就要进门了。

　　我和妈妈在门口等他，结果等了好长时间，我有点不耐烦了。"别乱动，"妈妈跟我说，"这下准是他！"

　　爸爸打开门进来，看起来他有点生气。"简直不可思议！"他大声叫唤，"这大胖子贝杜把他的老破罐头车停在咱家门口。他自己不是有车库吗？我简直烦透了这家伙，太放肆了！"妈妈看了看饭厅那边，有点担心。"亲爱的，别说了，贝杜先生他……""什么？贝杜先生？"爸爸又吵吵起来，"他怎么啦，贝杜先生？"结果贝杜先生从客厅里出来了，一只胳臂底下夹着一瓶香槟酒，他好像也生气了。

"我的汽车，"贝杜先生说，"不是什么老破罐头，我也不是什

么大胖子。我的香槟我拿走了。至于生日，你另选日子吧，你还得赔我看膝盖的钱。"贝杜先生拿着他的香槟一瘸一拐地走了，看来他刚才碰的是同一个膝盖。

爸爸瞪大了眼睛还张大了嘴，好像要吞掉什么大个儿东西似

的。"生日快乐！给你一个惊喜！"我大声说。我已经忍不住了，然后我把糖盒给他。可妈妈没给他领带，她坐到一个扶手椅里哭了起来。她说她很不幸，说她妈妈说得对，还说如果没有孩子她早就回娘家了。爸爸手里拿着糖盒说："可我，可我……"妈妈还是不高兴，爸爸就把我领到饭厅里。"孩子，生活是复杂的。"爸

爸对我说。然后我们一起坐在贝杜先生的巧克力花彩底下吃糖。

　　好在第二天就都没事了，爸爸的生日也过得很好，因为爸爸给妈妈买了一件礼物。

七、好玩的笑话

天课间休息的时候，若奇给我们讲了一个特棒的笑话，是他在邮局的叔叔马夏吃中饭时给他讲的。这笑话可逗人了，我们大家都使劲笑来着，连科豆都笑了，他是后来让我们给他解释的。若奇特得意。我也特高兴，我要回家讲给爸爸妈妈听，因为我喜欢讲逗乐的笑话。然后爸爸妈妈也会笑个不停，尤其是爸爸。今天晚上我们可要好好地笑一笑。

可惜我不会讲很多笑话，有时候我讲了开头老忘了结尾。可这一次因为笑话实在太好玩了，我就一直讲，上课的时候也是。幸亏老师没提问我，因为我根本没听她在讲什么，老师可不喜欢我们不听讲。

放学以后，我们哥儿几个没像往常一样多呆，大家都跑回家去了。因为我想谁都想赶快把这个笑话讲给家里人听。我一边跑一边笑，因为我一想到爸爸妈妈听了以后要笑我就想笑。若奇叔叔的笑话可真棒！

"妈妈！妈妈！"我一进门就大叫，"我有个笑话要讲给你听！我要讲笑话！"

"尼古拉，"妈妈说，"我跟你说过多少次了，别像野孩子似的

大叫大嚷地跑进家门。现在去洗手，然后来吃点心。"

"我要给你讲笑话，妈妈！"我还大叫。

"你一会儿到厨房来讲给我听，"妈妈对我说，"去吧，去洗手！"

我只好去洗手，为了快一点就没用肥皂，然后又跑进厨房。

"洗完了？"妈妈说，"好，喝奶吃果酱面包。"

"笑话呢？"我说，"你说好让我在吃点心的时候讲的。"

妈妈看着我，说好吧，说让我给她讲这个可笑的故事，但别把面包渣掉到地上。好了，我特快地一边笑一边讲，我一讲笑话就着急讲完，好逗人家乐。结果我停下来喘了好几次气，有一个地方还讲错了，不过我又改正了。最后妈妈对我说：

"很好，尼古拉。现在吃完点心去上楼做作业。"

"我的笑话没把你逗乐。"我说。

"乐了，乐了，"妈妈说，"这笑话很好玩。你快一点。"

"不对，"我说，"你没笑，这笑话可帅了。你要是愿意，我再讲一遍。"

"尼古拉，不许再闹了！再说最后一次，我跟你说，这个笑话让我笑来着。"妈妈大声说，"好啦！不许再吵吵，要不然我生气了！"

这可真不公平，我哭了起来。因为，可不是嘛，真是的，人家讲了也没人笑，还讲什么笑话！妈妈看着天花板摇头说"没办法"，然后叹了一大口气对我说：

"尼古拉，你还给我耍脾气？我跟你说我笑了就是笑了，而且大笑呢。我从来没听过这么好笑的笑话。"

"真的？"我问。

"当然是真的，尼古拉。"妈妈说，"这个笑话真的是特别特别好笑。"

"那爸爸回来我能给爸爸讲吗？"我问。

"是要给他讲，"妈妈说，"他最喜欢笑话了，这么好的笑话他更喜欢。好了，现在，亲爱的，上楼去做作业，别把家里搞得闹哄哄的。"

妈妈吻了我，我就上楼去做作业。可我着急给爸爸讲笑话，我一听见大门响就跑下楼，扑进爸爸的怀里吻他。

"好，好！慢慢儿的，"爸爸笑着对我说，"我又不是从战场上回来，也就是过了累人的一天而已！"

"我有个笑话要讲给你听！"我大声说。

"好极了，"爸爸说，"那你等一会儿再讲，我得先到客厅里读读报。"

我跟着爸爸走进客厅，他坐进扶手椅打开报纸。我问他：

"你想听笑话了吗？"

"嗯？"爸爸说，就好像我跟他说话他没听似的，"好，小儿子，好。咱们吃饭的时候你再讲吧，到时候咱们好好笑他一笑。"

"不等吃饭的时候！就现在！"我大叫。

"不行，尼古拉，不行的，"爸爸对我说，"我求你让我安静呆一会儿！"

我在地上使劲踢了一脚就飞快地跑上楼了。我听见爸爸说：

"怎么回事，他这是怎么啦？"

妈妈进来的时候我正趴在床上哭。

"尼古拉。"妈妈说。

我把身子转过去冲着墙。妈妈坐在我的床上摸着我的头发说：

"尼古拉，亲爱的，爸爸刚才没听明白。我现在跟他解释清楚了，他等着你给他讲笑话呢，他肯定会笑的。"

"我不给他讲了！"我大叫说，"我这辈子再也不讲了，跟谁

356

也不讲！"

"那好吧，"妈妈说，"既然如此，那我就来给他讲这个好玩的笑话。"

"不行，那可不行！"我嚷嚷，"我给他讲！"

我跑下楼，妈妈笑着回到厨房。客厅里爸爸看见我就把报纸放在膝盖上对我说：

"怎么，小家伙，来给我讲这个好笑的故事吧，咱们也来笑一把！"

"好，"我说，"有一只老虎在非洲森林里走着……"

"不在非洲，我的小儿子，"爸爸说，"是在印度。非洲没有老虎，是在印度。"

我大哭起来，妈妈从厨房里跑了出来。

"又怎么啦？"她问。

"我的笑话，"我哭着说，"爸爸他已经听过了！"

我又哭着跑回我的房间，爸爸和妈妈吵了起来。吃晚饭的时候谁都不说话，因为大家都在赌气。

老虎就跟他们说……

八、爸爸病危

天早上我特难过，因为我爸爸病得很厉害，他得的是感冒。

爸爸打电话给办公室说他这几天不能上班，然后他跟妈妈说在家休息几天也好。妈妈说他说得对，健康是绝对重要的。

她还跟他说这几天他可以趁机把车库的门漆一下，爸爸说他真的很不舒服。妈妈就说："好吧，那算了。"爸爸听完这话看起来就好多了。

今天正好是星期四，我不上学。妈妈跟我说要乖，别跟爸爸捣乱，他需要休息。爸爸在家我特高兴，就算是得了感冒。我答应妈妈一定好好照顾爸爸。

我高兴还因为我有一道特难的算术题要做，爸爸在算术方面比我强。可我拿着我的本子和书去找他的时候，爸爸根本不想帮我。他说他像我这么大的时候，他都自己做作业，他爸爸从来不帮他，就这样他也是全班第一名，后来才找到好工作。我听完就大哭起来。妈妈从厨房赶过来看看出了什么事，她知道以后就跟爸爸说，好歹做出点努力帮帮小家伙。小家伙就是我。爸爸说他正病危，而家里人根本视而不见。我不太知道什么叫病危，我觉

359

得就是感冒的意思。

我出门到花园里一个人哭，因为家里爸爸妈妈正大声说话，谁都听不见谁。我们的邻居贝杜先生看见我哭，就问我怎么回事。我说我爸爸正在病危他不想帮我做作业。贝杜先生脸变得煞白，看起来他觉得感冒很可怕，我还没来得及告诉他爸爸的病危不是很严重，也就是鼻子红一点，结果贝杜先生已经跳过树篱去按我家的门铃了。

妈妈打开门，贝杜先生哭了。"还有希望吗？"他问，"你们为什么不早点告诉我？太不幸了！"

"你是怎么回事？"爸爸从客厅走过来，贝杜先生不再哭了。他看看爸爸又看看我然后就生气了。"我觉得这种玩笑开得太过火了！让你背运倒霉活该！"贝杜先生他大叫着说。"你没毛病

吧？"爸爸问他。贝杜先生就跟他说这种事不能开玩笑的，还说太丢脸了，说反正即便是真的也没什么大损失。然后他就跳回他家的花园去了。"他最好去看看医生。"爸爸说，然后他让我回家，因为他怕我也得上病危。

回家后，妈妈说爸爸同意帮我做作业。我们就在客厅里坐下来，爸爸开始看那道算术题，就是好多浴缸和水龙头的事。我真想帮爸爸做，因为看样子他做起来好像也不那么容易。妈妈来了，说既然他在算题，不如顺便把家里的账算一算，因为好长时间一直拖着，然后她拿来好多上面有算术题的纸。"要算这些东西非得把我累死才行，"爸爸说，"而且这间客厅里的灯光不足！"妈妈说可不是，说他还得把客厅的插头修一修才行。爸爸在我的作业上搥了一拳头，说"不行"，说他需要休息，说了好多遍"不行"，然后妈妈就又跟他说话。

爸爸正坐在客厅的地上修电插头，电话响了。他站起来拿起电话，刚说了一声"喂"，就冲厨房大喊："来接电话，是你妈！""你妈"就是妈妈的妈妈，就是我的姥姥。

"喂，妈妈，"妈妈说，"你好，是，他今天在家……不是，没什么严重的，就是感冒……不用，不用叫医生……什么？不是，妈妈！卡路先生不是死于感冒，是肺炎，而且他当时也有89岁了……等一下，我记下来……"妈妈在纸上写了什么。然后像每次姥姥打电话一样，我接电话。我说我很好，她说我是她的小宝

贝，然后她让我给她飞吻，我就在我们的电话里飞吻，姥姥就在她的电话里飞吻。我喜欢她，我的姥姥。

我挂电话以后，看见爸爸不那么高兴。"她跟你说什么了？"他问妈妈。"她说要我给你吃加了维他命的波哥莫多波，说是立马见效。""我绝对相信，"爸爸说，"可我就是不吃！"然后妈妈就哭了，说她可怜的妈妈说来说去都是为了爸爸好，说她要回娘家去。爸爸说："好，好，好。"妈妈去附近药店买药，爸爸又接着修插头，弄出好多火星子。

妈妈给爸爸吃了一大勺药，"呸！"爸爸不喜欢。他没修好插头，又试着做我的算术题。药可能真是不好吃，因为爸爸时不时"呸"一下，好像比刚才还病得重了，可怜的爸爸。爸爸正在弄我的水龙头算术题，妈妈过来对他说得把厨房的水龙头修理一下，因为关不紧。我觉得特好玩，我爸可不觉得好玩，他一边去厨房一边还"呸"。

爸爸回客厅的时候已经换了衣服，因为他拆下水龙头时水溅了他一身，水龙头虽然关不紧，但流起来没问题。妈妈说得叫一个管工来修理一下，因为现在水龙头一点也关不上了。爸爸看起来累得要命，我觉得他的感冒可能比刚才更严重了。

门口有人按铃，爸爸去开门让姥姥走进来。这真是帅极了，意外惊喜！我和妈妈都吻了姥姥，爸爸站在门边瞪大眼睛看着我们。"别这么大惊小怪的，女婿。"姥姥说，"我是来给你治病的，我要给你打一针。""不要！"爸爸大叫起来，"去您的什么针，整个一个拉瓦亚克（暗杀法国国王亨利四世的刺客。——译者注）！"我以后得问问妈妈拉瓦亚克是什么东西。但是他说的话让姥姥和妈妈都不高兴，她们两人都大叫起来。妈妈说这回决定了，她要回娘家。可姥姥不想回她家，所以爸爸只好同意给他打针。

爸爸和姥姥从他房间里出来的时候，好像走路有点困难。姥

姥可帅了。"你一会儿就会觉得好起来,"她说,"这是立马见效的。如果刚才打针的时候你没动,应该一点也不疼的。吃完饭,我再给你拔罐子,也是立马见效的。"

可姥姥没能给爸爸拔成罐子,因为吃完饭爸爸就上班去了。

他说目前的情况不允许他继续在家呆着。

第八集　外出度假

一、外出度假

我 和爸爸妈妈要外出度假了，我们都特别高兴。

我们帮助妈妈把家里收拾干净，到处都蒙上了白单子，这两天我们都是在厨房里吃的饭。妈妈说："走之前必须把所有的东西都吃光。"我们就只好吃肉菜烩什锦，一共有六个罐头，爸爸不喜欢吃。我到昨天晚上之前还喜欢，可是等我知道还有两个罐头的时候，中午吃一个晚上吃一个，我就有点想哭了。

今天我们要整理行李，因为明天早上6点钟我们就要起来赶火车。

"这一次，"妈妈说，"咱们可不能再大包小包带东西了。"

"你说得太对了，亲爱的，"爸爸说，"我再也不想拖着捆得不结实的包包来回折腾了，咱们最多带三件行李！"

"对，"妈妈说，"咱们带上棕色箱子，虽然不太好关，但拿绳子捆一下应该没问题；还有大个蓝箱子和艾维姨妈的小箱子。"

"就这么办。"爸爸说。我觉得大家都能有一种意见挺帅的。可不是，每次出门旅行，我们总带着大包小包，结果有用的东西没带上。有一次就忘了装煮鸡蛋和香蕉的包，特麻烦，因为我们不在餐车吃饭。爸爸说那儿老吃一样的东西，老是小牛舌头和烤土豆片。所以这次我们还是不去餐车吃饭，所以要带上煮鸡蛋和香蕉。这些都好吃，不过包厢里的人会不高兴，因为我们会剥出好多蛋壳和果皮。

爸爸到地下室去取关不好的棕色箱子、大个蓝箱子和艾维姨妈的小箱子。我上楼去收拾我度假要带的东西。我跑了三次，因为有壁橱里的、抽屉里的和床底下的玩具，所以很多。我把东西都放在客厅里等爸爸上来。我们听见地下室发出好多声音，然后爸爸就拿着箱子上来了。他全身都脏脏的，很不高兴。

"我真不知道为什么老把大木箱子放在我要拿的手提箱上面，为什么地下室要放好多煤，为什么灯老是坏。"爸爸他这么问，然后他就去洗手。

爸爸回来的时候看见我在客厅堆的东西脾气就变得特别坏。

"这都是些什么乱七八糟的东西？"我爸他大叫起来，"你总不能带上你的玩具熊、汽车、足球和你的积木去度假吧，啊？"

我哭了起来，爸爸气得除了白眼球满脸通红。他说："尼古拉，你知道我不喜欢你这样。"还说不许再胡闹，要不然就不带我去度假。我又大声哭起来。可不是嘛，真是的！

"没必要冲着孩子吼吧？"妈妈说。

"如果这孩子还继续跟马利亚（《圣经》里悔过的女罪人。——译者注）似的痛哭流涕，我就还冲他吼。"爸爸说。他说的马利亚让我觉得挺好玩。

"我觉得把你的气往孩子身上撒不太公平。"妈妈很轻很轻地说。

"我没往他身上撒气，我只要求孩子安静下来。"爸爸说。

“你太不像话了！一点没有诚意！”妈妈这回大叫起来，“我不能允许你拿这孩子当出气筒！”妈妈还大声叫。

我又大哭了起来。

“怎么啦？你这会儿又哭什么？”妈妈问，我跟她说因为她对爸爸不好。妈妈就把手往天花板伸了一下，然后去整理她的东西。

我跟爸爸商量该带些什么东西，我把毛毛熊、铅士兵和三剑客的服装还给了他；他同意我带两个足球、积木、滑翔机、铲子、桶、火车和长枪。我过一会儿再跟他说自行车的事。爸爸上楼到他房间里去了。

我听见爸爸妈妈房间里有大喊大叫的声音，我去看看他们是不是需要我。爸爸正问妈妈为什么要带毯子和红色鸭绒被。

“我跟你说过布列塔尼夜里是很冷的。”妈妈跟爸爸说。

“就我交的那些钱，”爸爸说，“旅馆怎么也会同意给我加一床被子。而且是布列塔尼的旅馆，他们应该知道这一点，就是说夜里冷这件事。"

"可能吧，"妈妈说，"可我想知道你一定要带的那根长钓鱼竿放哪儿，而且我也不知道你拿它干什么。"

"为了在海里钓些海货，好坐在沙滩上铺上毯子吃烧烤。"爸爸说。

然后他们就把这些东西都拿下楼。

"你知道我怎么想吗？"妈妈说，"我看要带这么些毛衣和毯子不如别带棕色箱子，还不如带只有一个把手的木箱子。"

"看来你说得对。"爸爸说。

他去拿木箱子，装毛衣挺好的，可钓鱼竿不管是拆了还是斜着，都放不进去。

"没关系，"爸爸说，"我自己拿着钓鱼竿，卷上报纸。既然带上木箱，就不用大蓝箱子了，拿上洗衣筐，里面装上尼古拉的玩具和海滩用品。"

"对，"妈妈说，"火车上吃的饭咱们放包里或者篓子里。我想带煮鸡蛋和香蕉。"

爸爸说这是个好主意，说他什么都吃，只要不是肉菜烩什锦就行。其他的东西我们放在那只大绿箱子里，里面放着爸爸的旧大衣。然后妈妈拍了一下脑门，说她差点忘了海滩上用的长椅。我也拍了一下脑门，说我差点忘了我的自行车。爸爸看着我们好像也要给我们脑门上来一巴掌似的。然后他说好吧，既然这样他就带上野餐用的篮子和所有用具。我们都同意，爸爸就高兴起来了。

既然大家都没有意见，我们就到客厅去帮妈妈捆行李。爸爸把关不上但用绳子捆一下也能用的棕色箱子、蓝色箱子和艾维姨妈的小箱子拿到地下室去了。

二、"上车！"

火车站上有人在大喊："上车！当心火车开动！"火车发出"嘟——"的声音。然后我特高兴，因为我们外出度假，可帅了。

一切都很顺利。为了赶火车我们是早上6点起床的，爸爸去叫出租车。他没叫到，我们只好乘公共汽车，带着那些大包小包，特好玩。火车站有好多人，我们刚上车火车就开了。

我们在车厢的过道里数了一下行李，没找到爸爸的钓鱼竿，好在没丢。爸爸刚跟检票员说完车站上净是小偷、简直丢人，说你们等着瞧，妈妈就想起来，说把钓鱼竿忘在家里了。然后我们就去找爸爸订的包厢。

"是这儿。"爸爸说完就进了包厢，正好踩着一位老先生的脚，他正坐在靠门的椅子上读报。"对不起，先生。"爸爸说。"哼！"那位老先生说。

让爸爸不高兴的是，当时他订票时要靠窗的座位，结果我们根本不靠窗。"这可不行！"爸爸说。他又跟门口那位老先生道了歉，出门到过道里去找检票员，就是跟他说钓鱼竿的那个。"我预订的票是靠窗口的。"爸爸说。"我想应该不是。"检票员说。"那

374

您的意思是我说瞎话。"爸爸说。"我没这么说吧？"检票员说。我哭了起来，我说如果我不能挨着窗口看外面的奶牛，那还不如下火车回家算了。可不是嘛，真的。"嘿！尼古拉，你要是不给我老实点，屁股上可要挨揍！"爸爸大声说。这可太不公平了！我放声大哭，妈妈给了我一根香蕉，她让我坐在那个老先生的对面，靠过道的窗口，说那边才有最好的奶牛。爸爸还想跟检票员吵架，结果没吵成，因为检票员已经走了。

爸爸把东西收进网兜坐在老先生的旁边——妈妈的对面。"我想吃点东西。"爸爸说。"煮鸡蛋在蓝包里，那儿，就在箱子上面。"妈妈说。爸爸站在坐椅上拿下来一个放了好多煮鸡蛋的包。"盐在哪儿？"爸爸说。"盐在棕色旅行包里，洗衣筐下面。"妈妈说。爸爸犹豫了一下，说不要盐了。那位老先生在报纸后面叹了口气。

然后我就看见奶牛了，好多好多！"快看，妈妈！"我大叫，

"看奶牛！""尼古拉，"妈妈对我说，"你把香蕉掉到这位先生的裤子上了，当心点儿！""没关系。"老先生说，他看报看得可真慢，因为自从火车开了以后，他一直没翻页。香蕉没戏了，反正也就剩下一点点，没关系。我开始剥煮鸡蛋，我把鸡蛋皮放在我的座位底下。老先生把脚收回放在他自己的座位下面。不知道他怎么想的，因为把脚这么放着旅行肯定不舒服。

开始坐火车的时候我还喜欢，往后就没劲了，那么多电话线上上下下的，老这么看眼睛都看疼了。我问妈妈是不是快到了，妈妈说还早，说亲爱的睡一觉。可我不困，我就决定口渴。"妈妈，我想喝汽水。"我说。过道那边正好有售货车。

"闭上嘴睡觉。"妈妈说。"不过，"爸爸说，"我倒也挺想喝点什么。"爸爸就对老先生说声对不起去买汽水。他来回跑了两次，因为他忘了拿吸管。用吸管在瓶底吹泡泡可好玩了。

然后就听见有人在敲包厢的门，是检票员来检票。爸爸又站到坐椅上去找他放在雨衣里面的票。是妈妈让他带雨衣的，听说我们去的布列塔尼有时候会下雨。"我不知道您是否有必要经常打搅乘客。"爸爸把票从上面拿下来递给检票员说，又把老先生的帽子从地上捡起来。

我开始不耐烦了，外面除了奶牛和绿草地没有别的可看，爸爸看起来也不很开心。"咱们上车前应该买几本杂志。"爸爸说。"要是从家里出来得再早一点，也许还来得及。"妈妈说。"你这是什么意思？"爸爸说，"照你这么说，人家以为是我把钓鱼竿忘在家里的！""我真不知道钓鱼竿跟这事有什么关系。"妈妈说。"我要看画报！"我大叫。"嘿，尼古拉，我刚才说什么来着！"爸爸也大叫。我正想哭出来，妈妈问我要不要吃香蕉。那位老先生快快地递给我一本杂志。可帅了，封面上是一位戴了好多奖章一样东西的先生和一位头上戴了奇奇怪怪首饰的太太，好像他们要结婚，那可好极了。"你该说点什么？"妈妈问我。"谢谢先生。"我说。"你看完以后给我看吧？"爸爸对我说。老先生看了看爸爸然后把报纸给了他。"谢谢先生。"爸爸说。

老先生闭上眼睛睡觉，可他老得睁开眼睛，因为爸爸先去过道抽烟，后来又去问检票员是不是18点16分到，然后又问卖汽水的人有没有火腿三明治，结果只买了奶酪三明治。我也出去了好几次跑到车厢的尽头，然后我看完了杂志就叫醒老先生还给他。爸爸呲儿我，因为有一块奶酪粘在了要跟浑身首饰太太结婚的满身奖章军人的领带上。

然后听见检票员大声喊："布鲁盖斯台克，停站两分钟，换乘圣港游船的旅客请下车！"老先生站起来，拿起他的报纸和压在我们棕色箱子下面的手提箱就下车了，他戴着皱巴巴的帽子真好玩。

"好啦！"爸爸说，"我们终于可以安静下来了！有些人外出旅行一点都不考虑别人。你没看见这老家伙一个人占了多少地方！"

三、西班牙之旅

今天下午本甘先生请我们到他家去喝茶。本甘先生是爸爸单位里的会计，他有个太太叫本甘太太，还有一个儿子叫果旦，他跟我一样大，也还挺帅的。我们——我和爸爸妈妈——到他们家的时候，本甘先生说喝完茶他要给我们看一样东西，就是他们去西班牙旅行时拍的照片。

"我昨天才取回来，"本甘先生说，"洗照片时间还挺长的，就是透明的可以打到屏幕上看的。你们看好吧，大多数都不错。"

我挺高兴的，因为能在屏幕上看照片肯定很好玩。虽然比电影还是差了点，像那天晚上我跟爸爸一起看的牛仔电影，里面有好多牛仔。看照片也应该挺好玩的。

茶点很好吃，有好多小点心，我吃了草莓、菠萝、巧克力和杏仁点心，可我没吃成樱桃的，因为妈妈说如果我继续这么吃下去会生病。这可让我挺惊讶的，因为吃樱桃一般来说我从来不会生病。

吃完茶点，本甘先生拿来一个放照片的仪器和像电影院一样又亮又帅的屏幕。本甘太太关上了百叶窗，好让房间里暗一点。我帮着果旦把椅子放在屏幕前面。然后我们都坐下来，本甘先生站在仪器和好多照片盒子后面，关上灯就开始了。

我们看见的第一张照片是本甘先生的汽车，有好多特帅的颜色，本甘先生只有一半在照片上。

"这是我们出发的那天我照的第一张照片。镜头没对好，因为我有点烦。算了，还是别提了吧。"

"不行，还是得说一说。"本甘太太说，"出发之前印象太深刻了！你们看见埃多的样子了吧，他就这么冲着所有的人大喊大叫！他还使劲摇晃果旦，说是他耽误了大家的时间！"

"你总得承认，"本甘先生说，"你儿子这傻小子存心找不到他的帆布鞋，结果我们差点没能像预计的一样，天黑之前到达佩皮尼昂过夜！"

"反正，"本甘太太说，"看见这张照片就让我想起我们出发那天的事……真不可思议！你们知道……"

"还是我来说吧！"本甘先生笑着大声说。

他跟我们说当时果旦哭着，本甘太太不高兴，他就这么急急忙忙地开起来，也没看看路上有没有别的车。结果刚好一辆大卡车从右边开过来，本甘先生及时刹住了车，但还是把挡泥板撞坏了。

"那卡车司机把我臭骂了一通，"本甘先生擦着眼睛说，"结果所有的邻居都跑出来站在门口看出了什么事！"

等我们笑完了，本甘先生就给我们看一张饭馆的照片。

"你们看见这家饭馆了吧？"本甘先生说，"千万别去！极不卫生！而且宰人！……"

"你们知道吗？"本甘太太说，"鸡都没煮熟，咬不动！这可是我们旅行的第一次餐饮，可真是绝了！可怕！"

然后我们看见一种云彩一样的东西。

"这个，"本甘先生说，"是果旦对我形象的描绘！我还跟他说照的时候手别动！"

"可不是，"本甘太太说，"他刚要按快门的时候你冲他大吼了一声，可不是嘛，他肯定吓得一哆嗦！"

"你想象一下，"本甘先生对爸爸说，"我们一路上果旦嚎啕大哭，康莉一直给我脸色看……啊！这次旅行印象太深刻了！"

然后我们看见一张果旦正在笑的大照片。

"这张是我照的，"本甘太太说，"埃多正在换车轮，第一次爆胎。"

本甘先生放另一张，我们看见一座旅馆。他们说这是佩皮尼昂的一家旅馆，一点也不好，所以不能在这儿住，反正本甘先生不想在这家旅馆住。可是因为本甘太太和果旦的原因，还有车轮爆胎耽误了时间，结果所有佩皮尼昂的好旅馆都住满了。

然后我们看见一条好多坑的大路。

"这个，老伙计，"本甘先生对爸爸说，"这就是西班牙的路。简直不可思议，咱们老是抱怨自己家不好，可一去别人那儿，还是觉得自己家好。最可笑的是，你跟他们这么说的时候，他们可不高兴！就这条路上，我的车轮一共爆了三次！"

然后我们又看见一张果旦笑的照片。

然后屏幕一下子变蓝了，本甘先生跟我们解释说这是西班牙的蓝天，说老是这个样子，没有一点云彩，可棒了。

"就这么看着你照的特棒的蓝天，"本甘太太说，"都让我口渴得慌，热得要命！……汽车里就别提了，像个火炉！"

"我想，"本甘先生说，"你最好忘记这一段，还是别跟外人说了。"

本甘先生跟我们解释说本甘太太和本甘太太的儿子在车上特不像话，因为他们老想停下来喝点什么，说如果他听了他们的话，这会儿没准还在西班牙境内呢。

"什么呀！"本甘太太说，"还使劲开呢，拍完这张照片两公里以后，汽车就抛锚了，结果汽车修理行晚上才来人！"

本甘先生给我们看了一张正笑着的汽车修理工的照片。

后来的好多照片就是沙滩。最好别去那儿，因为人太多，而且本甘太太就是在那儿晒得太厉害，不得不去看医生的。我们看见一张正笑着的医生照片。另外一张是在餐馆里，本甘太太吃了什么油就生病了。另外一张路上塞了好多车。

"回家的路上真可怕！"本甘先生说，"看见这些车了吧？就这么塞到边境！结果我们到达佩皮尼昂的时候，只有最糟糕的旅馆才有床位！都是因为这傻小子，我本来想避开塞车早点从高速公路上下来，结果……"

"不是我的错！"果旦说。

"哈！你别再给我来这一套！果旦！"本甘先生大叫着，"你

383

想让我当着你小伙伴尼古拉的面把你赶回房间去,像阿康一样?"

"太晚了,"妈妈说,"明天还要上学,我们得回去了。"

本甘先生陪我们走到门口,问爸爸有没有外出度假的照片。爸爸说没有,说他从来没想着照相。

"你真错了!"本甘先生说,"这是多好的留念啊!"

四、填字游戏

星期天下雨的时候，我喜欢跟爸爸妈妈呆在家里。要是我没什么可玩的，我就会烦躁，我会变得不像话，然后就会弄出好多麻烦来。

我们都在客厅里，外面雨下得可大了。爸爸正在看书，妈妈织毛衣，闹钟"滴答滴答"响，我在看一本画报，里面讲特棒的故事，有好多坏蛋、牛仔、飞行员、海盗，特帅。然后我看完了画报就说：

"现在我该干什么？"

没人理我，我就又说：

"说呀，我现在干什么，嗯？我现在干什么？我现在干什么？"

"够了，尼古拉！"妈妈说。

我就说真不公平，我没事干心烦，说没人喜欢我，我要离家出走，你们会后悔的，然后我就在地毯上踢了一脚。

"好了！尼古拉！"爸爸喊，"你又开始了，是不是？你继续看你的画报不就行了？"

"我看完了。"我说。

“那你再看另一本。”爸爸说。

“我没有了，”我跟他解释说，“我把我的旧画报跟若奇换弹球了。”

“那就玩弹球，”爸爸说，“到你房间去。”

“那些弹球，在学校里，麦星星他作弊都赢走了。”我说。

爸爸抹了一下脸，他看见了我放在地上打开的画报。

“嗨，”爸爸说，“你的画报上有填字游戏（即一种横竖交叉格子游戏，交叉的地方为横竖两边共用的字母。——译者注）！这个可好了，你该玩这个游戏。很有意思，而且也有意义。”

“我不会玩填字游戏。”我说。

“那就更应该学了，”爸爸说，“我来帮你。很简单：你先读每句说明，然后数一数有几个白色的空格，再把相应的字母放进去就行了。去找杆笔来。”

我跑去拿笔，回来听见爸爸正跟妈妈说：“无论怎么着都没有安静的时候！”然后他们两人就笑，我也笑了起来。我们家可帅了，星期天一下雨，我们三个人在家里呆着相处特好。等我们笑完了，我就趴在爸爸扶手椅旁边的地毯上开始做填字游戏。

“‘法国皇帝’，”我读，“‘在滑铁卢战败’，八个空。”

“拿破仑。”爸爸笑着说。

“‘法国首都’，”我说，“五个空。”

“巴黎。”爸爸说。

他又笑了，他什么都知道，这可真帅！可惜他不上学了，知道也没用。如果他还去学校上学，那他肯定是第一名，而不是可恶的乖宝贝儿阿蔫，活该他当不成。要是爸爸在我们班多帅，因为老师肯定不敢罚我。

“‘家庭宠物’，”我说，“‘有四个爪子，会喵喵叫’，四个空。”

“猫。”爸爸说完把书放在膝盖上，看起来他跟我一样觉得好玩。

我爸他可真棒！

"'一种南方的翠雀'（法语的特点是不认识字也读得出来。——译者注），十二个空。"我说。

我爸他没马上回答。他抓抓头，想了想，然后跟我说就在嘴边上，马上就想起来了，让我把下一个字的句子告诉他。

"'双子叶合瓣花类'，十五个空。"我读。

爸爸重新拿起了他的书，对我说：

"好了，尼古拉，现在自己玩一会儿吧。让我安静读会儿书。"

我说我不想自己玩，爸爸就大叫起来，说他在这个家生活需要一点安宁，说如果我不想挨罚就最好老实一点，说如果我老让别人帮我做填字游戏我就永远学不好。我看见爸爸特生气，这可不是乱来的时候，而且一会儿有点心，是妈妈做的特棒的苹果派。

我就只好一个人填。开始还行，都是简单的字："南非的羚羊"四个空，当然就是"小牛犊"；"小舟"应该是"船"。麻烦的是，他们把空格搞错了，多出来好多。我只好写得很大，还行。"很小的水流"，我知道是八个字母的"小溪"，可我只有两个空格，我就只能写前两个字母，没办法。然后又是一些很难的字。我只好问爸爸：

"'兽皮是很有价值的黑棕色动物'是什么？八个空。"

爸爸把书放在膝盖上冲我瞪大眼睛。

"尼古拉，"他说，"我刚才跟你说……"

"黑貂。"妈妈说。

我爸，他就这么张着嘴转过身去看妈妈，她还在织毛衣。然

后他闭上嘴，看起来不高兴。

"我认为，"爸爸对妈妈说，"我们应该统一一下对孩子的教育方式。"

"怎么啦？"妈妈很吃惊，"我做了什么不该做的啦？"

"最好是，"爸爸说，"让孩子自己做填字游戏，仅此而已。"

"我倒是觉得，"妈妈说，"你好像对这个填字游戏过分认真了！我也就是想帮帮他而已，我没觉得有什么不对。"

"并不是因为，"爸爸说，"你偶尔知道一种兽皮的名称就……"

"我可不是因为偶然的机会才知道黑貂的名字，"妈妈笑着说，她生气的时候就这么笑，"也不是因为我结婚的时候人家送给我一件貂皮大衣我就变成专家了。"

爸爸站了起来，说好极了，嘿呀呀，说原来他值得让人记起来的就这件事而已，说他辛辛苦苦地工作，吐了血来让我们拥有一切，结果在家里还得不到一点安宁。妈妈说她的妈妈说得对。然后他们让我回房间去完成填字游戏。

我刚把多余的空格涂上黑色，妈妈就来叫我去吃点心。

桌上没人说话，我刚想说点什么，妈妈就说吃东西别说话。真可惜，我想把我做完的填字游戏给他们看。

可不是，填字游戏可有教育意义了！比如说，我刚知道，"Xmplf"是我们这儿的一种哺乳动物，"哞哞"叫，还供我们牛奶喝呢！（应为Vache。因为尼古拉在填字时许多字都没填对，最后拼出的字便是错的。——译者注）

"双子叶合瓣花类"，十五个空？

五、做记号

鲁飞跟我们说他见了他的表哥尼盖,就是当童子军的那个,说他表哥教他做好多特棒的游戏,就是他们从印第安人那儿学来的东西。

"是因为印第安人来教童子军做游戏?"乔方问。

"没错,先生,"鲁飞说,"特有用的东西,比如说擦石点火,还有追踪线索解救俘虏。"

"什么叫追踪线索?"科豆问。

"就是,"鲁飞解释说,"印第安人用石头、树枝、羽毛什么的做一些记号,让别人跟着他们的记号找。要是咱哥们儿帮也会用这种办法就特棒。打仗的时候,如果我们的人被抓就一路上留下记号,然后其他伙伴去解救。敌人看不见咱哥们儿来,然后'砰',就把他给救了。"

这下我们都同意,因为我们喜欢有用的游戏。鲁飞就建议我们明天——星期四,到小区的公园集合。

"为什么不去荒地?"若奇问,"在荒地玩多安静。"

"荒地太小,"鲁飞说,"俘虏一下子就找到了。而且你见过印第安人在荒地上做过记号吗?"

"那你见过在公园有人找什么线索吗？"若奇问。

"好吧，"鲁飞说，"谁想学印第安人追踪线索的明天中饭以后到公园里来，其他人别来就是了。"

星期四下午我们全都到了公园。我们小区的公园可好了，里面有一个水塘，还有一些织毛衣的太太在说话，有小婴儿车，有草地，有树和一个看守，他有一根棒子和一个哨子，不让我们在草地上走也不让上树。

"我来做记号，"鲁飞说，"然后我就藏起来，因为我就是敌人带走的俘虏。你们是我的伙伴，你们顺着记号来解救我。"

"你的记号我们怎么才能认得出来？"麦星星说。

"我要捡一些小石子，"鲁飞说，"然后我堆成一堆，你们就跟着这些石头堆。可是要当心不能让敌人看见！所以你们得在地上匍匐爬着走，像印第安人一样。"

"噢，那可不行，"亚三说，"我可不爬，我不想把我的三明治弄脏。"

"你得爬，"鲁飞说，"要不然敌人就发现你了。"

"我才不管什么敌人，"亚三说，"敌人他爱看就看呗，反正我不爬着走！"

"如果你不爬着走你就不是印第安人，你就不是咱哥们儿帮里的了！"鲁飞大叫起来。

亚三冲他伸了伸舌头，上面净是面包渣，他们就想打架。我呢，我说咱们别浪费时间，就当亚三爬着一样，假装敌人看不见他，大家都同意了。

"好，"鲁飞说，"我做记号的时候，你们转过身别看我。"

等我们全都转过身，鲁飞就走了。

"咱们需要一个头儿，"乔方说，"我建议我当头儿。"

"为什么？我倒要问问，"欧多说，"每次都是这样，老是这小

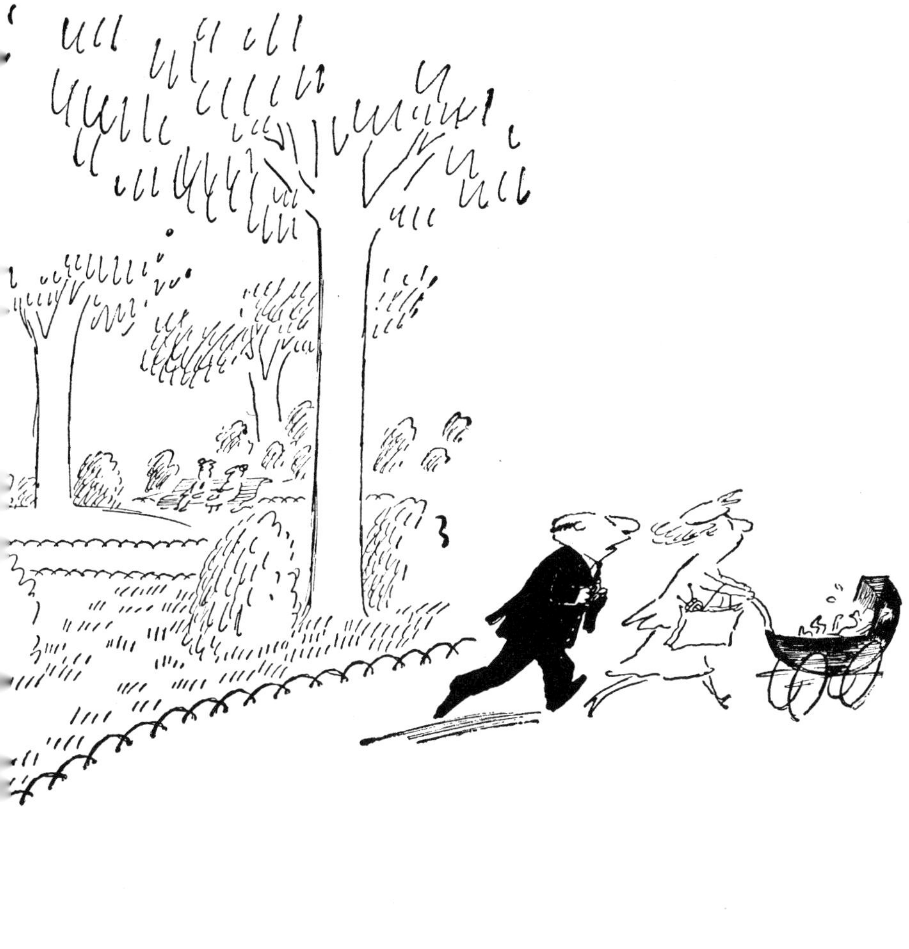

丑想当头儿，不同意！不行，先生，就是不同意！"

"我是小丑？"乔方说。

我说这么乱打挺没意思的，印第安人里面，谁年龄最大谁就是头儿。

"你又从哪儿看来的，傻瓜？"乔方说。

"我是从朵乐姨妈送给我的书上看的。"我说，"你再说一遍我是傻瓜？"

"咱们这里最大的就是我。"科豆说。

可不是，科豆是班里最大的，因为他小时候就在幼儿园里蹲班了。我们一想到科豆要当头儿就觉得好笑。然后我们决定头儿就留在原地，我们是他派的最有用的人，去找记号救俘虏。

"没错，你就是小丑！"欧多冲乔方喊。

说完他们就打了起来，我们都围着他俩。然后我们听见好多声哨子响，是看守跑过来了，手里挥着他的木棒。

"不许打架！"他大声说，"你们一进来我就盯上了！你们要是还这么像野小子似的打架，我就把你们都赶出去！听懂了没有？"

"这公园里简直没有安静的时候，"一位太太说，"就您这么吹哨子，把我的小宝宝都吵醒了！我要去告您！"

坐在我们附近正织毛衣的这位太太收起了毛衣，站起来推一辆小婴儿车，车里的小孩子哇哇使劲哭。看守变得满脸通红，他赶上那位太太，一边用手挥着木棒指着我们这边。那位太太又坐下了，她摇了好多次小车，小婴儿发出一些声音但是不哭了。

"记号做好了！"鲁飞冲我们说，他满手脏兮兮地回来了。

"什么记号？"科豆问他。

"跟踪的记号，傻瓜！"鲁飞说，"好，你们不许看我，数一百下，我去藏起来。"

鲁飞说完就走了，我们转过身数数儿，等我们再转过身来就看不见鲁飞了。然后我们都趴下身往前爬去解救俘虏鲁飞。

亚三装样子爬还在吃奶油面包。还没等我们找到一个记号，看守就又来了。

"你们趴在地上干什么？"他一只眼大一只眼小这么问我们。

"我们都爬着走因为要解救一个被俘的伙伴，不能让敌人看见我们。"亚三跟他解释说。

"就是，"欧多说，"我们要跟踪记号，像印第安人一样。"

我们爬到看守周围跟他解释，结果听到一声很大的哨声。

"太不像话了！"那位太太又嚷嚷起来，"我要去告发！我认识一位省议员！"

说完她就推着小车走了，里面的婴儿发出很响的声音。看守又去追她。

鲁飞跑回来，气得不得了。

"怎么着！"他大叫，"你们到底跟不跟记号走？你们就这么说话，我还在那儿等你们哪！闭上眼睛数到一百再去找我！怎么回事，真是的！"

我们都趴在地上闭上眼睛数数儿，然后就听见看守的声音：

"你们都有毛病吧！不许嘀嘀咕咕。我跟你们说话的时候睁开眼睛，站起来！对了，有哨子的臭小子跑哪儿去了？"

"他是俘虏，"麦星星说，"我们正找他呢。跟着记号我们很快就能找着他。"

"出去！"看守大叫起来，"都给我出去！去别处玩！别再让我看见你们！出去！我要把你们都关进监狱！"

我们只好都站起来，亚三本来就站着，然后我们都跑出去了。若奇建议我们都去荒地用空罐头盒踢一场特棒的足球。

　　藏在树后面的鲁飞，是看守发现记号的，是他爸把他解救的。

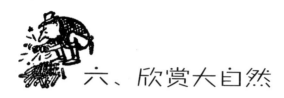

六、欣赏大自然

我和亚三正在我家花园里玩。亚三是我的伙伴，就是很胖、老喜欢吃东西的家伙。我们玩割草。爸爸特好心借给我们割草机，还说如果草割得好要奖励给我们糖吃。有糖吃这事特让我们起劲，我和亚三。我们快割完的时候，我们的邻居贝杜先生走进我家的花园。他问我们在干什么，我们就跟他解释了。爸爸看见他就从看报纸的躺椅上站起来。"这种懒人，"贝杜先生对他说，"你现在居然让孩子们替你干活了？"贝杜先生喜欢跟爸爸开玩笑。"少管闲事。"爸爸说，他可不喜欢贝杜先生开玩笑。

然后他们就吵了起来。贝杜先生说这种天气，爸爸应该带我们去欣赏大自然。爸爸一直跟他说不需要他来管闲事，让我们自己好好割草。然后他们像平时一样开始推搡。我们趁这会儿割完了草，还割了秋海棠旁边的花饰，我妈看了肯定会不高兴。"爸爸，"我说，"咱们为什么不去欣赏大自然？""就是，"亚三说，"先把该给的糖给我们，然后带我们去看大自然。"

爸爸微笑着看贝杜先生，然后对他说："既然你这么有办法，那你就带他们去呀，去欣赏大自然。"贝杜先生看了我们一眼，犹豫了一下，然后就决定了："那好，既然你没能力带他们去，我就带他们去欣赏大自然。"贝杜先生让我们等他一刻钟，他去换上必要的行装。

贝杜先生回来的时候，爸爸看着他大笑起来，笑个不停，结果直打嗝。"怎么啦？怎么啦？"贝杜先生不高兴地问。贝杜先生的样子是挺可笑的，他穿了一条骑马用的短裤，一双粗毛长袜，脚上穿着带钉钩的鞋子，皮带上系着一把长柄刀，衬衫上有好多颜色，头上戴着一顶奇怪的帆布帽。

我们走的时候爸爸正在憋气喝水止嗝。贝杜先生让我们上他的汽车，说要带我们去森林，还会教我们怎么才能不在森林里走丢，怎么跟着动物的足迹走，怎么点火等等一大堆这类事。

森林离我家不远，我们很快就到了。"跟着我走，别走丢了。"贝杜先生跟我们说。然后我们下了汽车跟着贝杜先生走进森林，像他跟我们说的。亚三从口袋里拿出一个大三明治一边走一边吃。"要想不走失，"我说，"咱们可以像小布塞一样，一边走一边把你的三明治面包渣丢在地上……""把我的三明治面包渣丢在地上？"亚三他问我，"你没毛病吧？"

我们一直往森林里走，贝杜先生被荆棘勾住了，他的马裤也有点撕破了。过了一会儿，我问他什么时候让我们欣赏大自然。贝杜先生就给我们看他怎么用刀在树皮上留下印子。贝杜先生在用刀刻的时候刀从树干上滑下来碰了他的手，我就用我的手帕给他包手，然后我们继续走。

亚三有点不耐烦，问能不能干点有用的事，比如说采蘑菇，蘑菇炒鸡蛋可好吃了。贝杜先生说采蘑菇要特别当心，有的蘑菇非常危险，可以把人毒死（在法国，人们采来的蘑菇可以拿到药店去鉴别是否有毒。——译者注）。亚三开始采蘑菇，为了看看有没有毒，他想出一个好主意，就是放在嘴里尝一尝。贝杜先生不同意，因为他说这不是好办法。

然后贝杜先生在地上找到了一些痕迹。"来看，孩子们，这是动物走过的足迹，我来告诉你们怎么辨别动物的足迹。"贝杜先生蹲下来仔细看，结果把他已经有点撕坏的骑马裤又扯裂了。"我觉得……看看……"贝杜先生看着足迹说。"要我看，"亚三说，"是只野猪，大个的！""贝杜先生，"我问他，"野猪是不是杀人不眨眼？""咱们别呆在这儿。"贝杜先生说，然后他很快地走了。"跟着我。"贝杜先生回头说，因为我们在后面走得慢。过了一会儿，他"啪唧"一声摔倒在泥里，我帮他站起来，亚三什么也没说，因为他在吃东西，不想弄脏了手。

可怜的贝杜先生看起来真狼狈。"前面没有路了，"我跟他说，"咱们肯定要迷路的。""镇静！镇静！"贝杜先生说，"只要有太阳就好办，不会有错，跟着我！"我们跟着贝杜先生又走了很长时间，他抬起头来看树桠之间的太阳，结果贝杜先生又摔倒在同样的一摊泥里，我们才发现其实我们在转圈。贝杜先生从泥里站起来，我转过身去看亚三，结果没看见他。"亚三！亚三！"我大叫，然后我又叫喊："救命啊！我们迷路了！"贝杜先生说喊也没

用，说要保持镇静，而他肯定能带我们出去。我说他说得对，反正在一个有好多野猪的森林里迷路我也不觉得害怕。结果贝杜先生也跟我一起喊了起来："救命啊！救命啊！我们迷路了！"挺好玩的，但是没人来救我们。贝杜先生说他要生火，好烤干衣服，也好让别人看见我们。可贝杜先生的火柴都湿了，根本点不起来。"得生火烤一下您的火柴。"我说。贝杜先生奇怪地看着我说我真不愧是我爸的儿子。然后他跟我说一个了解自然的人不用火柴也会生火，贝杜先生就把两截木头放在一起使劲擦。我看了他一会儿，然后决定去找亚三。

贝杜先生没看见我走开，他正忙着擦木生火呢。我在森林里走，然后我听见不远处有人在嚼东西。"亚三！"我大叫。我看见亚三正坐在一棵大树底下吃蘑菇。亚三看见我挺高兴的，说他已经欣赏腻了大自然，想回家吃晚饭。因为生蘑菇嘛，想想还是不如炖肉好吃。我也有点累了，我们就走出了森林。

我们走到贝杜先生的汽车旁边时我想起了他。我问亚三是不是应该回去找贝杜先生，亚三说最好不要打搅贝杜先生，他最喜欢欣赏大自然了。我们是走回家的，还好不算太远。我回到家正好赶上吃晚饭，然后就下起了倾盆大雨。

吃完晚饭电话响了，爸爸去接。他接完电话回来笑得话都说不出来。"是警察局，"我爸他说，"他们让我去认领，说是一个叫

403

贝杜的人认识我。警察是在森林里找到他的，淋着大雨在生火，说是可以吓跑野猪。"

　　我赶紧去端了一杯水给我爸，因为他又打嗝了。

七、自己在家

星期六下午我从学校回来的时候，爸爸和妈妈叫我去客厅，看起来他们都有点不对劲。

"尼古拉，"爸爸说，"今天晚上我们要去塔内家吃饭。"

"盖了！"我大声说。

可不是，我最喜欢到外面吃饭了，而且塔内先生和太太都可帅了。有一次我们去他们家喝茶，有好吃的点心，塔内先生还借给我好多有特棒图画的书。

"可是，"妈妈说，"你不跟我们一起去，尼古拉。你去他们家一点意思也没有，没有小孩，都是大人。"

"那可不行！"我大声说，"我也要去！"

"尼古拉，听话！"爸爸说，"妈妈已经给你解释了，你在塔内家没什么好玩的。"

"我肯定有的可玩！"我说，"我去看图画书。"

"图画书？"爸爸说，"什么图画书？……对！没什么好商量的。这次晚餐不是给孩子们准备的，就这么回事，听见没有？"

我哭了起来，我说不公平，晚上从来不能出门，我已经受够了。我说如果我不能去塔内家，那就谁也别去。真的，我可不喜

欢爸爸妈妈出去的时候不带上我。

"好了！"爸爸大喊了起来，"怎么回事！太过分了！"

"我觉得，"妈妈说，"如果……"

"不行，不行就是不行！"爸爸大声叫喊，"咱们已经作出决定了，我不想出尔反尔。咱们去塔内家吃饭，尼古拉就像个大孩子一样留在家里！"

"假如我是个大孩子，那我就可以跟你们一起去塔内家吃饭了。"我说。

爸爸从扶手椅上站起来，两只手一拍，眼睛看着天花板鼻孔里直出气。

"你知道，"妈妈说，"你爸他说得对，你足够成熟可以自己呆在家里了。"

"什么？自己在家？"我问她。

"是啊，尼古拉，"妈妈说，"我们没能找到今晚来陪你的人。但是我们知道尼古拉现在是个懂事的大孩子，他不会害怕的。"

以前如果爸爸妈妈晚上出门，总有一个人来家里陪我，有时候我去朵乐姨妈家睡。这是第一次他们让我晚上一个人呆在家里，像大人一样。

"好啦，好啦，"爸爸说，"有什么好大惊小怪的？尼古拉就应该学会不再像小孩子一样。我敢肯定他的伙伴们都已经自己在家呆过了，而且一点没事。是不是，尼古拉？"

"嗯，"我说，"科豆有时候自己在家。可他爸他妈让他看电视。"

"你看，是不是？"爸爸说。

"可我没电视可看。"我说。

"那是，"爸爸说，"我也没法现在给你买个电视晚上看。"

"怎么不可以？"我说，"有电视看特帅。我要是有电视看，一个人在家就不算事了。科豆他是有电视的。"

"尼古拉,"爸爸说,"咱们下次再说电视的事,好不好?"

"我可以去科豆家看电视。"我说。

"我觉得,"妈妈说,"这没准也是个办法。咱们可以打电话给……"

"不可能,简直太可笑了!"爸爸叫喊起来,"尼古拉就一个人在家,没有什么问题。他得学会像大人一样自己管自己!"

当大人我特自豪,星期一我跟伙伴们就有的可讲了。

"你知道吗,尼古拉?"妈妈说,"你要是乖的话,明天我们就带你去看电影。"

"现在正演一部特棒的牛仔电影!"爸爸说。

"你自己在厨房里吃饭,"妈妈说,"我给你准备好饭菜,像有客人一样用好看的盘子。我要给你做——猜猜看是什么——炸薯条!甜食是巧克力蛋糕,是真的!"

"你还可以在床上画画!"爸爸说。

"用彩色铅笔?"我问。

"用彩色铅笔!"爸爸笑着说。

然后我就撸撸鼻子笑了,妈妈也笑了,她吻了我,说为有这么一个懂事的孩子感到自豪。爸爸摸摸我的头,说他等不及到明天去看牛仔的电影到底讲了什么,而且电影开场前我们肯定要去吃冰激凌。

后来就特帅,我去房间玩,爸爸没像平常一样说让我做作业。然后妈妈来让我去洗澡穿睡衣,因为我的晚饭已经快好了。

然后我就去吃饭,我喜欢在厨房吃饭,换换地方。我吃的是牛排和炸薯条,妈妈给我喝的是——猜猜看——汽水!巧克力蛋糕可棒了,我吃了三块。

吃完饭我去客厅玩,爸爸妈妈去换衣服准备出门。妈妈下来

408

的时候穿得特漂亮，是她去别人家作客时穿的蓝色连衣裙。然后她说我该上床了。

"再等一会儿。"我说。

"好了！尼古拉，不许闹！"爸爸说，他穿着条条礼服和硬领子的衬衫，"我们着急要走了，你答应过要像大孩子一样听话的。"

"可不是，可不是，"妈妈说，"别冲他喊，他会自己去上床的。对不对，尼古拉？"

我只好上楼去，爸爸妈妈跟着我上来。我一上床，爸爸就给了我一些纸，妈妈拿来了彩笔。

"好，尼古拉，"爸爸说，"我把塔内家的电话写在这儿，万一有什么事可以给我们打电话。"

"不许下床，也别玩煤气和电线。"妈妈说。

"不许打开水龙头。"爸爸说。

"如果有人按铃，先问是谁再开门。"妈妈说。

"千万别害怕，"爸爸说，"没什么好怕的。"

"赶快睡觉，"妈妈说，"别画得时间太长了。"

"做个好梦。"爸爸说。

"唉，"妈妈对爸爸说，"我真觉得……"

"行了，行了，"爸爸对妈妈说，"咱们已经晚了，该走了。"

爸爸妈妈吻了我，妈妈出我房间之前还回头看我，爸爸把她拉走了。然后我就听见他们关大门的声音。

我画了好多帆船，然后我就困了。我把纸和笔都放在床头柜上，关上灯闭上眼睛。我到了一艘大帆船上，塔内先生特好笑，因为他拿着一个特大的铃使劲摇，然后又拿着一本特大的图画书来找我，比他还大，然后还使劲摇我。我睁开眼睛，看见我的房间亮着灯，我看见一张特近的脸，是我妈，看样子她害怕得要命。

"尼古拉！尼古拉！醒醒！"妈妈大声叫，"上帝，他没事！"

410

爸爸站在她后面抹了抹脸，然后问我：

"小儿子，你真的没听见电话铃响？"

"没有啊！"我说。

"我给你打电话想问问是否一切正常，"妈妈说，"结果没人接。"

"你看见没有？"爸爸对妈妈说，"我跟你说他肯定睡得正香！想想咱们连晚饭都没吃完！就因为你怕成这样……"

"你刚才也没那么有把握。"妈妈说。

"那是因为这种担忧是可以传染的。"爸爸说，"好了，我给塔内打个电话，向他们道歉，告诉他们一切正常……我刚才没吃甜食，现在要吃一块巧克力蛋糕。"

然后我们就都去厨房，我和爸爸妈妈，我们把剩下的蛋糕都吃完了。妈妈做了咖啡，我喝了一杯奶。

后来爸爸点了一支烟，摸了摸我的头说：

"你知道，尼古拉，想来想去，把你一个人留在家里，我觉得我们还不够成熟。"

八、乔方的旅游

乔方他特有运气！

他前两天没来上课，因为他父母带他去一个亲戚家参加婚礼，这家亲戚住得很远。今天他回学校来，跟我们说：

"嘿，伙计们，我坐飞机了！"

他跟我们解释说，他爸爸着急要回来。参加完婚礼，没像他们去的时候那样坐火车，他决定坐飞机回来。

这他可真有运气，乔方！因为我们这帮哥们儿里还没人坐过飞机。我、欧多和鲁飞虽然将来要当飞行员，也都还没坐过。不过乔方是个哥们儿，所以我们就没太忌妒他。可他老有这样的运气也不太公平。我们大家都围着他听他讲，连老师的乖宝贝儿阿蔫都来了，他平时都在班里复习功课，而且今天还有听写。乔方特得意，这傻瓜。

"你没害怕吗？"阿蔫问他。

"害怕？他为什么要害怕？"鲁飞说，"没什么危险。"

"可不是，"欧多说，"飞机就像公共汽车一样，坐起来没什么不一样。"

"你有毛病啊？"乔方说，"还说什么跟公共汽车比，飞机可

412

是特危险。"

"有危险的是火箭，"麦星星说，"那可真是危险，因为火箭一起飞，'嘭！'老爆炸。飞机跟火箭简直没法比，飞机和火箭一比就是公共汽车。"

"那是，"科豆说，"火箭特危险。我在电视上看见过好多次爆炸。"

"我叔叔，"若奇说，"他就坐飞机去科西嘉度过假，有什么了不起的！"

"什么了不起！"乔方大声叫喊，"你什么意思？不管怎么说我是咱哥们儿里第一个坐飞机的！"

"你亲戚家婚礼上有什么好吃的？"亚三问。

"在飞机上大家都怕得要命——所有的人，就我不怕！"乔方嚷嚷说。

"那就是你让人害怕！"麦星星说。

我们都笑了起来，因为他说得特好玩。

"是吧，是吧！"乔方大叫着说，"你们就是忌妒，没错！而且你们什么都不知道！得坐飞机才知道是怎么回事！飞机上还会有可怕的风暴！胆小鬼可没法坐飞机！胆小鬼坐公共汽车！"

"那你真是坐过飞机喽？"鲁飞也嚷嚷。

上课铃响了，乔方大叫：

"你再说一遍？笨蛋！"

"喂！你们那边！"木皮先生大声叫着过来，"对，就是你，乔方！你给我抄写一百遍：'上课铃响之后我不应该大喊大叫。'听见没有？赶快排队！"

木皮先生就是我们新来的学监，他帮沸汤管我们，沸汤才是我们的学监。早上是木皮先生打第一次上课铃。我们走进教室，老师说：

413

"啊，乔方，你回来啦？你在婚礼上玩得好吗？"

"我是坐飞机回来的。"乔方说。

"坐飞机？"老师说，"那你真有运气。给我们讲讲这件事，旅途顺利吗？"

"嗯，在飞机上我们遇到了可怕的风暴！"乔方说。

看见欧多笑话他，乔方特生气，然后就大喊大叫，说没错就是有风暴，说飞机差点掉下来，除了他所有的人都怕极了，而且他随时准备给哪个不信他话的笨蛋来一巴掌，还说火箭才让他觉得好笑。

"乔方！"老师也大声叫，"怎么说话的？你昏了头了？坐下！"

可乔方一直在嚷嚷说他要给这帮没坐过飞机的笨蛋一人一巴掌。

"乔方！"老师又大声喊，"你给我把下面的句子做动词变位，明天交给我，以直陈式和虚拟式：'我不该在课堂上喊叫，也不该无缘无故大声骂我的同学。'现在谁也不许说话，要不然全班受罚！拿出你们的听写本……听见了吗，科豆？"

课间休息时，我们又把乔方围了起来。亚三跟我们解释说去年他叔叔的婚礼上有特棒的三文鱼和好多好多的蛋黄酱。可没人听

（注：图中文字是："罚写一百遍：'上课铃响后我不该大喊大叫……'"）

他说话，他就从口袋里拿出来一片黄油面包自己吃起来。

"你们真是赶上风暴了？"科豆问。

"特可怕的风暴！"乔方说，"连驾驶员都特担心。"

"你怎么知道驾驶员特担心？"欧多说。

"因为我看见他们了呗。"乔方说。

417

"不对！不对！不对，先生！"科豆说，"乘客是看不见驾驶员的。驾驶员他们开飞机的时候都关在前面，有一个小门。只有空姐能看见他们，还老给他们送咖啡！"

"乘客有没有咖啡？"亚三问，他正吃第二片黄油面包。

"你又怎么知道？"乔方笑话他说，"我请问，你坐过飞机吗？你？"

"没有，"科豆说，"可我有电视。电视上老看见飞机的事。只有空姐才能把咖啡送给他们，或者告诉他们有个乘客带着手枪。"

"反正我看见驾驶员了，"乔方说，"对了，是他们让我进去的，因为我是飞机上最不怕的人。"

"瞎扯！"我说。

"别理他，"鲁飞说，"过一会儿他肯定要跟咱们说是他开的飞机，臭骗子！"

我们就都笑了起来。乔方特生气，说他要是想开飞机也不需要问一帮笨蛋，既然如此他就什么都不跟我们说了，而且他也不想跟一帮老坐公共汽车的笨蛋在一起说话，连飞机都没坐过就拿火箭来胡搅，还说他不是臭骗子，说有谁想要一巴掌就告诉他，他谁都不怕。

"好啊，年轻的朋友，"沸汤说，"我听你说话有一会儿了，我倒是想——我说话的时候好好看着我的眼睛——我倒是想听听你的胡言乱语。"

"都是些说公共汽车和火箭的笨蛋！"乔方大喊，"他们都忌妒，因为我开飞机了！"

乔方想扑到欧多身上，因为他笑他来着。可沸汤抓住了他的胳臂，把他带到校长那儿给他留校处分。等他俩出了操场，我们还听见乔方在大叫着什么公共汽车、火箭和飞机，手舞足蹈的。

我们放学的时候，我对欧多说：

418

"乔方他还是挺有运气的。"

"可不，"欧多说，"坐飞机旅行是好。这种事最棒的是之后能跟哥们儿吹牛，那才帅。"

第九集　巧克力草莓冰激凌

一、巧克力草莓冰激凌

"妈妈，明天下午我能不能请小朋友来家里玩？"我问。"不行。"妈妈说，"上次你的伙伴们来，打碎了客厅窗户的两块玻璃，而且我们还不得不把你的房间重新油漆了一遍。"

我可不高兴了，可不是嘛，真是的！小伙伴们来家里玩才玩得特好，我老不能请他们。总是这样，每次我想好好玩一玩，他们就不让。我只好说："你要是不让我请小朋友，我就憋着不呼吸。"有时候我想得到什么东西的时候就用这种办法，可现在不比我小的时候那么管用了。爸爸过来说："尼古拉！你又搞什么鬼把戏？"我只好呼吸。我说如果你们不让我邀请小朋友，我就离家出走，你们会后悔的。"好极了，尼古拉，你可以邀请你的小伙伴。但我告诉你，你们只要砸碎家里一样东西，你就有的好瞧了。可是如果不出问题，我就带你去吃冰激凌，好不好？""巧克力草莓冰激凌？"我问。"对。"爸爸说。"那好，同意。"我高兴地大叫。妈妈还是不太高兴，爸爸跟她说我现在是个大孩子了，我会对自己负责的。妈妈就说好，说反正这事爸爸知道就行了。我吻了爸爸妈妈，因为他们都特帅。所有的小伙伴都来了，他们总是接受邀请，除非他们的爸爸和他们的妈妈不同意，不过不常出现这样的事。因为爸爸妈妈们希望他们的孩子到别人家去玩。有亚三、乔方、鲁飞、欧多、麦星星、科豆和若奇，我学校里所有的哥们儿都来了。我们要玩个痛快。

"咱们到花园去玩，"我跟他们说，"别进我家，因为你们一进家就要把东西打碎。"然后我还跟他们解释巧克力草莓冰激凌的事。"好吧，"乔方说，"咱们玩捉迷藏，你家花园里有棵树。""不行，"我说，"树是种在草地上的，要是踩了草地，我爸会不高兴的，只能在石子路上玩。""可你家只有一条石子路，"鲁飞说，"还挺窄的，咱们能玩什么呀？""大家挨紧点可以玩扔球。"麦星星

说。"那不行，"我说，"我可知道，扔球，再出鬼点子，然后'砰！'就打碎破璃。然后我就挨罚，不能吃巧克力草莓冰激凌了！"结果大家都呆在那儿不知道玩什么好，然后我说："那咱们玩火车吧，第一个人'嘟嘟'当火车头，其他人都是车厢。""那转弯怎么办？"若奇问，"石子路太窄转不过来。""咱们不转弯，"我说，"走到头以后，最后面的人就变成车头，然后再接着走。"我的这些伙伴们对我的主意不太满意，可不管怎么说是在我家，要是不满意他们就回家去好了，开什么玩笑！我就站在房子那边当火车头，因为另外一边有花不能踩。我们"嘟嘟嘟"旅行了三次，他们就不想玩了。要说也真是不怎么好玩，火车头还好点，当车厢有点没劲。

"玩弹球吧？"欧多说，"玩弹球可是什么也弄不坏。"这个主意不错，我们马上就都玩了起来，因为我们兜里都有弹球。亚三的弹球上都是黄油，跟黄油面包沾在一起了。玩得还好，就是我差点和乔方打起来，因为他坐在草地上了。然后伙伴们说想进家去玩。"不行！"我说，"就呆在花园里玩。""我们不想在花园里玩了，"麦星星说，"我们要进你家！""没门儿！"我说，"就呆在这儿！"然后妈妈打开门大声说："你们这是怎么啦，孩子们？下这么大雨还呆在外面？快，快进来！"

我们都进了家，妈妈说："尼古拉，把你的小伙伴都带到你房间里去，记住爸爸跟你说的话！"我们就上楼进了我的房间。

"现在咱们玩什么？"科豆问。"我有好多书，咱们看书。"我说。"你有毛病吧？"乔方说。"不行，先生，"我说，"要是玩别的什么，我肯定就吃不成巧克力草莓冰激凌了！""你的巧克力草莓冰激凌真够烦人的！"欧多大声说。

"等一下，"亚三把沾在黄油面包上的弹球拿开咬了一口说，"等一下！巧克力草莓冰激凌，这可不能开玩笑的。尼古拉是得当

点心。"你呢!"我冲他喊,"你就不能当点心吗?你把面包渣弄得地毯上都是,我妈会不高兴的!""怎么着?"亚三说,"这也太过分了!等我吃完面包就给你一巴掌!""没错!"欧多说。"跟你有什么关系?"我问欧多。"没错!"乔方也喊。我可看得出来这出戏怎么收场,我们肯定要打起来,亚三的黄油面包肯定要掉在地毯上,而且黄油一面朝下,然后还会有什么人会扔个什么东西把玻璃打碎,或者在墙上留下印子,然后妈妈跑上来,然后我就吃不成巧克力草莓冰激凌了。

"伙计们,"我说,"行行好吧,如果你们不干坏事,每次我得了钱,放学后我去买一板巧克力大家分。"大家都是好哥们儿,所

以他们都同意了。我们就坐在地上看图画书,这时候麦星星突然说:"盖了,不下雨了,咱们走吧!"他们就都站起来说:"尼古拉,回见!"我陪他们一直走到门口,看着他们别踩着草地。一

切都好,伙伴们是走着石子路出去的,我很满意。

我高兴极了,跑到厨房去跟妈妈说伙伴们都走了。可我没记着关大门,厨房的窗户也开着,结果有了对流,窗户"嘭"的一下关上了。

厨房窗户的玻璃被撞个粉碎。

二、黄柚色

妈妈跟爸爸说："亲爱的，你别忘了，说好今天要把厨房重新漆一遍的。""盖了！"我说，"我来帮忙。"爸爸听了以后不太高兴。他看看妈妈，又看了看我说："我正想着今天下午要带尼古拉去看电影。有一部牛仔电影和几个动画片。"我说我更喜欢漆厨房，妈妈就吻了我，说我是她的乖儿子。爸爸也特为我自豪，他说："好极了，尼古拉！我会记住你这句话的。"

爸爸去地下室取油漆、刷子和滚筒，我们在厨房里等着看他把这些东西都拿上来。"我想起一件事，"爸爸说，"咱们没有梯子，

这挺难办的。下周我得想着去买一架，这样下星期天我就可以漆咱家的厨房了。""别，"我说，"我去贝杜先生家借梯子。"妈妈又吻了我。爸爸只好把油漆的盖子打开，还嘟嘟囔囔说了好多话，我

没听清，因为他说的声音很小。贝杜先生，就是我们的邻居，他人可好了，喜欢跟我爸闹着玩，他们两人在一起老是有的笑。不过有时候两人也生气，像去年冬天他们就没说话。我去按贝杜先生家的门铃，他来开门。"是尼古拉，"他说，"你来这儿干什么，小家伙？""我来替我爸跟您借梯子。"我说。"你跟你爸说，如果他需要用梯子，就自己去买一架。"我就跟他解释说他正是要去买，可我妈一定要他今天就把厨房漆好。贝杜先生笑了，然后他说："你是个好孩子，尼古拉。去告诉你爸，我马上就把梯子送过去。"他可真帅，贝杜先生！

爸爸他听我说贝杜先生要把梯子送来，眼睛一动不动地看着我，然后他就把油漆倒进罐里混起来，特别快，结果溅到裤子上了。不过裤子是带横条和有洞的，所以没关系。

"来啦，来啦！"贝杜先生扛着梯子进来时说，"现在你可以干活了。要是我不来，你肯定想往后推了！""我等的并不是你，贝杜。"爸爸说。我特想上梯子，就问爸爸我能不能帮他，可爸爸让我老实呆着，说一会儿再说。然后他就上了梯子。

到了梯子最上面，爸爸转过身来看坐在凳子上的贝杜先生。"谢谢，再见。"爸爸说。"没关系，我就呆在这儿。"贝杜先生说，"我想欣赏我的梯子，它今天可是比任何时候都有的看。"我没觉得梯子有什么特别可看的。爸爸开始往屋顶上刷油漆，然后油漆一滴滴掉在他脸上。贝杜先生看起来很开心，我还是看不出来他的梯子有什么好看的。爸爸肯定和我一样觉得吃惊，所以他停下手问："你这么傻笑干什么，贝杜？""你自己照照镜子就知道了。"贝杜先生说，"你看起来像第安人，就是那个无能头领老牛，还有他为打仗脸上画的颜色！"然后贝杜先生就大笑起来，"哈哈哈！"还在大腿上使劲拍，脸笑得通红，然后他笑岔了气咳嗽起来。他特快活，贝杜先生。"你就这么胡说傻笑吧，还不如帮我一把。""那可不行。"贝杜先生说，"这是你家的厨房，不是我家的。""既然是我家的厨房，我可以帮忙吧？"我问。"行了吧，今天你做得够多的了。"爸爸说。我哭了起来，我说我有权利帮忙，说这不公平，说如果不是我，今天谁也没法漆厨房。"你想挨揍吧？"爸爸说。"教育方式可喜可嘉！"贝杜先生说。我可不同意他这么说，就使劲大哭起来。爸爸大叫着说要揍贝杜先生的屁股，这话把我逗乐了。

妈妈跑进厨房来。"出了什么事？"她问。"爸爸不让我帮他！"我解释说。"您家养的莱昂纳多·达·芬奇可有脾气了。"贝

杜先生说,"大艺术家通常都是这样的。"我可不懂贝杜先生讲的是什么,我还问妈妈能不能帮忙。妈妈看看爸爸和贝杜先生,然后对我说:"当然了,亲爱的,你就扶着爸爸的梯子别让他掉下来。而且如果爸爸和贝杜先生再闹着玩,你就叫我,我也好跟他们一起玩。"我答应叫她,妈妈就走了。

我扶着梯子,屋顶漆得挺快,是妈妈让爸爸买的黄色漆,特帅。"呵!能这么笑一笑挺好的,"贝杜先生说,"可惜你家只有一间厨房可漆。""我受够你了,无聊的家伙。"爸爸说,"你一开始就知道我会怎么对付你,是不是这么回事?给你脸上来一滚筒就好玩了。""我倒想见识一下。"贝杜先生说。我呢,也想见见。可我答应妈妈他们两个开始逗乐的时候要告诉她,我就放开梯子,不过没关系,因为梯子上已经没人了。我跑出厨房大叫:"等会儿我,我马上就回来!"

我看见妈妈正在大门口跟刚来的贝杜太太说话,我还没来得

及解释,就听见厨房里一声特大的动静。我们都跑过去,可是太晚了,因为我们一打开门,贝杜先生的脸和衣服上已经都是黄油漆了。

妈妈一点也不高兴，贝杜太太看了看贝杜先生然后对妈妈说："这是什么颜色？""黄柚色。"妈妈说。"显得亮丽，嫩黄。"贝杜太太说。"而且太阳底下不变色。"妈妈说。

贝杜太太决定下星期让贝杜先生重新油漆他家的厨房。我和爸爸，我们都决定去帮他的忙。

三、去饭馆吃饭

"今天我带你们去饭馆吃饭！"爸爸下班回家对我们说。爸爸特高兴，他吻了妈妈，说他的老板刚刚给他加了工资。然后他抓起我，把我抛起来，又在我的两颊使劲吻了一下，他说："这柴（才）是我的儿智（子）。嘿哟哟！"爸爸他真是很高兴。

我也特高兴，因为我喜欢去饭馆，他们不常带我去。如果我爸的老板每个月多给他钱，没准他就会给我买我要的飞机了。

我和妈妈快快地换好了衣服我们就出门了，爸爸一边开车一边唱歌。妈妈说为他感到自豪，不过我觉得爸爸唱得不怎么好。可是我们都喜欢他。

我们来到一间很帅的饭馆，一个全身穿黑衣服的服务生领我们到一张桌子旁坐下来，然后他拿来三份菜单和一个垫子放在我的椅子下面。爸爸把菜单交给我说我是个大孩子了，可以自己点菜，妈妈说她要点家里不做的菜，爸爸说不要考虑价格。

服务生拿来一个小记事本，然后问我们要什么。我说我要一个草莓冰激凌。"先来点什么？"服务生问。"黄桃奶油冰激凌。"我回答说。服务生记了下来。爸爸笑了，对他说没必要记这个，说很显然我应该吃点别的而不是冰激凌。服务生说他没法管客人的膳食结构，而且这也不关他的事。我跟爸爸说我是个大孩子了，是他自己跟我这样说的，说我就想要一个黄桃奶油冰激凌。爸爸瞪着我，对我说先吃排骨和菠菜。我说菠菜我可不想吃。爸爸就说我还是个孩子，所以就得吃他让我吃的东西。妈妈问服务生什么是金色大排，她得知是牛排和炸薯条时，就说还是吃点别的。然后服务生就走了，说等我们选好了再回来，他还有别的事。

爸爸对妈妈说这个服务生不太有礼貌，但还是得点菜。我说我不吃菠菜，说我宁可离家出走，等我一走你们肯定得后悔，然后我就哭了起来。妈妈说她会帮我选我喜欢的东西。最后妈妈选了香脆番茄和雪绒松鸡，给我选了煮鸡蛋加蛋黄酱和香肠薯条，爸爸要了厨师肉糜和黑香肠。爸爸把服务生叫过来，他记下了爸爸跟他说的东西。服务生写错了好几次，只好又重写，用了好多张纸。写完以后，我问他能不能不要薯条要香肠酸菜。服务生很不高兴。

我们等上菜的时候，我往四周看其他桌上都有些什么，有位大胖子先生看起来吃得特香。"那位先生他吃的是什么？"我问爸爸。爸爸说不能指手画脚的，然后就转过身去看。"不是这边，在那边！"妈妈说，然后她就指着我说的那位先生。爸爸看着她，然后那位先生就叫起来了："我吃的是鳗鱼，而且我需要安安静静地吃，知道不知道？怎么这么不懂事！"爸爸回答说他不想听他的教训，说他吃的没准是溴化物而不是鳗鱼。我就问溴化物是不是好吃。那先生看着我耸了耸肩膀又吃起他的鳗鱼来。妈妈跟我和爸爸说让我们老实点，我说我想吃鳗鱼。

服务生端着冷盘来了，妈妈看了看有点失望，因为她要的香脆番茄就是凉拌西红柿。我闹着要鳗鱼，爸爸就问服务生能不能把我的煮鸡蛋加蛋黄酱换成鳗鱼，服务生居然说可以！我觉得特

棒。我得看看他到底怎么变，可惜他是在厨房里变的。

他把鳀鱼端来的时候，我问他会不会从帽子里变出兔子。爸爸正在他要的厨师肉糜里找什么东西，抬起头来问服务生有没有兔子肉。服务生看起来挺吃惊的，说有，爸爸就说把他的黑香肠换成兔子肉。我跟他说别跟鳀鱼似的在厨房里变，要把兔子从帽子里变出来给我们看。妈妈跟我说别塞着满嘴东西说话。

服务生端着盘子出来，特不耐烦的样子。妈妈不高兴，跟他说要的雪绒松鸡就是白鸡肉和土豆泥而已。爸爸说他要的不是香肠酸菜，要的是兔子肉代替黑香肠，是我要的酸菜，而他当时不同意，说不能老换主意，所以还是炸薯条，说而且如果记不住客人要的东西就别当餐馆服务生。

"烦死了！"服务生突然大叫了一声，然后跟爸爸说不知道他到底想要什么；说我妈点了东西，但总说要的是别的；说我太不像话，说我们还老跟别的客人捣乱。爸爸对服务生说："咱们到底要看看是谁有道理。去叫您的老板！"服务说声"好"就大叫："爸爸！"把我爸吓了一小跳。

老板过来了问什么事，爸爸就说他的服务生态度不好。"是我儿子，"老板说，"我儿子怎么啦？""事多了，"爸爸说，"您儿子他记不住事，这就够可以了。""而且您所谓的雪绒松鸡就是鸡肉。"妈妈说。"而且，"我说，"他跑进厨房把煮鸡蛋换成鳗鱼，兔子也是在厨房从帽子里拉出来的。他作弊！""而且什么厨师肉糜，"爸爸说，"我倒想问问里面到底放了些什么脏东西！""那容易，"老板说，"厨师就是我哥哥，他放弃了拳击来做我的大厨！""既然您以这种口气说话，"爸爸说，"结账吧！我一分钟也不想在这所疯人院里呆了！"

　　服务生把账单拿来对爸爸说："您敢说我记性不好，我还肯定您忘带钱包了呢！"爸爸笑了起来，把钱包从外套里掏出来。

　　随后他就没再笑，因为他打开钱包时，发现他忘记从家里把钱带出来了。

四、意外惊喜

星期天下雨我们没出门。妈妈正在做苹果派点心，我跟爸爸玩国际跳棋，我赢了三次，这可真帅，真帅！真帅！

后来门铃响了，爸爸去开门，是玛迪姨妈、卡米姨父和表哥艾拉。"想不到吧！"玛迪姨妈大叫，"我知道你们这样的天气不会出门，所以我们来跟你们一起喝个下午茶，我们觉得挺有意思的。是不是，卡米？""是。"卡米姨父说。爸爸张着嘴不说话，妈妈从厨房里跑出来，说真是个好主意，说我们特高兴他们能来，可是非常抱歉，因为我们不知道有人来所以都没穿接待客人的衣服。"我们可不是客人，"玛迪姨妈说，"是给你们一个惊喜，千万别为我们麻烦。卡米老说，自己家里人没关系……噢！尼古拉，你又长高了，来让我吻一下！"我就走过去让玛迪姨妈亲吻，我也吻了卡米姨父，然后跟艾拉打招呼，他比我大一点，可我不喜欢他。

"来吧，跟我们一起用茶。"妈妈说。"这么不请自来，"玛迪姨妈说，"吃什么都可以。给小家伙来点巧克力奶，给卡米来杯咖啡，我来点柠檬茶就行了。随便什么都行。他们男人去聊天的时候我帮你在厨房干点事……你脸色看起来很好。胖一点挺好的，不过得当点心。"玛迪姨妈跟妈妈走了。

"请坐,卡米。"爸爸说。"谢谢。"卡米姨父说。"生意怎么样?"爸爸问他。"还行。"卡米姨父说。爸爸叹了口气,然后看了看卡米姨父说:"是啊,是啊。"

"我该干什么?"艾拉问。"你呀,"我爸说,"你跟尼古拉上楼到他房间里去,你们玩会儿玩具。""我不想去尼古拉的房间。"艾拉说,"我就想在这儿玩!""你会玩国际跳棋吗?"我问他。"不会,女孩子才玩这个。"艾拉说。"不对,先生!"我说,"跳棋可棒了,我敢肯定能赢你!""嚇,我们在学校里学除法。"艾拉说。"开什么玩笑,"我说,"除法我们早就学了,而且还有小数点。""那这个你会吗?"艾拉问我,然后他在地毯上翻了个跟头,可他的脚撞上了矮桌,把烟灰缸碰掉砸在爸爸脚上。爸爸"哎哟"了一声,玛迪姨妈跑过来。"是你吧,艾拉?把烟灰缸碰掉地上了?""没错,是他。"爸爸说。"你要当心,艾拉,"玛迪姨妈说,"要不然你爸会剋你的!"

然后妈妈端着托盘来说:"来吃茶点!"麻烦是苹果派本来就小,爸爸还把它切成六份,每份都不大。"我是不吃的。"妈妈说。"看起来蛮好吃嘛。"玛迪姨妈说,"你该吃一点,吃苹果派不会发胖。"我们每人吃了自己的一份,妈妈没吃。"我还要。"艾拉说。玛迪姨妈说管别人要吃的东西不礼貌,然后说如果他老实的话就给他。她把剩下的那份点心给我和艾拉分了。

吃完茶点,我们都去客厅里,妈妈说让我带艾拉去我的房间。"我说了我不想上楼。"艾拉大叫着说,"我就呆在这儿!""他脾气不好,"玛迪姨妈把眼睛往上翻着说,"就像我老跟卡米说的,太像他了,整个就是他!"然后玛迪姨妈问爸爸能不能熄掉烟斗,弄得人直咳嗽。

"咱们玩什么?"艾拉问我。"不知道。"我说,"要不玩牌,拉

442

大车。""不,"艾拉说,"我有个好主意,咱们玩捉猫游戏。你肯定输!"然后艾拉就跑过去跳到沙发上。"我的沙发!"妈妈大叫起来。"这些孩子,"玛迪姨妈说,"太不像话!你们能不能安静一会儿?""怎么啦?"艾拉说,"我们玩着呢,怎么啦?""你上沙发的时候至少把鞋脱了,亲爱的,"玛迪姨妈说,"而且要当心,别打翻东西!"正说着,"砰!"艾拉把有红灯罩的台灯打翻了。"看!"玛迪姨妈说,"我说什么来着?"爸爸把红台灯捡起来,灯罩全歪了。他让我去找些书来和艾拉一起看。我去楼上拿书,下楼的时候听见玛迪姨妈正跟妈妈说发胖以后该怎么办,爸爸坐在卡米姨父的对面说着"是啊是啊",艾拉正拿着大顶大叫:"看呀,妈妈,看呀!"我把书给艾拉看,他说不喜欢,连印第安人的书他都不喜欢。"我呀,"艾拉说,"我喜欢有飞机的书!"然后他张开两臂"嗡嗡嗡"地在客厅里跑起来。"他挺活跃。"爸爸说。"是。"卡米姨父说。"来吧,你也来玩,你是敌人!"艾拉一边说一边冲我飞过来,可他的脚被地毯绊住了,摔了个大马趴,他哭了起来。"飞机是不哭的。"爸爸说。玛迪姨妈冲我爸瞪眼睛,把艾拉抱到腿上安慰他,还吻他。然后她说太晚了,说明天要上学,大家都要早起。玛迪姨妈、卡米姨父和艾拉穿上大衣,玛迪姨妈说在我家玩得特愉快,说哪天我们也去他们家来个意外惊喜。然后他们就走了。

妈妈叹了一大口气就去准备晚饭。"不行!"爸爸说,"你们两个穿上衣服,我去刮胡子。""你带我们下馆子?"妈妈问他。"意外惊喜!"爸爸说。然后他带我们去玛迪姨妈和卡米姨父家吃晚饭。

五、动物园

今天下午，爸爸带我们去动物园，有亚三和我。亚三是我的好伙伴，就是很胖、老爱吃东西的家伙，我可能已经介绍过他了。我和亚三特高兴，是这么回事：我们正在花园里玩，爸爸过来跟我们说他愿意拿出一个下午的时间带我们去动物园玩。妈妈也在，他就跟妈妈解释说不能太考虑自己，有时也得拿出时间来陪孩子们玩。我爸他真帅！

亚三他说他更想到一家小吃店去吃点心，不过动物园也可以。

我们到了动物园，看见人多得不得了。爸爸跟我们说不许走丢。排到窗口买票的时候有了点麻烦，因为亚三想让爸爸给他买全票，我爸跟他说闭嘴。我安慰他说我们交的是跟军人一样的票价，所以我们就像是军人一样。亚三听了很高兴，他一边进动物园一边高声喊："一、二、一，左、右、左！"还让我爸跟上他的口令。

我们最先去看的是猴子。猴子们可好玩了，它们做出好多样子，特像我们认识的好多人。人特别多，我爸只好把我举起来看，他想把亚三举起来可是没举动。我们想去看别的动物，可我爸喜

446

欢看猴子。亚三说好多人扔东西给猴子吃，他也想扔。爸爸就去买了包饼干给亚三，让他喂给猴子吃，可亚三没喂。爸爸问他为什么，他说他想过了，还是自己吃这些饼干，反正他也不认识这些猴子。

然后我们去看狮子，没什么好看的，因为它们不是睡觉就是打哈欠。我在家也会睡觉打哈欠。亚三也不喜欢狮子，因为笼子里有肉它们也不吃，亚三说太浪费。我爸老想给我们讲解狮子的事，我们把他拉走了。

后来我们看见一个奇怪的动物，叫羊驼，我爸看了挂在栅栏上的牌子以后跟我们这么说。他还说，上面写着羊驼生气的时候就冲人吐唾沫。我和亚三就冲它做鬼脸，还真的：羊驼生气了，把唾沫吐到了爸爸的领带上。我爸不高兴了，因为有个管理员过来对他说不该戏弄动物。爸爸说不是他的错，是因为动物园的动物教养不好，而且我们都是交了钱来看这些蠢家伙的，它还冲人家吐唾沫。管理员说他很理解动物，说有些游人连他都想吐一口唾沫。他们两个吵得挺凶，好多人围过来看出了什么事，然后我

们和管理员就各自走开了。

我们正随便走着，我爸一眼看见了大象。"这个，你们肯定喜欢！"他一边说一边带我们去看大象。我爸又买了一包饼干，不过没给亚三，因为他想喂给大象吃。这地方特好玩，因为有好些工人在翻修大象前面的小道。他们把沙子、水泥和水和成泥以后铺在道上。我和亚三我俩看他们干活，说如果在沙滩上也有这些水泥，那就可以做特棒的沙堡了。他们做这样的工作肯定特好玩。但是我们还是想到别处去看，就转身看我爸在干什么。他把饼干喂给大象吃，自己玩得特好。大象用长鼻子来卷，爸爸就开心地笑。他还以为我们就在旁边，所以跟我们大声说话。"你看见它的长鼻子了吗，尼古拉? 像你舅舅皮阿。"然后还说："亚三，如果

448

你还这么吃下去的话，你就跟那头大象一样肥了！"我们真不想打搅爸爸，不过我们得赶快把他拉走，因为大家都看着他还以为他有毛病呢。

后来我们还看了好多其他动物，有长颈鹿，正好就在秋千旁边，我和亚三就好好玩了一通。然后爸爸带我们去看狗熊，那儿正好有一个小男孩拿着足球，我们就跟他玩了一会儿，他一哭我们就赶快走了。因为我一脚射门没当心把球踢进了鬣狗的窝里，我不想进去把球捡回来。然后我们把爸爸接回来去看海豚，亚三吃完饼干没把盒儿扔掉，因为他要舔干净。这会儿他把纸盒折成一只小船，我们把它放进水池里。可惜海豚老在水里游来游去，弄出好多浪来。到了骆驼那儿，亚三用他的钱买了一个红球，我们就拿着球跟骆驼玩，结果我爸从那儿转过身来看见我们，气得大喊大叫，他问我们是不是真喜欢动物，要是不喜欢就该早说别来，说他是花了时间陪我们来玩，要不然他可不想来动物园，还有好多事要做。亚三吓了一跳，把球一扔就哭了，亚三哭起来声音挺大的。骆驼也跟着大叫起来，结果把管理员招了过来。他认出了我爸，就说他要是还这么虐待动物的话，就把他赶出去。我爸跟他说他是纳税人，管理员说他才不管这些，说真想把我爸关进猴山，说那儿正适合他。亚三一听就不哭了，他拍手说这个主意太好了，说他真想看我爸跟猴子在一起，然后可以喂他吃饼干。管理员耸耸肩膀就走掉了。爸爸拉起我们的手说现在不许再捣乱了，说要爱护动物。我们正往外走，又看见了动物园里的小火车，上面坐满了小孩儿。爸爸问我们想不想坐小火车观光一下，他还说他陪我们上去，这样我们就不怕了。为了不惹爸爸生气，我们就同意了。卖票的先生说一般大人是不许上车的，但爸爸跟他解释说他今天特意抽时间陪我们，而且如果他不上我们也不愿意上。

爸爸坐上了第一节火车第一排位子，他坐的样子很怪，膝盖

顶着下巴，因为椅子太小了。我和亚三坐在他身后，火车刚要开，亚三对我说："来看！"我们就下了车。火车开走了，我爸还在上面，他没看见我们已经不在他身后了。不过没关系，因为他自己玩得挺好。他笑着大声说"嘟嘟、嘟嘟"，别人也跟着他笑。

亚三让我看的是一只小猫，可能是管理员的。小猫可爱极了，我们跟小猫玩得正开心，小火车载着爸爸回来了。他一点也不高兴，把我们狠狠地训了一通，说我们来动物园不是为了看小猫。"怎么啦，猫也是动物啊！"亚三说。可爸爸心情特不好，一直到家都不理我们。

我还是挺理解他的，像我爸这样不特别喜欢去看动物，就算是让我和亚三开心，让他花时间陪我们去也是挺难的。

六、伊卓

今天是星期天，我们要去比诺先生和太太家吃午饭，他们是爸爸的朋友，我不认识他们。爸爸跟我说会玩得好的，因为他们有一个女儿。我可不觉得跟女孩子一起有什么好玩的，除了曼娃。她是我家的邻居，她可好看了，因为她有黄色的头发，女孩子有黄头发就特帅。

妈妈穿上了她的灰色连衣裙，我穿上了像小丑一样的深蓝色套装，爸爸穿上了条条礼服。我们到比诺先生太太家的时候，所有的人都哇啦哇啦叫起来，好像他们没想到会见面似的。比诺先生太太还说我比我的年龄要显得高。然后比诺先生咧开嘴笑着，指给我们看比诺太太身后的女孩儿。

"这是我们的伊卓。"比诺先生说，"向大家问好，伊卓。"

伊卓的头发是黑色的，她咬紧嘴唇摇摇头又藏到比诺太太身后去了。

"伊卓！"比诺先生说，"赶快问好！"

比诺太太笑了，她转过身吻伊卓，伊卓抹了一下她妈吻过的地方。比诺太太说："请原谅她，她太害羞了。你不想跟这个可爱的小男孩儿问好吗？"

"不想。"伊卓说，"他傻透了。"

我真想上去给这个伊卓一巴掌。不过大家都笑了，妈妈还说她从来没见过这样逗乐和可爱的女孩儿。爸爸他什么也没说。

"好了，"比诺太太说，"咱们赶快先喝点开胃酒，要不然羊腿就该烤过头了。尼古拉想喝点什么？"

"哎呀，瞧您说的，他什么也不喝。"妈妈说。

"要喝，要喝！"比诺先生说，"喝点石榴汁好不好？给他们来点石榴汁，好让他们跟咱们一起干杯。大家聚在一起不容易！"

我挺喜欢石榴汁，是红色的。可伊卓又摇头了。

“我不喝石榴汁，我要喝开胃酒。”她说。

“亲爱的，你知道你喝了会不舒服的。”比诺太太说，“医生说了要你特别当心你的肚子。”

“她老生病。”比诺先生对爸爸说，“我们得特别留心照管她。”

“我要喝开胃酒！”伊卓大声嚷嚷。

比诺太太倒了开胃酒，给我和伊卓倒了一点石榴汁，可帅了，正是我喜欢的，只加一点点水。

“我不要石榴汁！我不要石榴汁！我不要石榴汁！”伊卓大声叫嚷。

“那就别喝，小心肝。”比诺太太说。

“就是，不能强迫她喝。”比诺先生说。

然后比诺太太问我在学校功课好不好，爸爸笑着说这个月还不错（我算术得了第八名），说如果要是专心点成绩会更好。

“最不可思议的是，”比诺先生说，“现在学校是逼着孩子学习。”

“就是，”比诺太太说，“伊卓的班主任可真够严格的，而且做事特别不合理。我去见过她，可她根本不听我讲。有时候我真想在家里自己请个老师教孩子算了。伊卓可是好学生，对了——伊卓，来给大家背一下你学过的寓言。”

“不。”伊卓说。

“别逼孩子。”比诺先生说。

“我要是背了寓言就可以喝开胃酒了吧？”伊卓问。

“好，就一点点。”比诺太太说。

伊卓就把手背到后面：

“《乌鸦和狐狸》，让·德·拉封丹……”

然后她就什么也不说了。比诺太太说：

“乌鸦老板在棵树上……”

455

"乌鸦老板在棵树上⋯⋯"伊卓说。

"落脚。"比诺太太说。

"落脚。"伊卓说。

"嘴里叼了一块⋯⋯"比诺太太说。

"干酪。"伊卓说。

"狐狸师傅被香味⋯⋯"比诺太太说。

"我要喝开胃酒!"伊卓大叫。

爸爸和妈妈都鼓掌,比诺先生吻了伊卓,比诺太太在杯子里给她倒了一点开胃酒。她拿起酒杯的时候把盛石榴汁的杯子碰翻在地毯上。

"没关系。"比诺先生说。

"来吧,请用餐!"比诺太太说。

餐桌挺帅的,铺了一张硬硬的白桌布,上面放了好多杯子。伊卓坐在比诺先生和比诺太太之间,我坐在爸爸妈妈中间。比诺太太端来一盘特棒的冷盘,有好多香肠和蛋黄酱,像在饭店里一样。

"你知道上星期我在街上遇到谁了?"爸爸对比诺先生说。

"我还要蛋黄酱!"伊卓大叫着说。

"好啦,心肝,你已经够多了,"比诺先生说,"而且你比别人盘子里的都多。"

伊卓哭了起来,说如果不给她蛋黄酱她就要像上次一样生病,要死了,然后她就从椅子上跳起来。

"好好,再给你一点,反正也吃不出毛病来。"比诺太太说。

"你这么以为?"比诺先生问她,"医生好像说……"

"就这一回嘛。"比诺太太说,"来,我的小兔儿。不过医生来看病的时候不许跟他说……"

比诺太太就又给了伊卓一些蛋黄酱,然后我们都等着伊卓吃完冷盘上热菜。可她吃得不快,因为她用手在蛋黄酱上画画儿。比诺太太擦了擦伊卓的手就去取烤羊肉了。

"对了,你知道上星期我在街上碰到谁了吗?我正在街上走……"

"你今天晚上带我去看电影吗?"伊卓问比诺先生。

"再说吧,亲爱的。"比诺先生说。

"可你说好的,"伊卓说,"昨天你说好要去看电影的。"

"好,如果你不累的话就去。"比诺先生说。

"我可不累。"伊卓说,"嗨呀呀,我可一点也不累!你看,爸爸,我不累。上个星期我很累,可今天我特不累。我保证,我一点也不累,一点也不,一点点也不。"

"烤羊肉来啦！"比诺太太说。

她端进来一盘特棒的羊腿，爸爸、妈妈和比诺先生都"啊"了一声。然后比诺太太把羊腿放在比诺先生面前，他站起来切肉。

"谁想要嫩肥肉（羊腿顶部的嫩肉。——译者注）？"比诺先生笑着问。

伊卓得到了嫩肥肉。

妈妈说她从来没吃过这么好吃的羊腿肉，比诺太太说她去的肉店特别好。

"我去的那家也不错。"妈妈说，"他得给足肉，要不然我就去别的店。"

"肉店老板可刁了。"比诺太太说。

我们吃完了羊腿肉,比诺太太去取奶酪。没人说话,爸爸喝完了杯里的红酒对比诺先生说:

"刚才我说我正在街上慢慢儿走,你猜我看见谁了?你怎么都猜不到……"

比诺先生转过身去看伊卓,然后他生了很大的气,大叫着说:

"伊卓,不许把胳臂肘放在桌上!"

然后他对爸爸说:

"真对不起,老伙计。不过你知道,对孩子们如果不从小事抓起的话,他们可是容易被宠坏。"

七、奖励

一天校长来到我们教室里，我们都坐下以后看到校长嘴边挂着笑。这可特让我们吃惊，因为校长来我们教室的时候从来不笑，还说我们将来要坐牢，会让我们的父母受好多罪。

"孩子们，"校长对我们说，"你们的班主任把你们上周的历史考试成绩给我看了，我对你们非常满意。你们都得到了好的成绩，你们都有进步。连倒数最后两名的科豆和麦星星都及格了，很好。"

坐在一起的科豆和麦星星咧嘴笑了，大家都高兴。只有阿蔫不高兴，因为他知道乔方跟他并列第一。

"还有，"校长说，"我和你们的老师决定给你们一个奖励。这个星期四，老师带你们一起出去野餐！"

我们都"哦"了一声。校长说：

"我得提醒你们，不能因为有了好成绩就放心睡大觉。要继续努力，一直迈向光明的前途，以此来报答你们亲爱的父母。他们可是为你们做出了巨大的牺牲。"

校长说完就走了，我们坐下来以后哇啦哇啦说话，老师不得不敲桌子让我们安静下来。

"安静一点！"她说，"安静一点！我要求你们每个人让父母写张字条允许你们出门野餐。学校负责供应午餐，我们星期四早上在学校集合，一起坐大轿车去乡下。现在做听写练习，拿出你们的本子。乔方，如果我再看见你跟阿蔫做鬼脸，你就别跟我们去野餐了。"

第二天，我们都带上了家长写的同意我们外出野餐的字条，阿蔫带来一个抱歉字条，说他不能跟我们一起外出野餐。一直到星期四，我们在班上、家里、课间休息的时候一直在讲外出野餐的事，大家都特兴奋。

结果把老师和家长都弄得特烦。

星期四早上我很早就醒了。我去叫我妈，因为我不想迟到。

"尼古拉，才6点。你9点才到校！"我妈跟我说，"快去再

睡一会儿。"

我可不想再上床睡觉，但是爸爸把头从被子里伸出来了，我只好回去，要不然肯定要出麻烦。

我第三次去他们房间他们才起来。然后我去洗漱，穿衣。我妈让我吃早饭，可我不饿。最后还是吃了，因为妈妈说如果我不吃早饭就不让我外出野餐。

然后爸爸妈妈说让我乖乖的，要听老师的话。我带上没有帆的帆船、红皮球和蓝皮球还有我的旧球拍。我爸不让我带电动火车车厢，然后我就走了。

我是8点一刻到学校的，所有的伙伴都到了。他们也带了好多东西：有皮球、玩具汽车、弹球、捕虾网，乔方还带了相机。然后老师也来了，穿了一身白衣服，特帅，我们都去跟她握手；然后木皮先生，就是我们的一个学监，手里提着两个大篮子也来了，我们也跑去跟他握手；然后大轿车来了，司机下车以后，我们又去跟他握手。

木皮先生也跟我们一起去野餐，他把两个大篮子放到车上，然后让我们上车。乔方跟麦星星打架，因为他们两个都想坐在司机旁边，老师把他俩分开，她让乔方坐到最后一排，还说如果他们不乖的话就别去野餐。还出了点其他事，比方说大家都想靠窗坐，木皮说再闹就罚抄写，再多一句话谁都别想坐靠窗的位子。

然后车就开了，真帅，我们一起唱歌。只有乔方赌气没唱，还说他的相机谁也不照，说早知道这样就坐他爸爸的车去了，他想什么时候坐在司机旁边就什么时候坐。

车走了好长时间，我们又喊又叫，每次有小汽车过我们都冲他们做鬼脸。大轿车最后一排的位置最帅，那些超不过我们大轿车的小汽车，我们就看它们的笑话。

然后乔方跟麦星星又打起来了，因为乔方不想让麦星星坐到最后一排。老师就让他们两个都坐到第一排司机旁边的位置，他们两个还得挤着坐。

后来我们就到了乡下，老师和木皮先生让我们都下车排成队，挨罚的也下车，还吩咐我们别走开。可怜的司机一个人呆在车上，他正用手帕擦脸上的汗。

我们来到树林里，老师禁止我们上树，也不让吃在草地上捡到的东西，因为有毒。老师和木皮先生在草地上铺了一大块布，然后从篮子里拿出来煮鸡蛋、苹果和三明治，亚三吃他自己篮子里带来的东西（是鸡肉和水果派！）。我们到处乱跑，扔球玩。然后木皮先生跑过来没收了科豆的虾网，因为他用虾网打鲁飞，是鲁飞先把球扔到他脸上的。

我们都在玩猎人球，科豆生气了，因为只有他一个人手里没球，就是打人的球，挺恼火的。后来老师叫我们过去吃饭，特棒，每人两个大三明治，还有煮鸡蛋和苹果，只有亚三说吃不饱。

吃完饭，老师建议我们玩捉迷藏，我们可高兴了，因为这是第一次老师跟我们一起玩。木皮先生也跟我们玩，可他生了乔方的气，因为他是在树上找到乔方的。木皮先生说禁止上树，他让

他下来，让他在树底下罚站。

亚三、鲁飞、欧多、麦星星、若奇、科豆和我一下子就被找到了，是司机不好，因为他不让我们上汽车。

然后是科豆找人，他找到的第一个人是乔方。

"不算，傻瓜，"乔方冲他大声嚷嚷，"我没藏，我正挨罚呢。"

"那你干吗不站在树的另外一边？"科豆也冲他叫。

他们两个打了起来，我们都跑出来看。老师去管鲁飞，因为他刚才三明治吃得太快了，不舒服。

木皮先生大喊大叫说我们太不像话,乔方说他的相机不见了。

我们大家就都帮他到处找他的相机,乔方又跟科豆打了起来,因为他笑话乔方,还说活该。木皮先生罚他们两个回车上呆着,他们又跑回来说司机不让他们上车。木皮先生就跟他们一起去,然后他一个人回来说没必要再找了,因为乔方把相机落在大轿车上了。

老师跟木皮先生说话,又跟我们说该回去了。我们挺失望的,因为时间还早。可我们没马上走成,因为欧多还在自己玩捉迷藏,我们得去找他。结果是木皮先生在一棵树上找到了他。

八、爸爸发福了

爸吃完第二份奶油点心，把餐巾放回桌子上说："这回我下决心了，明天开始节食。"

我问什么是节食，妈妈跟我说就是少吃东西不要太胖。"可不是，我发福了。"爸爸说。发福好像就是胖的意思。我可不觉得我爸爸有这么发福，只不过系皮带的地方有一点。不过晚饭已经吃完了，我就什么也没说去睡觉了。

第二天是星期天。星期天妈妈做特棒的早餐，有烤面包片、黄油面包、巧克力奶和橙子酱，就是里面带橙皮的，可好吃了。爸爸为了不发福只喝了一杯咖啡，没加糖也没加奶。我吃早餐的时候他就看着我，然后对妈妈说："不知道小家伙是不是也像我一样发福？"妈妈说我不发福，我在长个儿，这不是一回事。爸爸说当然了，像我这么大的孩子，想让我节食我肯定不乐意。

吃完早饭我和爸爸出去散步，星期天我们经常去散步。我可喜欢跟我爸散步了，他老跟我讲他以前打仗的时候怎么打败敌人。天气很好，大家都显得特高兴。面包点心店里有好多人在买蛋糕。我想停下来看橱窗，爸爸不让我看，拉着我的胳臂说："别呆在这儿。"点心店门口可香了！然后我们走到了露天市场前面，也挺帅的。有时候我跟妈妈去的时候，有的售货商会给我一个苹果或小虾，可爸爸不愿在这儿呆。"咱们回家，时间不早了。"我爸他显得挺不耐烦。

中饭妈妈做了一个跟饭店里一样的冷盘，就是火腿里面卷着蛋黄酱和其他东西，特好吃。然后是鸡肉加土豆和豌豆，我盛了两次拌生菜、卡蒙白奶酪和蛋糕。中饭吃得真好，我吃完以后有点不舒服。没想到爸爸也好像不太对劲，他其实只吃了几块饼干、煮菠菜和一点鸡脯肉。

吃完饭我跟爸爸来到花园里。爸爸坐在躺椅上，我就躺在草地上。然后亚三来找我玩，亚三就是学校里一哥们儿，他可特发福，他老吃东西。亚三跟我爸打了声招呼，然后从兜里掏出巧克

力蛋糕一口咬下去。他的蛋糕有点压扁了，不过看起来挺好吃。我想还是别管他要，哪怕一小块，因为向他要吃的东西他会生气的。爸爸看着亚三，用舌头舔舔嘴唇说："怎么，亚三，你在家里没吃够？""吃够了。"亚三说，"今天中午我们就吃的是焖牛肉，还有我妈做的调味汁，特帅，可以用面包蘸着吃。我妈做这个做得可好了，酸菜肉肠也做得好，昨天晚上我们就……""行了，不用说了！"我爸大声说完就看他的报纸。"他怎么啦？"亚三问我，"他不喜欢焖牛肉？"我提议他玩球。

我们正玩着就看见贝杜先生的脑袋从他家树篱那边伸出来。贝杜先生就是我家的邻居，他喜欢跟我爸闹着玩，他可逗乐了。"孩子们，"贝杜先生说，"玩着哪？"然后他看见我爸在看报。"你该跟孩子们玩一会儿，"贝杜先生说，"活动活动对你有好处，你发福了！""我爸不发福了，"我说，"他在节食呢。"贝杜先生大笑起来，我爸可不高兴。"没错，我正节食！"他大叫说，"没错！我就是要节食，别胖得像你这么又蠢又难看！""我胖吗？"贝杜先生大叫，他不笑了。"是胖。"亚三说。"童言无忌。"爸爸说，"你

就这么胖下去吧，因为你没有恒心节食！""我没恒心？"贝杜先生说。"你连不吃软奶酪的决心都下不了。"爸爸说。贝杜先生从树篱那边跳过来，他胖是胖，但是跳得可轻巧了，然后他就和我爸推搡起来。我们正看着他俩好玩，妈妈在家里叫我们："来吧，孩子们，点心准备好了！"

我们吃完点心又回到花园里，贝杜先生已经走了，爸爸正从地上把碎报纸捡起来。"这么闹有什么好处，您还不如跟我们去吃点心。"亚三说，"有蜜糖面包，不多，可是特好吃。"爸爸看了看亚三，说哪天如果他需要饮食上的建议一定去向他请教。"没得说。"亚三回答。我觉得也是个好主意，因为亚三在饮食方面知道的事特多。

外面下雨了，妈妈让我们回家。我和亚三在客厅里玩玩具汽车，妈妈织毛衣听广播，爸爸看撕剩下的报纸。广播里说的没什么意思，一个播音员正解释怎么做洋葱烧兔肉，爸爸也不觉得有什么好听的。"关上收音机！"他大声嚷嚷一句就上楼去了。亚三不高兴了。"这是我最喜欢听的节目。"他说。

亚三说太晚了，而且蜜糖面包也吃完了，所以就回了家。

"吃晚饭！"妈妈叫我们。我去洗手，回饭厅时爸爸已经坐下来了，他看起来显得很难过的样子。

结果让我特吃惊的是，妈妈本来记性挺好的，却完全忘记了爸爸发福的事，给他盛了好多好多吃的，而且还有烩什锦。爸爸看起来一点也不吃惊，他正忙着大嚼特嚼。

等他吃完第二份奶油点心，把餐巾放回桌子上说："这回我下决心了，明天开始节食。"

第十集 过家家

一、过家家

我们家的新邻居有个女儿叫曼娃，她可帅了。今天她爸爸妈妈同意她到我家花园里来跟我玩。

"咱们玩点什么，曼娃？"我问，"踢球？玩弹球？开电动火车？"

"不。"曼娃说，"咱们玩过家家。你是爸爸，我是妈妈，我的娃娃就是咱们的女儿。"

我不太想玩娃娃，因为我不喜欢，而且如果我学校里的伙伴们看见我，就有他们可笑的了。可是我也不想惹曼娃生气，她可帅了，我就说同意。

"好吧。"曼娃说，"这儿是咱们的饭厅，那边是饭桌和碗橱，上面挂着雷航叔叔的照片。现在是晚上，我穿着红连衣裙和我妈妈的高跟鞋。你刚下班回家，去吧。"

我到街上张望了一眼看有没有人，因为亚三就住在我家附近，然后才开始玩。

我假装打开门说：

"晚上好，曼娃。"

"不对。"曼娃说，"你可真傻，你得叫我亲爱的，像我爸爸一

样。我也像我妈妈叫我爸爸一样。重新开始！"

我再开始。

"晚上好，亲爱的。"我说。

"晚上好，古拉，"曼娃说，"你这时候才回来？"

"可是曼娃……"我说。可是曼娃没让我说下去。

"不对！尼古拉，你真不会玩！真是的！你得叫我亲爱的，然后跟我说你工作很忙，所以才回来晚了！"

"我工作很忙，"我说，"所以我回来晚了，亲爱的。"

曼娃把手举起来大声说：

"哈！我正等着这句话呢！每天都是这一套！我敢肯定你又跟单位伙伴们干别的事了！你从来不会想我会不会担心，或者晚饭会不会凉，或者咱们可爱的小女儿会不会生病。你总可以打个电话，想着你还有个家吧。不行，先生对这些都不感兴趣，他当然想跟伙伴们在一起！我太不幸了！你也别再叫我亲爱的！"

曼娃她讲完以后脸红红的，然后她对我说：

"哎，你干吗这么大张着嘴不说话，尼古拉？玩呀！"

"说真的，曼娃，"我问她，"咱们还是踢球吧！我不使劲踢，你瞧着。"

"不行。"曼娃说，"现在你该说你玩命工作给家里赚钱。"

"我玩命工作给家里赚钱。"我说。

然后曼娃就举起手乱挥。

"可不是，我也正等着这句话呢！"她嚷嚷说，"你们老板正在剥削你。你当然不需要去买东西或者去洗衣店，可你给我的钱根本不够用，我和娃娃都没衣服穿了。我跟你说过多少次要去找老板增加工资，可你不敢。我真想替你去！"

"这下我该说些什么？"我问。

"什么也别说，"曼娃说，"你就坐在饭桌边吃饭然后看报。"

我就只好坐在草地上假装看报。

"就知道看报！"曼娃跟我说，"跟我说会儿话呀，说说你今天都干了些什么。我一整天一个人都不见，你一回家就看报，一句话都不说。"

"曼娃，"我说，"是你让我看报的！"

曼娃笑了起来。

"可不是嘛，大傻瓜，"她说，"是说着玩的，开玩笑的。现在你放下报纸，说'哎呀呀'！"

曼娃她笑起来的时候可帅了，我喜欢跟她玩，我就假装放下报纸说：

"哎呀呀！"

"这可真绝了！"曼娃说，"我让先生放下报纸他还不乐意。而且你也没吻一下咱们的漂亮女儿，她今天背课文还得了好成绩！"

曼娃把草地上的娃娃捡起来让我拿着。

"不要，"我说，"我不要娃娃。"

"为什么不要娃娃？"曼娃问我。

"因为亚三。"我说，"如果他看见我就会笑话我，他会跟我学校里所有的伙伴们说。"

"我倒要问一下，亚三是谁？"曼娃问。

"就是一个伙伴呗。"我跟她解释说，"他可胖了，老吃东西，课间休息的时候他当守门员。"

曼娃把眼睛眯得小小的。

"原来你更喜欢跟你的伙伴玩，而不是我？"她说。

"不是的，"我说，"可现在咱们该玩电动火车了。我有好多车厢，还有好多能抬高放下的护栏。"

"既然你愿意跟你的伙伴玩，那你就跟他去玩吧。我要回我妈妈家了！"曼娃说，然后她就跑了。

我一个人待在花园里，有点想哭，爸爸从家里笑着走出来。

"我从窗户里看你们玩来着。"爸爸说，"你玩得不错，很有男子汉气概！"

然后爸爸把手放在我的肩膀上说：

"好啦，别难过，她们全都一个样！"

我特高兴，因为爸爸像大人一样跟我谈话。至于曼娃嘛，她可帅了，没关系，明天我就去向她道歉，像大人一样。

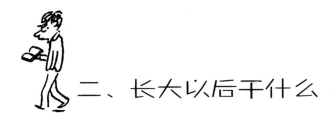

二、长大以后干什么

"安静一点！"老师大声叫喊，"把你们的本子拿出来写……科豆，听讲！……科豆！我说的什么？……好……我给你们家庭作业作文的题目是《长大以后干什么》。就是说你们将来长大以后打算做什么工作，你们成大人以后想当什么，懂了吗？"

然后下课铃响了，我们都来到操场上。我挺高兴，因为作文题挺简单的。我知道我将来要做什么：当飞行员。可帅了，飞机飞得很快，"嗡嗡！"遇上风暴或者飞机起火，所有的乘客都怕得要命。飞行员当然不怕，用飞机腹部着陆。

"我呀，"欧多说，"我将来要当飞行员。"

"不行，不行！"我说，"你可不行，飞行员是我！"

"谁决定的，我倒要问问？"这傻瓜欧多问我。

"我决定的。你呀，你干点别的吧。开什么玩笑！而且开飞机的也不能是个傻瓜。"我对这傻瓜欧多说。

"你想吃我一拳吧？"欧多说。

"第一次警告。我看着你们呢。"沸汤说，我们没看见他过来。

沸汤就是我们的学监，他穿着橡胶底的皮鞋，老在监视我们。跟他不能乱来，他狠狠地盯了我们一会儿，眉毛动来动去的，然后走开，没收了别人的一只足球。

"喊，"鲁飞说，"有什么可吵的，飞行员可以有好几个。我也想当飞行员。一人一架飞机呗，这不完了。"

我和欧多觉得鲁飞说得对，而且也挺帅的，因为我们可以各自开着飞机追着玩。

科豆说他想当消防员，因为他喜欢红色卡车和消防帽。我觉得挺意外的，因为我还以为他要当自行车手，他有一辆黄色自行车，好长时间一直在练习，准备参加环法自行车赛。

"那没错，"科豆对我说，"可自行车赛不老有。不比赛的时候我就当消防员。"

若奇他想当战舰上的舰长，说可以做特帅的航行，还可以穿海军服和戴大檐帽，还戴好多条条杠杠。

"而且，"若奇说，"每次我回家，我父母就特自豪，然后他们就为我组织盛大宴会。"

"你呢，"我问亚三，"你将来干什么？"

"我将来参加若奇的宴会。"亚三回答我。

然后他塞了满嘴的黄油面包笑着跑掉了。

乔方跟我们说他将来要到他爸的银行工作，赚好多钱。不过乔方的话不能信，他可爱撒谎了，老乱说。阿蔫这可恶的乖宝贝儿，说他想当老师，我们都笑话他。

"我呀，"麦星星说，"我要当侦探，像电影里的侦探一样。"

麦星星跟我们说当侦探可棒了，穿一身雨衣，戴一顶帽子，拿一把手枪，开一辆汽车或者飞机或者直升机或者轮船，警察找不到的时候侦探就能找着坏人。

"这都是瞎说。"鲁飞说，"我爸跟我说电影里都不是真的，这么瞎闹着玩哪能抓住坏蛋？还说都像电影里的侦探一样抓坏蛋，那他自己宁愿当坏蛋。"

"你爸知道什么！"麦星星说。

"我爸，他就是警察，他不知道谁知道？"鲁飞说。

他说的不假，鲁飞的爸爸就是警察。

"别开玩笑了，"麦星星说，"你爸不就是交警嘛，就会给人贴罚款条，哪能抓什么坏蛋！"

"你想吃我一巴掌吧？"鲁飞说，他可不愿意人家说他家人的坏话。

"第二次警告。"沸汤说，"你们都好好看着我的眼睛。你们今天比往常更闹得慌，要是再继续闹我就罚你们。"

沸汤又走了。麦星星跟我们说当侦探特难，最好玩的一件事就是不让坏人知道有人跟着他，可以假装看报，或者系鞋带。

"嘁，你都已经知道他是坏人还跟踪他干吗？"鲁飞说，"把他逮着不就完事了。"

"那是为了跟着他去找他的接头地点。"麦星星说，"你要是先抓了他，他肯定不会告诉你接头地点和他们那帮坏人在哪儿。不

484

信你问你爸，警察审问的时候坏蛋从来不招，谁都知道。而且你爸穿着警服根本没法跟踪坏蛋，人家一看就看出来了，如果坏蛋在街上看见警察假装看报，嘿，那还不怀疑。所以才需要侦探。"

麦星星跟我们说他知道怎么跟踪人，被跟的人根本不知道。而且他在来学校的路上练过好多次了，特管用，说他可以做给我们看。

"你们随便走吧，"麦星星对我们说，"我跟着你们，你们肯定一点都不知道。"

我们就走开了，麦星星在远处跟着我们。每次我们回头看，他都蹲下身假装系鞋带。

"你以为哪，"鲁飞说，"我们知道你跟着呢。"

"那当然容易发现，"麦星星说，"因为你们认识我。侦探要人认不出来就得化装，安上假胡子什么的，这么着别人就认不出来了。"

"你要是在课间休息的时候戴上胡子，我们可特容易认出你来。"欧多说。

我们都笑了起来。麦星星可不高兴了，他大声叫，说我们都是傻瓜而且忌妒他。后来他看见沸汤正在远处看他，就蹲下来假装系鞋带。

"而且，"麦星星对我们说，"我刚才跟踪之前告诉你们来着。侦探跟踪坏人的时候可不会事先说，那就没用了。"

"那你就跟踪一个不认识的人试试，别跟他说。"我说。

麦星星觉得是个特好的主意，他就跟着一个正在一边走一边复习功课的大班学生。我们都跟着麦星星，他过一会儿就假装系鞋带。然后那个大班学生突然转身走过来，抓住麦星星的衣服大声说：

"你干吗老跟着我，臭小子？你想吃我两巴掌是不是？"

麦星星满脸煞白，大班学生一松手麦星星就坐倒在地上。麦星星站起来向我们走过来。

"我看哪，"鲁飞说，"要写你的作文还得另找个差事，当侦探你可没能耐。"

"可不是，要是所有的侦探都这么没能耐，我立马就当坏蛋！"科豆说。

我们都笑起来。麦星星特生气。他大喊大叫说这都是我们不好,说那个大班学生知道后面有人跟踪是因为我们在后面跟着他,说,如果他身后跟着一帮傻瓜蛋,世界上最好的侦探也没法做好工作。

"谁是一帮傻瓜蛋?"乔方说。

"就是你们!"麦星星大叫。

"第三次也是最后一次警告,没出息的!"沸汤也大叫,"你们打什么打?唵?"

"我们没打架,先生,"若奇说,"是为了写作文的事。"

沸汤瞪大眼睛,然后咧开嘴。

"为了做作文?"他说,"我倒是要看看!是写拳击的作文吧?是不是?"

"不是的,先生,是写我们将来要干什么。"

"你们将来要干什么?"沸汤说,"这可太容易了!别担心,我来帮你们。我告诉你们将来能干什么。"

然后沸汤罚我们所有的人放学后留校。

三、真正的男子汉

今天早上，我们都起得很早，因为爸爸要跟暮普先生出门旅行，就是他的老板。

我们大家都有点不安，因为一般来说我们——爸爸妈妈和我——从来不分开，只有一次他俩让我一个人去夏令营。哪天我再跟你们说这件事。

"要当心，亲爱的。"妈妈说，她看起来好像很不放心。

"我没什么好当心的。"爸爸说，"我们是坐火车去。"

"那也得当心哪。"妈妈说，"你一到就给我发个电报。"

"亲爱的，那没必要。你知道，"爸爸说，"我明天中午就回来了。你没忘带上我的睡衣吧？……好了，时间快到了。尼古拉，带上书包，我去火车站的路上送你上学。"

然后爸爸就吻了妈妈，好长好长时间，就像是他们的结婚纪念日一样。在出租车里，爸爸跟我说把妈妈交给我了，说他不在家的时候我就是家里唯一的男人了。他笑着吻了我。伙伴们见我坐出租车到学校都觉得特奇怪。

中午我回家吃饭，饭桌上只有两副餐具，让我觉得空荡荡的。

"你先吃沙丁鱼吧，"妈妈在厨房里大声对我说，"我马上把鸡肉拿来！"

我一边吃一边看画报，可帅了，讲牛仔的故事，还有一个蒙面人，就是银行家。我知道这个故事，因为这本画报我看过好几遍了。妈妈端着鸡肉进来冲我瞪眼睛。

"尼古拉！"她对我说，"我跟你说过多少遍了，吃饭的时候不许看书。赶快把画册收起来！"

"可爸爸吃饭的时候就看报。"我说。

"这就是你也能看的道理吗？"妈妈说。

"是啊，"我说，"爸爸跟我说他不在家的时候我来代替他，说我是家里的男人。所以如果爸爸能看报，我也能！"

妈妈好像很吃惊的样子，然后把我的画报放在碗橱上。我说既然这样我就不吃鸡肉了；妈妈说如果我不吃鸡肉也就别吃甜食。我只好吃鸡肉，真不公平。然后我还得赶快去上学，因为今天下午是体操课，可帅了。

放学以后，我和亚三陪科豆回家，因为他想给我们看他姑姑艾塔送给他的新消防车。结果我们没看成，因为科豆他妈不让我们进他家。我就陪亚三回他家，然后亚三陪我到我家门口。我进家的时候，妈妈正在客厅里等我，她一点也不高兴。

"你怎么这会儿才回来？"妈妈问我，"我已经跟你说过放学以后不许在街上玩。你看我怎么罚你，啊？"

"爸爸下班回来晚你从来都不说他。"我说。

妈妈看了看我说：

"这个，小儿子，是你自己这么认为的。现在你去给我做作业，一会儿要吃晚饭了。"

"咱们去外面吃饭吧，然后去看电影。"我说。

"你脑子长哪儿了，尼古拉？"妈妈说。

"怎么啦？"我说，"你有时候就跟爸爸出去！"

"没错，尼古拉，"妈妈说，"可那是爸爸付账。等你挣好多钱咱们再说。"

"我有储钱罐，"我说，"里面有好多钱。"

妈妈把手压住眼睛说：

"好了，尼古拉！我不想再听这一套了！现在你听我的话，要不然我生气啦！"

"哈！这可特不公平！"我大叫说，"爸爸跟我说他不在的时候我就是家里的男人，可你根本不让我干爸爸平时能干的事！"

"你爸他没跟你说要乖？"妈妈问。

"没有，"我说，"他就说让我代替他，没别的。"

妈妈笑了，然后说：

"好吧，为了今天晚上的小男子汉，我做了一个巧克力蛋糕。我想这种蛋糕男人们是会喜欢的，饭店的巧克力蛋糕都没这个好吃。咱们就在家吃，然后咱们玩牌。好不好？"

我说同意，因为是真的，不吃妈妈做的巧克力蛋糕那才傻。吃完晚饭，我们玩牌，我赢了两盘，因为我玩拉大车可棒了。然后妈妈就说该上床睡觉了。

"再玩一盘！"我说。

"不行，尼古拉，上床！"妈妈对我说，"而且你知道，既然你是男人，你就得像爸爸一样去检查一下大门关好了没有。"

我去检查大门，这么照顾妈妈我可自豪了，可我还想再玩一盘拉大车。

"爸爸他可是最后一个上床的！"我说。

"那好，尼古拉，"妈妈说，"我去上床睡觉，这么着你就是最后一个了。"

妈妈关上客厅的灯就上楼了。我不喜欢一个人在客厅呆着，我也上楼回我的房间。

"我睡着以后你可不许回客厅！"我冲妈妈喊。

"哎呀！"妈妈在她房间里大声说，"谁这么吵我，我都快睡着了！"

然后我就睡了，结果妈妈又把我叫醒。

"来吧，亲爱的，"妈妈对我说，"去洗洗，该上学了。快，快，起来！"

我说我不想上学。

"每天早上都是这一套，"妈妈说，"快点起来，别闹了！我还以为你是个男子汉呢！"

"男人可不上学。"我说。

"男人去上班。"妈妈说。

"我想去上班，"我说，"可我不想去上学。而且爸爸说过要我好好照顾你，如果我在学校做算术题，我就不能在这儿照顾你了。"

"你爸的主意是不错，"妈妈说，"不过你要是不起床，那就等着挨揍吧，听见了？"

我哭了起来，我说我病得特厉害，我使劲咳嗽了好多次，我说我肚子痛。可妈妈把被子掀了，我只好去学校。我回家吃中饭的时候，爸爸已经回来了，我跳上去吻他。爸爸说他特想我，还给我带回来一件礼物。他给了我一支笔，上面用金字写着"范德戈保险公司"，可帅了。然后爸爸把手伸进我的头发问妈妈：

"怎么样，尼古拉他表现得还不错吧？"

妈妈看了看我，笑着说：

"他表现得像个小男子汉，真正的男子汉！……"

四、掉牙

这几天我有一颗上面的牙一直在动，我用舌头舔，有时候会疼，可我还是用舌头舔来舔去。

昨天中午，妈妈去厨房取烤肉的时候，我一咬面包，"嘣！"我的牙掉了。我特害怕，就哭了起来。

爸爸突然一下子站了起来，来到我的椅子旁边。

"怎么回事，尼古拉？"他问我，"你哪儿疼？回答我，怎么回事？"

"是我的牙，"我哭着说，"牙掉了。"

爸爸听了以后笑了，妈妈从厨房里赶出来。

"出了什么事？"妈妈问，"我两分钟不在你们就闹出事！"

"没事！"爸爸笑着说，"这傻小子哭，因为他掉了一颗牙。"

"一颗牙？"妈妈说，"让我看看……"

妈妈往我嘴里看，她也笑了，然后吻了我的头发。

"好了，亲爱的，没什么好哭的。"妈妈说。

"有的好哭，有的好哭！"我大叫，"我疼，而且还流血！"

"尼古拉，"爸爸说，"你得学会长大，只有人长大才会掉牙齿，而且一点事也没有。就像你去理发店理发，头发理了以后很快就长出来了。去漱漱嘴再来吃饭。别跟我胡说，一点不疼的。我跟你说过没有？你这么哭的时候特丑！"

爸爸说完还做鬼脸，把我逗笑了。我去漱嘴，还把那颗牙洗干净了放进口袋里，然后下楼吃饭。

后来又惹出一大堆麻烦，因为我说我要等牙齿长出来再去上

学。可我没哭出来，因为爸爸又跟我做鬼脸逗我笑。

上学的路上我碰见亚三，一个伙伴，我把牙齿给他看。

"这是什么呀？"亚三问我。

"我的牙齿，"我跟他解释，"刚才掉的，看。"

我张开嘴，亚三往里张望，说是真的，我缺了一颗牙。然后我们害怕迟到赶快跑起来。

"嘿，伙计们，"到了学校操场上亚三大声说，"尼古拉掉了一颗牙！"

所有的伙伴们都过来，我张开嘴，他们就都往里张望。沸汤，

我们的学监，也过来了，他想知道出了什么事。我就跟他解释，他也往我的嘴里看了看，然后说声"很好"就走了。

"你的牙齿还在吗？"乔方说。

"在呀。"我说。

我把牙齿从兜里掏出来给他看。

"别忘了小老鼠，把牙放在你枕头底下。"乔方对我说。

"什么呀，小老鼠怎么啦？"麦星星问。

"嗨，"乔方说，"就是家长的把戏。你掉了一颗牙，他们就让你在睡觉之前把牙放在枕头底下，因为有个小老鼠要来拿走你的牙，然后给你放一个硬币。可管用了。"

"瞎说的。"鲁飞说。

"可能是瞎说的，"乔方说，"不过20生丁我可是拿到了。爱信不信……"

"我爷爷把牙齿放在水杯里。"科豆说。

"你觉得小老鼠的事对我也管用吗？"我问乔方。

"管用，"乔方说，"准没错。"

"瞎说的。"鲁飞说。

"是吗？"乔方说。

然后上课铃响了，我们都去排队准备进教室。

我听了乔方说的小老鼠特高兴，我把牙从兜里拿出来看。

"别弄丢了。"亚三说。

"尼古拉！"老师大声叫我，"你又在搞什么？把你课桌里的东西拿过来。快点！快点！哭也没用！"

我就到老师的讲台上去给她看我的牙。老师看起来特吃惊，她问我：

"你这是什么东西，尼古拉？"

"是我的牙齿。"我解释说,"我今天晚上要把它放在我的枕头底下,就是小老鼠那事。"

　　老师瞪着我,可我看见她憋着没笑,就这个她可帅了,我们老师。有时候她训我们的时候我们也觉得她特想笑。

　　"好吧,尼古拉。"她跟我说,"你把你的牙齿拿回去,别再因此分心。因为小老鼠那事,像你说的,必须是乖的孩子才管用。所以就为了这个,今天你也得老实点,懂了吗?现在回去坐下。"

　　然后老师就提问科豆,给了他零分。不过没关系,反正他今天没掉牙齿。

　　放学以后,亚三跟我一起走,他对我说:

　　"你看,小老鼠的事不是瞎说的,老师也说了。你别忘了把牙齿放在枕头底下,啊?这么着,明天咱们就可以用这笔钱给咱俩买点东西了。"

　　"凭什么给咱俩?"我说,"是我的牙齿。你想要钱就等着你的牙掉下来,开什么玩笑!"

　　亚三特生气,他说我不是他的伙伴,如果是伙伴,掉了牙齿就得跟他分钱。说他这辈子再也不理我了,说他的牙齿要是掉了,

连这个都不会给我。亚三试着打响指，结果手上黄油太多没打响。然后他就跑了。

睡觉之前，我把牙齿放在枕头底下，然后高高兴兴地睡着了。

今天早上我醒得特早，醒了以后赶快看我的枕头底下。我看见什么了？我的牙！没有钱，只有我的牙！

这可太不公平了，拿不到钱掉牙有什么好处？我到爸爸妈妈的房间里，他们还睡着呢。我一边哭一边举着牙给他们看。

"又掉了一颗？"爸爸大叫一声，"太不可思议了！"

"是昨天的牙。"我解释说，"乔方跟我说了小老鼠的事，可没管用！"

"小老鼠的事？"妈妈说，"你说什么呢，尼古拉？"

"小老鼠！"爸爸拍了一下脑门说，"可不是！……没错……我知道是怎么回事了……回你的房间，尼古拉，我马上就来。"

我拿着我的牙回房间，听见爸爸妈妈在大笑。然后爸爸进我房间的时候脸上还挂着笑。

"你瞧它有多傻，这小耗子！它把枕头搞错了！你看我在我枕头底下找到什么？"

爸爸给了我一枚50生丁的硬币！

我特高兴。亚三是我的好哥们儿，我也不想惹他生气。所以我决定下次见他时把我的牙齿给他，让他也放在枕头底下！

是我的大牙。

五、这都是闹着玩的！

我 的那些哥们儿都傻透了！我跟你们说过我们有家邻居，不是贝杜先生，我爸已经不跟他说话了，而是古拉先生，他不跟我爸说话，是小储蓄商店四层卖鞋柜台的经理，他有个太太叫古拉太太，爱弹钢琴，她有个女儿叫曼娃，有时候到我家花园里来跟我玩。

比方说，昨天她就从我们两家的树篱洞中钻了过来，这洞一直没堵上。古拉先生给我爸发了一封信，说如果我爸再不堵上这个洞他就去告他。我爸也给他写了一封信，我不知道他写了什么。可我们住得这么近，通过邮局写信你说好玩不好玩！曼娃过来问我是不是愿意跟她玩，我说愿意。

就算曼娃是个女孩儿也挺帅的。她脸红扑扑的，黄色的头发亮亮的，眼睛蓝蓝的，穿一件蓝色的格格罩衫，跟她的眼睛挺相

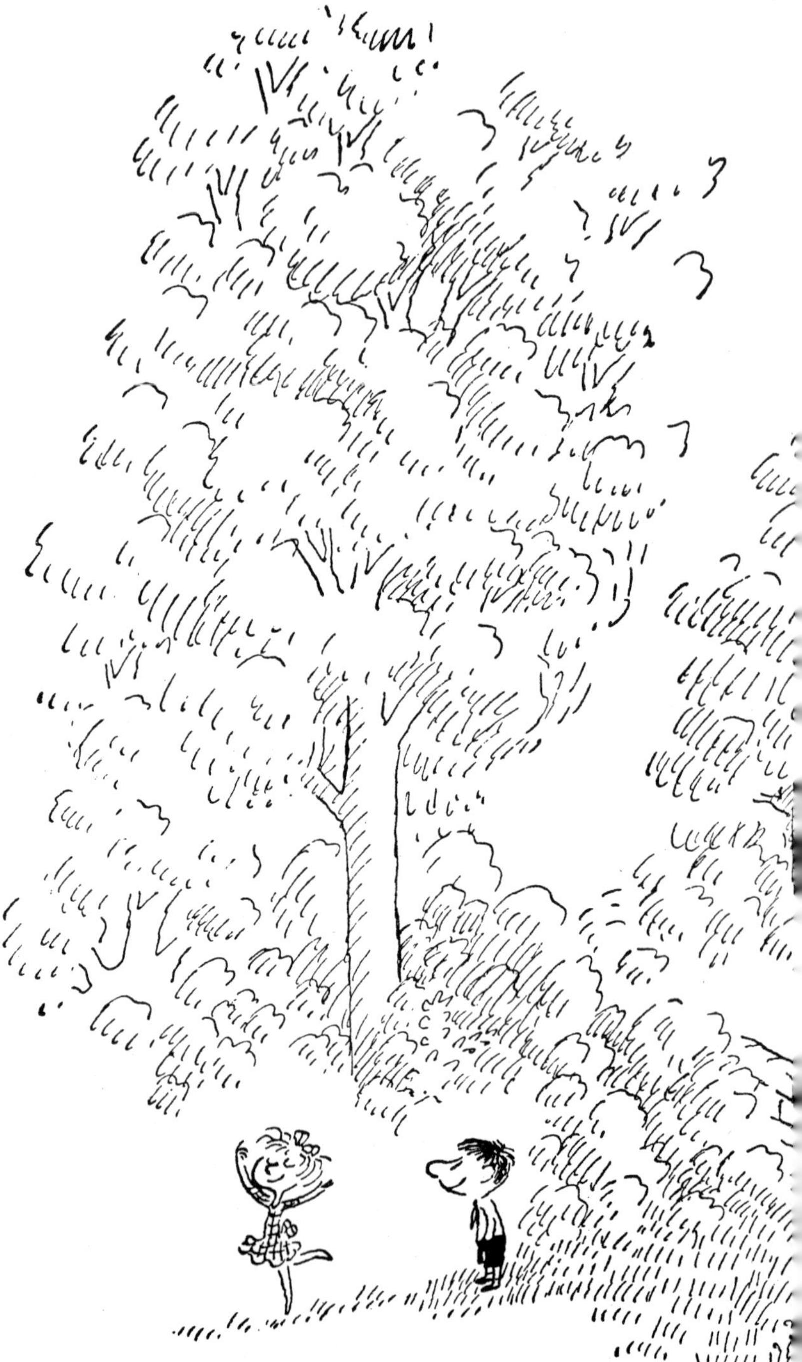

配，不是格格，是蓝颜色。

"你知道吗？"曼娃对我说，"我现在学跳舞了。老师跟我妈说我有特棒的跳舞天才，你想看我跳吗？"

"想。"我说。

曼娃就开始唱起"啦啦啦"，然后在草地上到处跳，然后还时不时停下来弯下身好像在草地上找什么东西，然后她的手和胳臂像翅膀一样乱动，然后又踮起脚尖围着我妈种的秋海棠转，可帅了。在科豆家的电视上我也没见过这么帅的节目，不过上星期看的牛仔电视不能算。

"将来，"曼娃说，"我就是一个很有名的舞蹈家，我会穿白色的裙子和芭蕾舞短裙，知道吗？头上还戴好多首饰，我要到世界好多地方的剧院去跳舞，有巴黎、美国、阿尔卡雄，还有剧院。有好多国王和总统，大家都穿制服和黑礼服，还有穿缎子裙的太太，知道吗？可我是最漂亮的，大家都站起来为我鼓掌。你呢，知道吗？你是我丈夫，你就在台幕后面，然后你向我献花。"

"好。"我说。

然后曼娃又开始踮起脚尖围着秋海棠跳起来，我希望将来长大以后，妈妈会让我采秋海棠花带到剧院去。不过不肯定，因为我妈的秋海棠是不能乱动的……结果我的伙伴们正好从我家门口路过。

"哎！尼古拉！"欧多叫我，"你跟我们来荒地玩吗？我们要踢足球。亚三的父母把没收他的球还给他了！"

一般来说，我最喜欢的是爸爸妈妈，然后是足球。可是不知道为什么，这会儿我不特别想去跟哥们儿踢足球。

"如果你想去就去吧，"曼娃说，"反正你去不去我都无所谓。所以你想去你就去。"

"怎么着，"鲁飞叫我，"你是来还是不来？要想玩就得赶紧，时间不多了。"

"他当然来。"亚三说。

我想不想踢足球跟这帮哥们儿有什么好说的？我不想玩就是不想玩，就这么简单。可不是嘛！真是的，开什么玩笑！

"他干吗老这么看着咱们？"若奇说。

"喊，"乔方说，"咱们没他也能玩。走吧。"

我这些哥们儿就走了。曼娃对我说希望不是因为她我才不去跟我的朋友踢足球的，我说当然不是，我只是干我想干的事，然后我就笑了。曼娃问我想不想翻跟头，因为曼娃特想看怎么翻跟头，我翻跟头可棒了。然后古拉太太叫曼娃回去，因为该洗手吃晚饭了。

吃晚饭的时候我不太饿，妈妈把手放在我头上，说看见我不吃饭却在玩土豆泥挺担心的。爸爸说因为是春天了，然后爸爸妈妈就笑了起来。我也笑了，可我没吃完土豆泥。

妈妈让我去上床睡觉，因为我看起来很累，明天还要上学。我睡了一个好觉，有曼娃在剧院里跳舞，穿着她的蓝色格格罩衫，剧院里所有的伙伴都穿着牛仔服，还鼓掌，我把一大束秋海棠花送给曼娃。

今天早上我到学校，所有的伙伴们都到了。他们一看见我，欧多就把亚三抱在怀里，像电影里的小伙子和女孩子一样，他们不开心的时候就这样，不过人家女孩儿不像这傻瓜亚三似的吃黄油面包。

"我爱你！"欧多说，"哎呀呀！我爱上你了！"

"我也是，我也特爱你，尼古拉。"亚三看着欧多的眼睛说，还冲他喷了好多面包渣。

"你们这是在干什么？"我问。

乔方就开始一边跳一边用胳臂做出好多动作。

"看我跳舞，"乔方嚷嚷说，"这可比踢足球好多啦！看哪！我就是尼古拉的未婚妻！伙计们，看哪！我帅不帅？"

然后所有的人都围着我一边跑一边还大叫："尼古拉恋爱了！尼古拉恋爱了！尼古拉恋爱了！"我特别生气，在亚三的黄油面包上狠狠打了一巴掌，我们全都打了起来。我们的学监沸汤跑过来把我们分开，说我们是群野孩子，说他受够了，罚我们留校，然后他去打铃上课。

我恋爱了？真可笑，好像真能爱上女孩儿似的，就是曼娃我也不会爱上！昨天那都是闹着玩的！要说不开玩笑的事，就是这帮哥们儿都是傻瓜！

等我长大，我就跟剧院守门人说不让他们进去！可不是嘛，真是的！

六、小舅子

麦星星今天到学校来的时候特得意。

"嘿！伙计们，"他跟我们说，"我要当小舅子了。"

"开玩笑。"鲁飞说。

"不，先生，我可不开玩笑。"麦星星说。

麦星星跟我们说他的姐姐瑷苗订婚了，她结婚以后麦星星就成他姐姐丈夫的小舅子了。

"你当小舅子太小了，"欧多说，"我爸才是小舅子，你太小。"

"首先我一点也不小，"麦星星说，"你要愿意咱俩赛跑我准赢。而且小不小跟这事没关系。我姐姐结婚，然后'哪'！我就成小舅子了。"

麦星星跟我们说他姐姐的未婚夫可帅了，他留着小胡子，而且已经给他送了礼物。昨天晚上他来看瑷苗的时候还给他钱让他去买糖吃，还让他叫他的名字锐猛，内兄弟嘛，就是特好的伙伴。

"然后他还跟我说他们结婚的时候让我当男傧相。"麦星星接着跟我们说，"到时候我可以喝香槟酒，我还能吃一大块结婚蛋糕。"

"噢！那多好！"亚三说。

"还有，他还说好了，"麦星星说，"他会带我上他的汽车。他有辆特棒的汽车，他带我去动物园看猴子。"

"你这小舅子真烦透了。"鲁飞说。

"是吗？"麦星星说，"你这么说因为是你忌妒。而且你当不成小舅子，就这么回事！"

"什么？"鲁飞叫道，"我想什么时候当小舅子就什么时候当！你才当不成小舅子，你太丑了！你是个丑舅子！"

这句话把我们都逗笑了。麦星星又问鲁飞：

"你再说一遍？"

"丑舅子！丑舅子！丑舅子！"鲁飞又说了几遍。

麦星星跳到鲁飞身上，两个人开始打起来。沸汤，就是我们的学监跑过来了，把他们两个分开。

"他说我是丑舅子因为他忌妒！"麦星星大叫说，"他们都忌妒！"

"我可没问你是怎么回事！"沸汤说，"我不想听你的胡言乱语。两个人都给我去站墙角，还有别人想要去的话也可以。不许说话，安静，去！"

下午放学回家，我就想麦星星真有运气当大人的小舅子，还留小胡子，还有人带他去动物园看猴子。我到家就去厨房找我妈问她：

"我能不能当小舅子呀，我？"

妈妈看了看我然后说：

"尼古拉，我很忙，别拿你的事来烦我。你等你爸回来再问他。现在吃完点心去做作业。"

等我听见爸爸回到家我就跑下楼大叫：

"爸爸！我想问你……"

"等一会儿，我的小儿子，"爸爸说，"至少让我先脱掉外衣。"

等爸爸在客厅扶手椅上坐好了就问我：

"怎么啦？小家伙，你想问什么？"

"我能不能当小舅子呀，我？"我问他。

爸爸看起来有点惊讶，然后他就笑了。

"那可不行，"爸爸说，"我看是不行。对了，或者可以当姐夫或者妹夫，等你长大结了婚就可以当，不过你不能娶独生女。"

"不行，"我说，"不能等，就现在。麦星星要当小舅子了，他还要坐汽车去动物园看猴子。"

"听好了，尼古拉，"爸爸说，"你得懂点事。我很累，想安安静静地看会儿报纸。上楼去做作业，或随便干点什么，好不好？"

"这可不公平！"我大叫，"我每次问点什么东西，你们都不跟我说话，还把我赶上楼！麦星星那样的傻瓜，就因为他姐姐结婚他就可以坐汽车去动物园看猴子！"

爸爸从扶手椅上站起来，跟我一样生气。

"有完没完？尼古拉！"他也大叫，"你要是再闹下去，我可告诉你有你好瞧的！"

我大声哭了起来，妈妈到客厅里来了。

"又出了什么事？"妈妈问，"我一把你们两个单独留在一起就听见你们又叫又喊的。"

"事情就是，"爸爸说，"你儿子想要一个姐姐，马上就要！"

妈妈睁圆了眼睛，然后她就笑了。

"你这是说什么呢？"她问。

"你儿子，"爸爸说（"你儿子"就是我），"他突发奇想要当小舅子，因为他学校里的一个傻小子要当小舅子了，他还要去动物园看猴子。反正我就听懂了这些。"

妈妈笑个没完，爸爸也笑起来，我也跟着笑了。每次妈妈笑我都笑。然后妈妈蹲下来把她的脸对着我的脸，跟我说：

"又出怪点子，亲爱的！你知道，有小叔小舅可不总是什么好事。我就有一个，你看，我可知道是什么滋味。"

　　"啊？怎么啦，你小叔子招你惹你啦？"爸爸问她。

　　"呵！"妈妈说，"你是知道的，欧今有时候有点……有点粗野呗。你记得上一次他来咱们家赶都赶不走他。还有他那些黄段子！我真服了！……"

　　"难道我在自己家连自己的兄弟都没权利接待了？"爸爸说，他一点都不笑了，"他的那些幽默可能确实不适合淑女，可我听了高兴着呢！"

我想当小舅子。

"那你太容易满足了。"妈妈说完红着脸站起来。

"不管怎么说，"爸爸说，"小舅子也好，小叔子也罢，总比岳母要好对付。"

"你这是影射谁？"妈妈问。

"随你怎么理解。"爸爸说。

"我可知道有人特想回你岳母家。"妈妈说。

爸爸把双手抬起来，从扶手椅那里走到有台灯的小桌旁，又从有台灯的小桌旁走回扶手椅那里。然后他在妈妈面前站住，问她：

"你不觉得我们有那么一点无聊吗？"

妈妈笑了，她说：

"可不是！"

然后大家都笑起来，都吻起来。我也挺高兴，因为我喜欢爸爸妈妈和好。然后妈妈就为晚饭做特好吃的东西。

后来门铃响了，爸爸去开门，是贝杜先生，我们的邻居。

"我来问问，"贝杜先生说，"你愿不愿意明天星期天跟我一起去林子里跑步。"

"啊，不行。"爸爸说，"抱歉，明天早上我要跟尼古拉坐汽车去动物园看猴子，像两个真正的内兄弟。"

贝杜先生走的时候准在嘀咕这一家人都疯了。

我想当小舅子。

七、脏字

今天下午课间休息的时候，欧多说了一个脏字。在学校，我们有时候说点脏字，可他说的这个词儿我们都没听说过。

"是我哥哥今天早上说的。"欧多跟我们解释说，"他是军官，现在在家休假。他刮胡子的时候拉着了脸就骂了这句。"

"你哥哥不是军官。"乔方说，"他在服兵役，他就是个士兵。别惹我笑话你。"

"没错，他就是军官。"欧多说。

"我可不信！"乔方说。

然后欧多就跟乔方说了那个脏字。

"再说一遍？"乔方说。

欧多又说了一遍，乔方也说了一遍，然后两人就打了起来，这时候上课铃响了。

"刚好是好玩的时候。"鲁飞说。

然后他也说了那个脏字。

我回家的时候，妈妈在厨房里，我跑进厨房大声说：

"妈妈，我回来啦！"

"尼古拉，"妈妈说，"我跟你说过多少次，回家别像个野孩子似的。现在吃完点心去做作业，我还有事。"

我喝巧克力奶和黄油面包的时候，看见妈妈在做羊腿。我特喜欢吃羊腿，可帅了，而且没有客人，因为我肯定能吃到嫩肥肉的一半。

"盖了，羊腿肉！"我说。

"是啊，"妈妈说，"是你爸让我今晚做的，放好多大蒜，他肯定会高兴。"

爸爸也跟我一样喜欢吃羊腿，我们两个分嫩肥肉。

"好了，尼古拉，"妈妈说，"你吃完了点心，现在上楼去做作业。"

"我能去客厅玩一会儿吗？"我问，"吃完饭我再做作业。"

"尼古拉！"妈妈大声说，"现在就上楼去做作业，听见没有？"

结果我就说了那个脏字。

妈妈把眼睛睁得老大老大，她使劲盯着我，我有点不好意思了。在学校课间休息学来的脏字是不能在家说的，因为课间休息说的时候好玩；在家，可就真脏了，而且会惹出好多麻烦。

"你说什么来着？再说一遍？"妈妈问我。

我就又说了一遍。

"尼古拉！"妈妈大声说，"你在哪儿学的这种词儿？"

"嗯，"我说，"是在学校课间休息的时候。欧多，他有个当兵的哥哥，可他说是军官，其实不是，乔方跟他说来着。欧多的哥哥在休假，然后他刮胡子的时候拉着了，就说了这个脏字。欧多就在学校教给我们，课间休息的时候。"

"好哇！好哇！"妈妈说，"我可知道学校是怎么教育你们的了，你还有这么些教养好的同学。现在你上楼去做作业，咱们看爸爸一会儿说什么。"

我只好上楼去做作业，这会儿不能再闹了，我真有点发愁，我还有点想哭。都是这个傻瓜欧多和他的脏字，他还不如别跟我们讲他哥哥刮胡子的臭事，可不是嘛，真是的！

我正做作业就听见爸爸回来了。

"亲爱的，我回来啦！"爸爸大声说。

"尼古拉！"妈妈叫我。

我就下楼来到客厅里，我不太乐意。爸爸见到我就笑了，他说：

"哎，你怎么这副样子，大小伙子？我敢肯定学校里又出什么事了！"

"可比出事还严重，"妈妈说，她生气地看着我，"而且非常严重。你可知道你儿子学会说脏字了？"

"说脏字？"爸爸很吃惊，"什么脏字，尼古拉？"

我就说了那个脏字。

"什么？"爸爸大叫起来，"你说什么？"

"你听见了吧？"妈妈说，"你想想看。"

"好极了，"爸爸说，"谁教你说的？"

我就跟爸爸解释了一遍这傻瓜欧多和这傻瓜欧多的哥哥的事。

爸爸在他的外衣口袋上打了一下然后叹了口气。

"咱们真是白费工夫。"他跟妈妈说，"结果竟然是这个样子！这下好啦，我真想给校长写封信，可不是！他们可真得好好看管这些个捣蛋鬼。我上学那会儿，谁要是敢说这样的脏字，没的说，马上轰出校门！我们那时候可真是纪律严谨，现在不行啦！现在是新的教育方式，现代化的教育，不能给他们这些小孩子们任何限制！然后呢，将来他们都变成阿飞、混混、小偷。好，很好，非常好！整个一代优秀的流氓！这就是他们正在培养的后代！"

我站在那儿特害怕，要是爸爸给校长写信，那可就糟了。因为我们学校就像爸爸小时候上的学校，校长也不喜欢听脏字，有一次一个大班同学跟另一个大班同学说脏字就被停学了。

"我不许你给校长写信！"我哭喊着说，"你要是给校长写信，我就不去上学了！"

517

"就你在学校里学的那些东西，不上也罢。"爸爸说。

"问题不在这儿，"妈妈说，"问题是尼古拉要知道，以后再也不许说这些脏字了。"

"你说得对。"爸爸说，"你过来，尼古拉。"

爸爸在扶手椅里坐下，把我抱在他的两腿中间。

"你害臊不害臊，尼古拉？"他问我。

"嗯，是。"我说。

"你应该为自己害臊。"爸爸说，"你知道，你现在受的教育决定你将来的一生。如果你不学好，你说脏字，你就是个不成器的人，别人会指着你看你笑话。你听到又重复的这个脏字你自己都不明白是什么意思，你觉得没什么了不起的，说着玩的。可你错了，大错特错了。社会不给没出息的人出路，你或者成为流氓混混，或者成为对社会有用的人。你看这就是选择！要成为一个人们希望结交、愿意接受的人。一个粗鲁的人在生活中永远抬不起头来，人家会不信任你，排斥你，不要你。你看这么个脏字就能把一个人一生都毁了。你懂了吗，尼古拉？"

"懂了，爸爸。"我说。

"你觉得他懂了？"妈妈问爸爸，"我觉得……"

"咱们看看，"爸爸说，"尼古拉，我跟你说了些什么？"

"嗯，"我说，"不能说脏字，因为要不然就没人邀请你。"

爸爸妈妈互相看了看，然后他们就笑了起来。

"差不多就是这个意思，小家伙。"爸爸说。

"我为我的尼古拉自豪。"妈妈说，她吻了我。

然后爸爸突然不笑了，他用鼻子闻闻，又往厨房那边看，大叫起来：

"煳啦！你的羊腿！"

结果妈妈说了那个脏字！

八、要过圣诞节喽！

爸爸以前老跟我说圣诞老人很穷，不能给我带我想要的好多特棒的东西。不过今年的圣诞节会特帅，因为爸爸说了我会得到我想要的所有东西。

今天是放假前的最后一天上学。乔方的爸爸特有钱，他爸老给他买好多东西，我们当然不会忌妒，因为我们是他的好伙伴。不过这傻瓜老有礼物也不是很公平，而我们只有在过生日和圣诞节或者考试得第一名的时候才有礼物。而且得第一名的时候不多，因为我们班第一名老是阿蔫那家伙，就是老师的乖宝贝儿。

乔方没来得及跟我们说他的飞行眼镜，因为上课铃响了。课上老师生气了，因为乔方和欧多在讲话。

"乔方！欧多！"老师大声叫他们，"你们是不是想留在学校过圣诞节，啊？"

"我可不想，小姐，"乔方说，"我明天就去滑雪了。"

"你要是跟我一样留校，"欧多说，"那你就去不成了。可不，开什么玩笑！"

"是吗？"乔方说，"我爸可是订了旅馆和火车票！怎么着！"

"安静！"老师大叫，"你们太不像话了！……尼古拉，你跟

519

我一齐说话不觉得别扭？……我不知道今天你们是怎么回事，实在是太不老实！谁再说一句话，我就把全班都留校，滑不滑雪我不管！"

"哈！"欧多说。

然后老师罚欧多和乔方去站墙角，每人站黑板的一边。因为教室后面的一角已经被科豆占了，他让老师提过问，他被提问以后总是站在教室后面的一个角；另一个角是鲁飞，因为他给麦星星传纸条，上面写着："下课以后我有话跟你说。"老师看见了纸条，她不喜欢我们上课传纸条，她说如果有什么重要事要说就等下课再说。然后下课铃响了，老师让所有的人都出去，包括挨罚的哥们儿。我们老师她可帅了，有时候我觉得她喜欢自己呆在教室里。

在操场上，麦星星问鲁飞有什么要跟他说的，可鲁飞说他跟

传纸条时让老师抓住的傻瓜没什么好说的，这就是他想说的，别的什么都不说了。

麦星星一直在问鲁飞到底有什么要说的。我们都围住乔方，他把飞行眼镜戴在眼睛上，说这是滑雪用的。

"你会滑雪？"我问他。

"还不会，"乔方说，"我们去的地方可以跟教练学滑雪。然后我就去参加比赛，像电视上的一样。我滑得特快所以才需要飞行眼镜。"

"谁信呀！"欧多说。

乔方可不高兴。

"你这么说，"乔方说，"是因为你忌妒！"

"别开玩笑了。"欧多说，"如果我愿意，圣诞节我就要飞行眼镜，我会得到好多！"

"谁信呀！"乔方叫道，"你要是不滑雪，你就没权利戴飞行眼镜！"

"瞎说什么呀！"欧多说，"对了，我也要去滑雪，而且我更需要……呃……飞行眼镜，因为我滑得比你快！"

然后他们就打了起来。沸汤跑过来，沸汤就是我们的学监，我忘了跟你们说没说过我们这么叫他是因为他老说"好好看着我的眼睛"，在汤里才看得见眼睛。是大班同学给他起的外号。

"小坏蛋！"沸汤大叫，"这就是你们要过圣诞节的样子？你们在放假最后一天还表现得像野孩子？而且你们为什么打架？好好看着我的眼睛，回答我！"

"他说他比我还快，穿什么滑雪板！"乔方大声说。

"好，这就够了。"沸汤说，"你们两个给我做动词变位：'我不该在课间休息时大声喧哗，也不该无事生非在操场上打架搞破坏。'用所有的时态和语态。放假以后交来，现在去站墙角。"

"可我明天就要去滑雪了！"乔方说。

"谁信呀！"亚三说。

沸汤也让他去站墙角。

"我呀，"科豆说，"我要给圣诞老人写封信管他要一个自行车上的变速器。"

"你写给谁？"若奇问他。

"给圣诞老人呗！"科豆说，"你想让我给谁写信要变速器？"

"别开玩笑了。"若奇说，"我小的时候也信这个，可现在我知道圣诞老人就是我爸。"

科豆看着若奇，然后用手戳着脑袋说他有毛病。

"我跟你说我见过他！"若奇大叫，"去年，我半夜醒来，我的房间门没关。我看见我爸把礼物放在圣诞树底下，结果圣诞树差点倒在他身上。然后我爸就骂了一个脏字。"

"伙计们，"科豆说，"他说他爸就是圣诞老人！别开玩笑了，真是！你可能是看见你爸了，可我在商店里看见了真的圣诞老人，有白胡子穿红袍子的，我还坐他腿上来着。他问我在学校学习好不好，我还挺不好意思呢！他可不是你爸！"

"当然不是我爸了！"若奇嚷嚷说，"我爸，他才不想让小瘪三坐在他腿上！"

"哼，"科豆说，"你爸给钱我都不想坐他腿上！而且他要是到我家来在我家圣诞树底下干什么坏事，那我爸就把你爸赶出门。哼，开什么玩笑！你爸他就呆在你家要倒的圣诞树那儿吧！"

"你敢再说一遍我家圣诞树怎么的？"若奇说。

然后沸汤又跑过来，因为科豆和若奇已经开始互相打巴掌了。

"如果我爸想在你家的圣诞树上搞什么名堂，可不是你爸能管得了的！"若奇还在大叫，"还想坐我爸的腿上，你别指望！"

"他就留着他自个儿的腿吧，你爸！"科豆也大叫。

沸汤气得满脸通红，他指着操场的尽头，咬着牙说：

"去跟那些人站墙角，做同样的动词变位。"

课间休息结束之前，沸汤又去管鲁飞。鲁飞倒在地上，麦星星坐在他身上跟他说："怎么着，你说不说刚才你要跟我说的话？"鲁飞摇头，使劲咬着嘴唇不说话。

上完最后一节课，我们都去站队。校长过来祝我们过一个快乐的圣诞节，说他知道有的学生已经等不及了，还说既然是放假，他就免除一切惩罚。校长他说得对，我也看出来我们老师和沸汤放假之前可烦躁了，他们给好多处分。

放学以后，我们这一大帮特帅的哥们儿在一起多呆了一会儿，互相祝圣诞节快乐。科豆和若奇和好了，还说刚才他说若奇他爸腿的事是开玩笑的。若奇说让他爸给科豆家的圣诞树底下放个变速器。鲁飞跟麦星星说他想跟他说的就是他在商店里看见一个像真的一样的电话，如果住在他家旁边的麦星星管圣诞老人要一个电话，他也要一个，这样他们以后就可以在电话里老说话了。麦星星说这是个挺帅的主意，说还可以带到学校里在课上说话，这样老师就不会因为扔纸条的事生气了。然后他们两个高高兴兴地一块回家，去管他们爸爸要电话。我们都笑话阿蒜，因为他跟我们说去年他得到一本特棒的字典，只有前三本，今年他想要从M到Z的后三本，阿蒜他可真没劲！欧多，他想要滑雪板。

然后我跟亚三回家，他是我最好的伙伴，他很胖，老吃东西，就住我家附近。

"我家圣诞节前夜，"我跟他说，"会有我姥姥、朵乐姨妈和欧今叔叔。"

"我家，"亚三说，"有白肉肠和火鸡。"

然后我们看了看街上的橱窗，特好看，因为都是圣诞节的装饰，有花彩、圣诞树、雪花、闪光玻璃球、马槽（耶稣诞生的马槽。——译者注）和圣诞老人。

孔巴先生的杂货铺橱窗里有一个用沙丁鱼罐头做成的圣诞树，旁边撒了白糖当雪花。我们在点心店门口呆了好长时间看圣诞蛋糕。点心店女主人出来跟亚三说让他走开，因为他老这么站着不动让她心烦，还把鼻子贴在橱窗上。在买煤的店里，平时有好多脏口袋，现在也挂上了花彩，上面有三个小灯炮。最棒的是电器店里的灯炮，橱窗里都摆满了，有好多好多各种颜色的，所有的灯都开着，还直闪亮，灯光把对面的百叶窗都照亮了。然后亚三跑回家了，说不想错过吃点心，他到吃饭时还没回家他家的人就会特担心。

"你回家的路上又磨蹭了吧？"我回家时妈妈对我说，"我本来想带你去市中心看灯呢！"

"噢，妈妈，带我去吧！"我求她。

我妈就笑了，她说好的，也就是因为是圣诞假期的开始。她让我先吃点心再带我出门。

我吃得很快，然后换了衬衫和毛衣，因为巧克力奶洒到身上了。我们坐上公共汽车，上面有好多太太带着像我这么大的家伙，车上可挤了，可这些家伙们都很高兴。

城中心跟车里一样挤。商店的墙角有好多好多灯不停地转还直闪亮，照着街上停着走不动的汽车，汽车里的人又喊又叫还按喇叭。这儿可漂亮了，比我们街上的电器店还帅。不过要挤到橱窗前面看可不容易。

"我带你来看灯的主意不错吧！"妈妈说。

"可不是！"我说。

"怎么回事？别挤呀，太太。"一位太太对妈妈说。

"我没挤，太太，是别人挤我。"妈妈说。

我们来到一个橱窗前面，有好多会动的娃娃，特好玩。还有一只大象坐在车厢里，旁边全是电动火车，隧道，平交道口，车站，小奶牛，桥。妈妈让我往前走，我说：

"不要，我还想看一会儿！"

"您往前走啊，太太！"那位太太说，"您没看见您堵住通道了吗？这儿又不是只有您一个人。"

"太太，您满意不满意，"妈妈说，"也得像别人一样等着。"

电动火车可帅了，老式火车头最棒，还有烟囱冒烟呢。

"快点，您倒是往前走不走啊，太太？"那位太太又问。

"看得出来您没孩子，"妈妈说，"要不然您不会老这么催人

527

的。"

"什么？我没孩子？"那位太太说，然后她大叫起来：

"罗什！罗什！罗什！你在哪儿，罗什？赶快过来！罗什！罗什！"

然后我们又看见了其他橱窗，有真的旋转木马在转，还有好多好多铅士兵，整套玩具和汽车，还有皮球。我问妈妈能不能进去看一看玩具。

"这么乱哄哄的进去？"妈妈说，"别想了，尼古拉！现在进商店简直是不要命！你下次跟爸爸再来吧。"

结果我们没走成，因为有人使劲推，把我们挤到商店里。妈妈说那就进去转一转，但得马上出来。

我们坐了自动扶梯，我喜欢坐自动扶梯。可在玩具一层我没看见什么东西，因为到处都有好多大人，要是跟爸爸来就好了，因为他可以把我举起来看。我爸他可厉害了。

有一队小孩儿在排队等着跟圣诞老人说话。队里有一个大人，这位先生有点生气，因为他拉着的一个特小的小孩儿在哭，说他不想再打预防针。

"咱们走吧。"妈妈说。

"再呆一会儿！"我求她。

妈妈瞪了我一眼，我看不能闹着玩，而且正好是圣诞节前，还是别惹出麻烦。人太多，出商店也不容易。好不容易挤出来，妈妈热得脸红红的，她还丢了一只手套。

我们回到家爸爸已经回来了。

"怎么回事？"他说，"这会儿才回家！我都开始担心了！"

"可别！"妈妈说，"下次你再说你的感想吧！"

妈妈去换衣服。爸爸问我：

"你们到底去哪儿了？"

"嗯，"我说，"我们去看商店，可棒了，我们看见橱窗里有好多小人能动，老式电动火车冒烟，公共汽车里全是人，在商店门口有个太太还跟妈妈吵架，她的儿子叫罗什的找不着了，还有好多灯和音乐和一个圣诞老人，有一个小家伙怕去见他，我们等了半天汽车，因为全都是满的，我们玩得可开心了！"

"明白了。"爸爸说。

我们晚饭吃得很晚，妈妈显得很累。

"爸爸，我圣诞节有什么礼物？"吃甜食（是中午剩的苹果派）的时候我问，"我的伙伴们都有好多东西。"

"那要看你了，小儿子，"爸爸笑着说，"你管圣诞老人要些什么？"

"要一个会冒烟的电动火车，"我说，"一辆新自行车，新自行车用的变速器，铅士兵，一个带灯的蓝色玩具汽车，积木，一个像真的能打电话的电话，可以在班上跟亚三说话。"

"就这些？"爸爸问，他没笑。

"还要一个足球和一个橄榄球。"我说。

"你知道，尼古拉，"爸爸跟我说，"圣诞老人今年没多少钱。"

"你老这么说！"我说，"这不公平！人家伙伴们都有他们想要的东西，我从来没有！"

"尼古拉！"爸爸大声说。

"好了，"妈妈说，"你们又要开始闹了！叫你们安静一会儿不再继续这种讨论是不是太过分了？我头痛得不得了。"

"好，很好，非常好，"爸爸说，"要避免争论问题，你可以得到一切你想要的东西，尼古拉。而且我可以再慷慨一点，送你一艘快艇。同意吗？"

妈妈笑了，她站起来吻了爸爸然后说：

"对不起，亲爱的。我总觉得圣诞节还远……咱们还得有点耐心。"

"哎呀呀！"爸爸说。

我就喜欢要过圣诞节之前，不耐烦地等。我想象着过了圣诞节之后，我开着快艇，特快，脸上戴着飞行眼镜，看乔方怎么说！

作者生平：

勒内·戈西尼（René Goscinny）

"1926年8月14日我生于巴黎，一生下来我就开始长个儿了。第二天是8月15日圣母升天节，我们没出门。"后来他们全家移民到阿根廷，勒内·戈西尼在布宜诺斯艾利斯的法国小学和中学上学。"我在班里是个十足的淘气包，但由于我功课好就没被开除。"他是在纽约开始工作生涯的。

1950年初回到法国后，他便创造了一系列传奇人物。与桑贝创造了小尼古拉的形象，他创作的儿童语言后来造就了这位小学生的成功。然后戈西尼与阿尔贝·于得左创造了阿斯特里克这一人物，这个小个子高卢人的名声大振，这套丛书也被译成了107种文字。阿斯特里克的历险记成为世界上阅读最多的著作之一。同时戈西尼与莫里斯一起创作了《吕基·律克》，与塔巴里创造了《巴格达怪杰》，与戈特利布创造了《丹哥文件》。

作为《飞行员》杂志的主编，他改革了连环画的风格，使之成为"第九种艺术"。

戈西尼在电影方面与于得左和达尔戈一起创建了IDEFIX电影摄制公司。他拍摄了一些著名的动画片，包括《阿斯特里克与克娄巴特拉》、《阿斯特里克的十二项壮举》、《戴西城》、《达尔顿兄弟》等。他身后留下的系列电影作品获得了一项恺撒奖。

1977年11月5日，勒内·戈西尼逝世，享年51岁。《丁丁历险记》的作者埃尔热曾说过："'丁丁'在'阿斯特里克'面前无足轻重。"戈西尼所创造的众多人物使作者永生，而他创作的很多语言已进入了我们的日常生活当中，如"举枪的速度比他的影子还快"、"取代哈里发成为哈里发"、"小的时候就掉进了神奇汤锅里"、"找到神奇汤"和"这些罗马人真是疯了"，等等。

作为天才的剧本作家，戈西尼在创作这个调皮捣蛋和天真无邪的小淘气鬼人物的过程中，充分发挥了他在写作方面的才华。这正符合他曾经说过的话："我对这个小家伙有种特殊的喜爱。"

让－雅克·桑贝（Jean － Jacques Sempé）

"孩提时代，捣乱是我唯一的消遣。"桑贝1932年8月17日生于波尔多。小时候，他的功课不怎么好，因纪律问题被波尔多现代中学开除，于是他便开始自谋生路。他先是在一家葡萄酒生产厂家成为多面手，后来又当夏令营辅导员、事务员……

18岁时，桑贝提前应征，北上巴黎当兵。为了发表他的作品，他跑遍了所有报社编辑室，终于在1951年通过《西南周日报》社卖出了他的第一幅漫画。他与戈西尼相遇之后便一发不可收，成为专业"杂志社漫画家"。而《小淘气尼古拉的故事》中的尼古拉从一开始便在我们的记忆中刻上了顽皮大王的形象。他于1956年开始为《巴黎竞赛》杂志社工作，并与其他众多杂志社保持着合作关系。

1962年，桑贝出了第一本画册《绝不简单》，随后陆续出版了三十多本画册。他以杰出的幽默和温馨的讽刺笔触，淋漓尽致地展示了我们人类及这个世界的乖谬。

他创造的作品有《玛塞林为什么会脸红？》、《哈乌尔·塔布兰》和《朗贝尔先生》等，表现了对生活细致入微的观察。四十年来，桑贝已成为法国漫画家中最杰出的一位。

除了他自己的画册之外，他还给帕特里克·莫迪亚诺的《戴眼镜的女孩》和帕特里克·聚斯金德的《索默先生的故事》作插图。

桑贝在法国画家中是极少给《纽约客》杂志画封面的画家。另外，他每周发表在《巴黎竞赛》和《费加罗文艺》上的漫画总会让成千上万的读者发出会心的微笑。

他欣喜地接受了为《小淘气尼古拉绝版故事》作画的工作，他为这一盛事而感动，为小尼古拉的再次出现而深感欣慰。

一本你不会忘怀的书

　　现在的孩子真是幸福，至少远远超过我们的童年。在我们贫瘠的儿时岁月，也有星星点点的精神食粮来填满我们饥饿的灵魂。我们记住了叶圣陶先生的"稻草人"和"古代英雄的石像"，记住了丹麦的安徒生笔下的"海的女儿"、"卖火柴的小女孩"和"丑小鸭"、"拇指姑娘"，记住了从意大利来的"皮诺曹"，记住了从德国来的"白雪公主"和她的朋友们"七个小矮人"……　"哎呀，你们记住得真不少！"也许现在的孩子会这样说。我们读过并且记住了这些，不是我们比你们聪明，而是因为那时的童话读物不多，可供我们阅读或者游戏的东西太少，所以，不朽的童话在我们的眼前一亮，我们就像吸水的海绵把它们全都吸进头脑，年岁越久记得越牢。还有战争，那摧毁一切的战争，让我们知道了生命的可贵，懂得了珍惜所有美好的事物，所以记住了美丽的童话，希望我们永远有一颗童心。你们的童年就不同喽，看，繁华乱眼；听，杂音迷魂。世上所有的新奇一起涌到你们面前，全社会都珍爱你们。谁能吹一道清风廓散你们头上的乱云，将真善美送入你们的心田，让你们陶醉在崇高与美的境界，让你们如朝阳般灿烂，似月亮般清纯，像星星一样闪耀柔和的光。这是所有关爱你们的大人们，醒里梦里都挂在心头的沉甸甸的思绪呀。

　　一个时代有一个时代的潮流，一个时代有一个时代少年的风采。六十年前的少年，渴望征战，将日寇驱逐出我们神圣的国土；五十年前的少年渴望"向科学进军"；四十年前的少年渴望思想的"纯洁"；三十年前的少年渴望出国深造。今天呢？今天的少年渴望什么？我们明天的太阳要今天的少年升起，因此塑造少年的灵魂是全社会的大事。给我们的少年捧出什么精神食粮，就不能不让人费尽思量。向孩子们提供一切美丽的童话，将世上所有超越时空的少年儿童读物尽可能多地摆在孩子们面前，这是对民族负责的大人们的任务。

　　这一本法国的《小淘气尼古拉的故事》写得实在是棒。尼古拉简直就在你面前。他是那样可爱，他的淘气、调皮、乃至没有恶意的"恶作剧"、独出心裁的"捣乱"，让你觉得这个清澈如水、童趣盎然、好奇心无处不在的男孩子就应该是你的亲人。特别是他对事物、人物的认识，他独特的思维方式和准则，他的心理活动，既符合他的个性又引人深思。这是一位有深邃哲思和人生领悟却又童心满怀的作家，从孩子的视角观察世界又出离浮丽，以孩子的话语而又上升到优美的文学语言写出的棒极了的小说，难怪一问世便被法国读者说成"国宝级"的作品。这书的第一辑，已经风靡法国，一经传入我国，又"洛阳纸贵"，不胫而走。现在又有第二辑问世，必然再一次掀起新一轮"尼古拉热"。尼古拉不同于哈里·波特，他没有那些神奇和魔法，他只有平凡和普通。正是这普通和平凡，让你觉得你就是尼古拉的朋友，或者你自己就是尼古拉。你看你朋友的故事，你读你自己的心，这种亲切感会让你兴奋、愉快、若有所思，乃至深深地领悟。我相信，只要你读过尼古拉，这个伙伴就会陪伴你一生，让你永远年轻。

　　小朋友，来读读这本书吧，你将获得快乐和启发，你将在不知不觉中将自己提升到一个新的境界中。不信，你试试！

苏叔阳

534

快乐的文学——赞《小淘气尼古拉绝版故事》

《小淘气尼古拉绝版故事》，顾名思义，尼古拉就是本书的主人公。他所接触到的人物近二十名。这众多人物间所发生的故事都是由第一人称——尼古拉这个小"我"亲口叙述的。而这个小"我"只是小学低年级的贪玩、好动的小学生。他的讲述有他的取舍与发挥。在这繁简相间、饱含欢乐与幽默气氛的叙事中，凸现了他的顽皮、机灵与可爱。

小尼古拉是个独生子。父亲负责辅导他的学习，母亲料理他的生活。这个聪明的小淘气摸透了父母的脾气秉性。为了能尽情地玩耍，他亲昵地哄妈妈，吻妈妈。偶尔不顺心——如让他在学校吃一顿午饭，他便大哭大闹。哭，有时是真哭，有时是装哭，边装边窥探妈妈的态度。发现妈妈无动于衷时，咿咿几声，便戛然而止。他的乖、闹、颦、笑，乃至以出走、自杀威胁妈妈等，无不伴随着纯朴、童稚的天真，看上去煞是可爱，好玩儿。

开学前，妈妈给他买了新书包、新文具，他立刻想到课间伙伴们用书包给同学们腿下使绊子，那些小文具"在课堂上可以玩出好多花样来"。没等上学，当天他便用小飞机形的转笔刀当飞机去"炸"老鼠形的橡皮，硬是"把飞机给弄碎了"。他由于贪恋游戏而影响了学习成绩，在考试中他是倒数第二名。但他并不焦急，也无压力感，只是担心总考最后一名的科豆缺考。假如那样，最后一名的位置就由他坐定了。仅以不考最后一名而喜气洋洋自得其乐，实在是令人啼笑皆非。

尼古拉最激动，最感兴趣的是从爸爸的朋友雷昂的谈话中，听到了父亲小时淘气的故事。例如："把墨水瓶里的墨倒在了安内的兜子里"，为此"被休学了四天"；"在黑板上画了老师的漫画"，被"老师给了他三个零分"。对这些事尼古拉越听越兴奋，好像从爸爸那里找到了知音。爸爸则越听越脸红，好像在儿子面前失去了尊严。这段插曲，并非在宣传有其父必有其子一类的"遗传"论，而是借助父亲童年的情形，表明小尼古拉的淘气并非特殊现象。在历代孩童中淘气者都大有人在。这是由孩子的天性所决定的。而小尼古拉等的淘气比他们前辈同龄人都较文雅而又富于多益性。他们既没有损害他人的举动，也没说过一句粗野的话语，有的却是同玩共乐的团队精神和萌芽状态的反对邪恶、扶持正义的思想意识。

在荒地玩的那场"无敌英雄帮"的游戏，便清楚地显现了尼古拉和他的伙伴们对英雄的敬慕，对正义的推崇。他们"跟坏人作斗争，保护好人，帮助穷人，还抓坏蛋"。这虽是游戏中的设想和虚构，但也说明了他们头脑里有了这些可贵的想法与概念。这些不同于往昔儿童的玩法及其所蕴藉的耐人寻味的思想含义都可以说是时代的文明与进步的一种折射或反映。

游戏有助于孩子们身心的发展、思想的提高与良好习性的培养。这些功能多是在孩子们玩得十分投入之时，自然而然地付诸实现的。小尼古拉学习上不用心，玩时却极其投入。在玩"无敌英雄帮"时，因为有趣，他便认真地遵守游戏规则，严格要求自己。与伙伴们相比，他不像乔方那样大发领袖欲，坚持当头儿；不像欧多那样固执己见；不像若奇那样胆小；不像阿蔫那样古板；也不像亚三那样老惦着吃东西；而是活泼、机敏，服从分配，很快地进入角色——全心全意地当个"普通一兵"。贪玩的小尼古拉很聪明，他的超乎伙伴们的长处多半是在游戏中锻炼出来的。

小尼古拉在游戏中的认真、服从大局等种种表现，也令人意识到，这个聪明的孩子，一旦认识到学习的意义，一定会端正态度，奋发图强，取得优异的成绩。

《小淘气尼古拉绝版故事》这套法国国宝级儿童文学系列名著，深为广大小读者所爱读。读而思之，他们会感到，尼古拉仿佛就在他们当中，童声童气地描述着他的让人忍俊不禁的生活趣事。他所参与的有主题，有角色，有规则的集体游戏，也会使他们听得入迷，笑得开心。而笑，是有助于身心健康的。尼占拉等在游戏中所表现出的勇敢、坚定与惩恶助善的正义感，也会使他们乐于效仿、学习和接受的。所以我们称这套系列名著是作家戈西尼、画家桑贝联袂献给孩子们的"快乐的文学"，当是恰合其实的。

然而，爱读本书的不只是孩子，还有他们的家长老师和关心儿童教育的大朋友。这些成年人的欣赏角度与收益和小读者的不尽相同。最主要的当是：他们不仅会从小尼古拉等的顽皮、欢笑的游戏活动中感受到孩提的诚挚与快乐，或许也会因之而童心来复，忆起或重温儿时的单纯、愉悦、无忧无虑，从而得到心态的自然调整，更加轻松、乐观地面对繁复的工作和人生。

本丛书之能风靡许多国家、地区，与其老少咸宜、雅俗共赏的风趣、魅力和充满欢笑的独特风格也不无关系。

浦漫汀

让笑声响起来

提起桑贝，我作为漫画工作者并不感到陌生，我曾见过他不少佳作，特别是他的短篇连环漫画给我留下了深刻的印象。桑贝作品有着奇巧的构思、生动的情节、有趣的人物形象，特别是他的作品几乎都是无文的，近乎无声的"哑剧"。也正由此，形象成了他的唯一"语言"，不管哪个国家、哪个民族的读者在他作品面前，绝没有"文字语言"障碍，不用请翻译就可以亲近他的作品，并且受到他那欧洲式幽默的感染，由无声变有声——让人情不自禁地发出笑声！

他的作品引发我的好奇，我看到他的"档案"：

让—雅克·桑贝1932年8月17日出生于法国以产酒闻名的波尔多市，少年时因学习成绩不佳、淘气不守纪律被学校除名，后开始自谋职业。他曾在铁路、银行、保险公司干过活，卖过啤酒，在夏令营当过教练员，在办公室当过勤杂工，18岁时提前服兵役到了巴黎。1951年19岁的他投出了第一幅漫画，开始了漫画家生涯，曾为《西南周日报》、《巴黎竞赛》、《快报》等法国报刊撰稿，同时作品也走向国外，英国的《笨拙》、德国的《明星》、美国的《纽约客》刊载过他的作品。

1954年他与著名儿童文学作家勒内·戈西尼合作创作了一个小学生小尼古拉奇遇记的连环画，在《蚊子报》上发表。1959年在《西南周日报》上连载更加文学化的以小尼古拉为主角的连环画。

1957年他出版了第一本漫画集，接着他又出版了《一切都不简单》、《越来越复杂》、《各自逃命吧！》、《朗贝尔先生》等数十部漫画集，可谓是位多产画家。他的多产除了来自他多年的沧桑阅历外，也来自他的勤奋努力和他对生活的观察积累。不少人让生活像流水似的白白流走，而桑贝却能从流水中留下闪光的"金沙"，加工成无数的艺术珍品。四十年的磨练，使他成为法国顶级漫画家之一。他的艺术也是世界人民共同的精神财富，应为各国人民共享。这正是中国少年儿童出版社出版这套丛书的原因吧。让中国儿童从小领悟外国优秀文化，感受法国式的滑稽幽默，这应是一件大好事。

虽然我看桑贝漫画较多，但对以文字为主的《小淘气尼古拉的故事》丛书却是初次见面，我很新奇，啊，桑贝还画了那么多的文学配图。看了书，我对文学作者勒内·戈西尼的艺术有了了解。他通晓儿童，懂得他们的心理，直达他们的欲求，而且擅长用幽默的文字表达出来。他的文章没有枯燥的说教，有的是丰富多彩的故事。这些故事都相当精悍，颇像桑贝自编的连环画，有头有尾，有起承转合，有情理之中，也有意料之外，很像说相声最后抖了个"包袱"，幽默、笑声就从中流淌出来。

我也曾为叶圣陶、张天翼、叶永烈等的儿童文学作品配过图，他们的文学描述给了我启发，丰富了我的想象，这样才能创造出视觉形象。插图不宜多，但往往也是故事中最闪光的地方，像一棵大树的剖面，哪怕是一个横断面也可以从年轮上判断它的历史，这就需要画家有寻找这个闪光之点的眼力了。

桑贝与戈西尼两人合作多年，出了那么多集《小淘气尼古拉的故事》，可见他们二人水乳交融、相互默契，这样他们才能产生互补效应：图中有文，文中有图；你中有我，我中有你。两人都具有幽默艺术的思维，这正是他们合作成功的重要因素。

书籍的生产成千上万，但真正成功的并不很多，《小淘气尼古拉的故事》丛书能译成三十多种文字流向世界，攫取了近千万读者的心，足见其巨大的影响力。中国少年儿童出版社去年4月首印此书，获得巨大成功，今年又将推出此书续篇《小淘气尼古拉绝版故事》。我相信在中国，它一定会赢得千万个中国少年儿童的笑声和掌声！

小尼古拉——让每一个人变得更快乐!

我们提倡让孩子们多读一些好书,但是——"功课太多了,根本没时间看课外书!"孩子们说。是啊,沉重的课堂教育就像给孩子上了"夹板"一样,让他们动弹不得。孩子们对读书的兴趣逐渐淡化、弱化,以后就以不看书为乐,这真是教育的悲哀啊。

要让孩子们喜欢读书,先要有好书才行。我们要给孩子们提供好玩有趣、快乐有益的好书,让他们引起读书的兴趣,养成读好书的习惯。

《小淘气尼古拉的故事》就是一部让人快乐、让人深受启迪的好书!去年出版以来,深受大小读者欢迎,今年又推出了续集《小淘气尼古拉绝版故事》。这是我读过的书中最好玩的了。先别说孩子,连我每次读都忍不住笑出声来。我想,幽默、真实,读来能感受到真的快乐,是它最吸引我的地方。

创作小尼古拉时,戈西尼是"喜欢什么就写什么"、"怎么快活就怎么写",桑贝画画儿的时候也特别快乐。所以,我们读小尼古拉时也应该完全放松,快快乐乐地读。小尼古拉有许多好"哥们儿",个个都是身手不凡的捣蛋专家,比如,有爱吃黄油面包、总弄得满手油的亚三,老喜欢打别人鼻子的欧多,家里特有钱、老爱吹牛的乔方……他们到了哪里哪里就不得安宁,被搞得乱七八糟,他们却不以为然,觉得天经地义,本该如此。乔方去参加远方一个亲戚家的婚礼,坐了一回飞机,回来后就和小伙伴们吹牛,说途中遇上了风暴,还说除了他,其他人都怕极了。没坐过飞机的小伙伴认为这没什么了不起,结果因为这么点小事他们吵了起来,打作一团,就连上课铃响了也不罢休,结果老师罚乔方抄写一百行句子……

小尼古拉的故事取材于人们身边的一桩桩小事,作家总能以独特的视角描写孩子,描写孩子的行为和心理世界,描写孩子周围的真实世界。

比如，它不但写孩子也写了许多大人的事。我们总说，成人是孩子们的样板，但在我们责怪孩子们做的不对时，总是没有想到我们自己做出怎样的榜样。小尼古拉去爸爸的办公室玩，推门进去，看到他的爸爸和同事们一个个坐在办公桌前，显得异常忙碌。等大家知道了来的只不过是小尼古拉而不是老板以后，马上换了一幅情景，人们立刻不忙了，有的互相开着玩笑，有的讲着低级笑话，有的吃东西，有的睡觉，还有一位先生拿了一张纸给小尼古拉叠起了飞机。忽然，老板进来了，大家马上又"忙"了起来。可是一份重要的合同却找不到了，原来让那位先生叠了飞机……在我们笑的同时，也引起我们深思。因为它从另一个角度肯定了孩子们的天性，也对大人的虚伪行为提出了批评。

作品流露出的是真情实感，没有丝毫的矫揉造作。这是因为作者纯熟地运用写作技巧，写起故事来就得心应手。不过，在这部书带给我们的真实面前，"技巧"已经可以被忽视了。这是真正的"从儿童的角度出发，以儿童的耳朵去听，以儿童的眼睛去看，特别以儿童的心灵去体会"（陈伯吹语）的儿童本位化创作。

幽默大师林语堂说过：有的人不懂幽默，不懂就是不懂，打一百下手心也不懂。幽默是种智慧，需要用心去体验。法国作家戈西尼和画家桑贝这两位幽默大师，把那种不动声色、不温不火的幽默发挥到了极致。在"小尼古拉"系列中，这种自然流露、无所不在的幽默，简直俯拾即是。

最后，我要大声地说："读读小尼古拉的故事吧，它会让每一个人变得更快乐！"

张之路

搞笑的尼古拉赋予平凡生活高雅的格调

"小淘气尼古拉"又来了！这个消息给我带来难以名状的惊喜和期待。

如果你已经是个"尼古拉迷"，一定能理解这种惊喜。法国漫画大师桑贝与戈西尼在半个世纪前合作出版的《小淘气尼古拉的故事》曾经给我们带来那么多的欢乐。如今，尘封40多年未结集出版的《小淘气尼古拉绝版故事》终于要面世了，书中又有80个非常好玩的新故事，怎不令人期待？

不过，如果你还是第一次听说"小淘气尼古拉"，很可能就难以理解啦。我甚至不知该怎样描述它的故事梗概！小淘气尼古拉的故事实在是太平凡了——尼古拉是一位法国小学生，生活在大约20世纪50年代，他和爸爸妈妈生活在一起，爸爸是普通的公司职员，妈妈是普通的家庭主妇。尼古拉的爸爸、妈妈各自都有爸爸、妈妈，还有兄弟姐妹。尼古拉虽然没有兄弟姐妹，但他在学校里有一帮哥儿们，亚三、乔方、鲁飞、欧多、麦星星、科豆、若奇、阿蔫，等等。他有时也和邻居家的女孩来往，比如伊卓、曼娃什么的。

每天早上，尼古拉去上学。在学校里和小伙伴们一起上课，课上课下，他们少不了打打闹闹，今天这一位、明天那一位，轮流受罚。即使不受罚，这帮淘气包也时常互相打得鼻青脸肿。下午，尼古拉常常玩到很晚才回家，但爸爸几乎总是比他再晚一点下班回到家。爸爸一回家就看报，妈妈在做晚饭。这时候爸爸常常教训尼古拉，而尼古拉常常大闹，妈妈常常跟爸爸拌嘴，当然最后总是和好如初。然后吃晚饭，然后做作业，然后睡觉。

尼古拉一家的邻居都非常友善，但有位贝杜先生经常招惹尼古拉的爸爸，他们吵吵闹闹起来也像十足的孩子。

尼古拉最渴望放假。冬天，他总是"极不耐烦"地等待着圣诞节，虽然爸爸总说"圣诞老人很穷"，但他总忍不住向圣诞老人要许多礼物。夏天，尼古拉一家肯定要去海边度假，尼古拉很开心，总是把自己晒成"人猿泰山"一般的古铜色。可是，因为担心开学前自己又变白了，他少不了又要把爸爸"逼疯"……

简而言之，"小淘气尼古拉的故事"就是这位法国小学生的幸福生活，由100多个拉拉杂杂的小故事组成。这样的故事，值得我们中国的孩子读吗？

值得，当然值得！不但值得孩子们读，更值得大人们读。我这么说，至少有三大理由。

第一，因为它好玩。能够不被"尼古拉"逗乐的人实在罕见，无论是五六岁的孩子，小学生、中学生、大学生，还是有孩子的大人和没孩子的大人，乃至白发苍苍的老人，都能被"尼古拉"逗得哈哈大笑。

第二，因为它非常好玩。故事写的尽是尼古拉日常生活中的点点滴滴，借用第一人称把读者引入孩子的视角，语言非常口语化但决不粗俗。从这样的视角看过去，整个世界变成了儿童的世界，非但孩子们之间的交往和游戏非常孩子气，连大人世界庸庸碌碌的生活也充满了天真浪漫的童趣！爸爸们非常淘气，妈妈们也不过是"长大了的女孩儿"，连老师在训斥孩子们的时候也掩饰不住内心的顽皮。

第三，因为它非常非常的好玩。细心的读者，完全可能从尼古拉的故事中读到自己的生活。它虽然搞笑而且浪漫，但绝对不失其真实。这是个法国小顽童的故事，但许多中国读者却惊呼"尼古拉就是小时候的我！"身为爸爸妈妈的读者还会读到更多，从尼古拉的身上读到自己的孩子，从尼古拉的爸爸妈妈身上读到我们自己。

一位艺术评论家曾如此定义漫画，"漫画的'漫'，就是浪漫的'漫'。"用在"小淘气尼古拉"的身上是最恰当不过的了。它与法国民族的浪漫气质极其般配，但并不一定为法国人所独有。

每一位不愿在平凡生活困顿的人,都值得来读一读这样的漫画故事。我们无法摆脱生活的平凡, 但完全有能力以超凡的态度去看待它。

　　我们很幸运,遇到了一对旷世的漫画大师组合——坚守贵族气质的桑贝与执意笑倒众生的戈西尼, 他们用超凡的画笔和文笔, 为一个顽皮孩子的平凡生活点染了高雅的格调。

　　于是孩子们笑了,大人们笑了。我们一同感叹:原来生活如此浪漫!